土地资源对经济增长的约束研究

崔 云 ◎著

Research on the Constraints of
Land Resources on
Economic Growth

图书在版编目（CIP）数据

土地资源对经济增长的约束研究/崔云著. —北京：经济管理出版社，2019.5
ISBN 978-7-5096-6626-5

Ⅰ.①土… Ⅱ.①崔… Ⅲ.①土地资源—影响—中国经济—经济增长—研究 Ⅳ.①F124

中国版本图书馆 CIP 数据核字（2019）第 101470 号

组稿编辑：胡 茜
责任编辑：许 艳
责任印制：高 娅
责任校对：陈晓霞

出版发行：经济管理出版社
（北京市海淀区北蜂窝8号中雅大厦A座11层 100038）
网　　址：www.E-mp.com.cn
电　　话：（010）51915602
印　　刷：三河市延风印装有限公司
经　　销：新华书店
开　　本：720mm×1000mm/16
印　　张：14
字　　数：267千字
版　　次：2019年5月第1版　2019年5月第1次印刷
书　　号：ISBN 978-7-5096-6626-5
定　　价：59.00元

·版权所有 翻印必究·
凡购本社图书，如有印装错误，由本社读者服务部负责调换。
联系地址：北京阜外月坛北小街2号
电话：（010）68022974　邮编：100836

前　言

　　土地是经济增长中的一种基本要素，而现代西方经济增长理论却有意或无意地忽略了这一重要要素，这在一定程度上削弱了该理论的现实解释力。本书以马克思主义经济理论、经济增长理论、发展经济学理论和土地经济学理论等作为理论基础，立足现实，将土地要素纳入经济增长理论，分析土地资源对经济增长的约束，并根据土地资源约束的产业差异性和城乡差异性，分别分析土地资源对农业、工业以及城市化的约束。概括来讲，本书主要分为四大部分：

　　第一，土地资源与经济增长。本部分将土地要素纳入经济增长理论，分析表明，无论是在索洛模型框架下还是在新经济增长模型框架下，土地资源对经济增长所产生的约束程度均与资本的产出弹性、土地的产出弹性以及劳动人口增长率成正相关关系。此外，对国民经济三次产业的数据分析表明，土地资源对农业的约束最大，其次为第二、第三产业。

　　第二，土地资源对农业增长的约束。农业土地资源的数量与质量直接约束着农业的产出。农业土地资源还约束着土地的经营规模，尤其是农业从业人口人均耕地对土地经营规模约束更大，并对农业机械化和农业生产效率产生约束。理论与数据分析表明，农业从业人口人均耕地面积与土地经营规模成显著正相关关系，土地经营规模与农业机械化水平以及农业生产效率基本成正相关关系。在农业新型投入要素日益重要的当今，土地经营规模与农业机械化水平以及农业生产效率的正相关关系日趋显著。此外，农业土地资源还对农产品生产成本以及农业种植结构产生约束。

　　第三，土地资源对工业增长的约束。土地资源对工业的约束可分为直接约束与间接约束。直接约束主要表现为由工业用地价格所决定的工业用地成本问题；间接约束表现为由食品价格上升所引发的劳动力工资成本问题与源于农业的轻工业原料成本问题。从现阶段看，土地资源对我国工业增长的约束并不十分明显。由于我国工业存在发展不平衡不充分的问题，因此，今后我国工业用地仍会有较大需求。与此同时，我国工业用地存在价格偏低的现象，导致工业用地粗放低效利用。这将加大工业用地供求矛盾，对我国工业增长造成一定约束。

第四，土地资源对城市化的约束。城市土地是城市经济活动的载体。数据分析表明，城市化水平与城市用地规模基本成正相关关系。目前，我国正处于城市化快速发展阶段。在这一阶段，一方面，城市土地需求量大，增长迅速，另一方面，城市存量土地利用粗放低效，城市增量土地又受到人均适用土地资源短缺的制约，城市土地供给受到较大限制，造成城市土地价格快速上涨，对城市化造成约束。通过国际比较分析，本书提出，土地资源对城市化的约束主要表现为适用土地资源供给条件对城市化数量、城市化质量以及城市化模式的约束。

最后，本书得出总结性结论，并提出相应的对策建议。

目 录

第一章 导论 ··· 1

第一节 研究背景与研究意义 ·· 1
第二节 国内外研究状况 ··· 2
    一、国外研究状况 ·· 2
    二、国内研究状况 ·· 4
    三、对现有研究文献的述评 ··· 6
第三节 创新与不足 ··· 6
    一、主要创新 ·· 6
    二、不足之处 ·· 7
第四节 理论基点 ··· 7
    一、马克思主义经济理论 ··· 7
    二、经济增长理论 ·· 7
    三、发展经济学理论 ··· 8
    四、生产要素替代理论 ·· 8
第五节 基本方法及解决思路 ·· 8
    一、基本方法 ·· 8
    二、解决思路 ·· 9
第六节 研究内容 ··· 9

第二章 土地资源与经济增长 ··· 12

第一节 土地资源基础知识与经济增长理论发展脉络 ······················· 12
    一、土地资源基础知识 ·· 12
    二、经济增长理论发展脉络及其批判 ······································· 17
第二节 土地资源与经济增长理论 ··· 21

一、马克思主义经典作家经济增长理论土地资源观 ………… 21
　　二、西方经济增长理论土地资源观 …………………………… 22
　　三、发展经济学增长理论土地资源观 ………………………… 25
第三节　土地资源约束型经济增长理论模型及相关分析 …………… 29
　　一、索洛模型下的土地资源约束分析 ………………………… 29
　　二、土地资源约束型新经济增长模型分析 …………………… 32
　　三、土地资源约束型索洛模型与土地资源约束型新经济
　　　　增长模型比较分析 ………………………………………… 36
第四节　土地资源约束与产业特性 …………………………………… 37
　　一、影响土地资源约束程度的因素分析 ……………………… 37
　　二、土地资源约束与产业特性 ………………………………… 38
第五节　小结 …………………………………………………………… 43

第三章　土地资源对农业增长的约束 …………………………………… 44

第一节　农业与经济增长 ……………………………………………… 44
　　一、农业的界定 ………………………………………………… 44
　　二、农业在国民经济中的基础地位与作用 …………………… 44
　　三、经济增长中的农业 ………………………………………… 45
第二节　土地资源与农业 ……………………………………………… 48
　　一、中国农业土地资源状况 …………………………………… 48
　　二、土地资源与农业 …………………………………………… 51
第三节　土地资源对农业增长的约束分析 …………………………… 57
　　一、土地资源对农业产出的约束概述 ………………………… 57
　　二、土地资源对土地经营规模的约束 ………………………… 59
　　三、土地经营规模对农业机械化的约束 ……………………… 69
　　四、土地经营规模对农业生产效率的约束 …………………… 71
　　五、土地资源对农产品国际竞争力的约束 …………………… 82
　　六、土地资源对农业种植结构的约束 ………………………… 87
第四节　降低土地资源约束，实现农业持续增长 …………………… 88
　　一、提高农业劳动者素质 ……………………………………… 88
　　二、将土地改造成为高效率资源 ……………………………… 89
　　三、稳步推进农业土地经营权有序流转，发展土地适度规模经营 … 90
　　四、优化产业结构，推进新型城镇化 ………………………… 93
第五节　小结 …………………………………………………………… 94

第四章 土地资源对工业增长的约束 …… 95
第一节 土地资源与工业 …… 95
第二节 土地资源对工业的间接约束分析 …… 96
一、"李嘉图陷阱"——由食品价格上升所引发的
劳动力工资成本问题 …… 97
二、源于农业的轻工业原料成本问题 …… 98
第三节 土地资源对工业的直接约束分析——工业用地成本问题 …… 99
一、我国工业用地需求状况 …… 100
二、我国工业用地价格分析 …… 103
三、工业用地价格、工业用地面积与工业产值的关系 …… 107
四、工业用地价格偏低的原因及其引发的问题 …… 111
第四节 我国工业用地政策评析 …… 113
一、工业用地行政划拨与协议出让 …… 113
二、工业用地"招拍挂" …… 114
第五节 小结 …… 116

第五章 土地资源对城市化的约束 …… 118
第一节 城市化与经济增长 …… 118
一、城市化的涵义 …… 118
二、城市化发展状况 …… 120
三、城市化与经济增长 …… 122
第二节 城市化与土地资源 …… 125
一、城市化是数量与质量的统一 …… 125
二、城市化与土地资源 …… 127
第三节 土地资源对城市化的约束 …… 130
一、城市土地的供求分析 …… 131
二、城市土地价格及其对城市化的约束 …… 141
三、土地资源对城市化数量的约束 …… 144
四、土地资源对城市化质量的约束 …… 146
五、土地资源对城市化模式的约束 …… 149
六、改革开放后，我国城市化进程中土地资源约束的阶段性 …… 151
第四节 我国城市化进程中土地利用存在的问题 …… 152
一、耕地数量减少严重，质量下降 …… 152

二、城市用地增长快于人口增长，土地利用效率不高 ………………… 153
　　三、工业用地占比偏高，城市用地结构不合理 …………………………… 154
　　四、城市用地地区差别明显，经济发展水平高的地区矛盾突出 …… 156
第五节　对策建议 …………………………………………………………… 156
　　一、确保粮食安全与耕地总量动态平衡 ………………………………… 156
　　二、节约集约利用城市土地，完善城市土地管理制度 ………………… 156
第六节　小结 ………………………………………………………………… 157

第六章　结论与对策建议 …………………………………………………… 158
第一节　结论 ………………………………………………………………… 158
第二节　对策与建议 ………………………………………………………… 160

附录1　农业部分 …………………………………………………………… 164

附录2　工业部分 …………………………………………………………… 189

附录3　城市化部分 ………………………………………………………… 197

参考文献 ……………………………………………………………………… 202

后记 …………………………………………………………………………… 213

第一章 导论

第一节 研究背景与研究意义

经济增长是指国民财富的增长。人类早期关于经济的思考就是围绕如何使财富增长开始的,它是经济学永恒的主题。经济增长的过程是一种投入不同比例生产要素获得产出的过程。研究经济增长,必然会研究影响经济增长过程中投入的生产要素。目前,经济学界普遍认同的生产要素有劳动、资本、土地、知识、技术等。纵观经济增长理论的演进过程,从某种意义上讲,经济增长理论就是研究各种生产要素在经济增长中的作用。土地作为重要的生产要素之一,研究经济增长,必然离不开对土地要素的研究。

但是,随着经济增长理论的演进,早期被古典学派经济学家和马克思主义经典作家作为生产过程中重要投入要素的土地,却在西方现代经济增长理论中被有意或无意地忽略掉了。究其原因,西方经济学界普遍认为,土地作为生产要素在现代经济增长中的作用不断下降,远不如资本、技术、知识重要,没有必要研究。但经济增长的事实却不会因为西方现代经济增长理论对土地要素的忽视而改变。世界各国和地区经济发展的经验表明,虽然土地资源相对于科技、知识等在经济增长中的作用下降了,但土地资源一直发挥着重要作用。事实上,资本、技术、知识的重要作用就是在克服土地和其他自然资源对经济增长的约束中表现出来的。如果土地与其他自然资源可以无限供给,那么其就不会对经济增长构成约束,经济增长问题也就不复存在,至少资本、技术、知识等要素对经济增长的作用不会像现在这么重要,更新速度不会像现在这样快。正是由于土地资源等在供给上缺乏弹性,经济增长问题才会存在,对经济增长的约束才会受到经济研究者的重视。虽然土地对经济增长的约束在很大程度上可以通过技术进步弱化,但无论技术多么进步,经济都不可能脱离土地进行"空中楼阁"式发展。笔者认为,西方现代经济增长理论对土地资源的忽视在一定程度上削弱了它对现实的解释力,尤其是对于人均适用土地资源稀少、科技水平相对落后的国家和地区。

自改革开放以来,我国经济取得了连续四十年的快速增长,如此长时间持续的快速增长在世界经济发展史上是绝无仅有的。但是,随着时间的推移,我国经济增长中一些问题也开始暴露出来,如一些地区工商业用地矛盾突出、房价高涨等。这些问题均与土地资源有一定关系。人口众多,人均适用土地资源少,是我国基本国情。人均适用土地资源少,尤其是人均耕地面积短缺,在很大程度上制约了我国农业产出和农业生产效率的提高;人均适用土地资源少,对工业生产成本以及城市居民人均居住水平等都产生了一些不利影响,进而影响到工业化和城市化水平。如果这些问题得不到有效解决,经济增长就会受到不利影响,经济可持续发展就难以得到保证。

综上所述,研究土地资源对经济增长的约束,既具重要的理论意义,又具重要的现实意义。正是带着对现代经济增长理论和现实经济的思考,笔者试图寻找一个更具现实解释力的理论和一个解决现实经济问题的途径,以期对社会做一点儿有价值的工作。

第二节 国内外研究状况

一、国外研究状况

(一) 土地报酬递减规律、土地肥力递减规律

关于土地资源约束经济增长的研究最早源于土地报酬递减规律、土地肥力递减规律,散见于 17 世纪、18 世纪、19 世纪资本主义经济上升时期的古典政治经济学、马克思主义经济理论与庸俗政治经济学理论之中。该时期相关理论研究的主要特点是,从土地资源的稀缺性出发,研究土地对农产品产量和农业收益的影响,进而研究土地报酬递减规律对工业经济的影响。这一时期,古典政治经济学家与庸俗经济学家均没有认识到科学技术在克服土地对经济的约束方面的作用,马克思主义经典作家则充分地认识到了这一点。

(二) 与土地报酬递减规律相关的增长极限论

马尔萨斯最早指出了土地资源日益增大的相对稀缺性可能对经济增长的约束,提出了绝对稀缺的增长极限论。马尔萨斯从土地报酬递减、土地资源绝对稀

缺的角度出发，指出在人口呈指数速度增长的情况下，会造成人口与食物及其他生活用品之间的矛盾，最终导致经济增长停滞。不足的是，马尔萨斯没有预计到技术进步的重大作用。李嘉图则从土地报酬递减、土地资源相对稀缺的角度，阐明了食品价格上涨制约工业经济发展的机制，后人称之为"李嘉图陷阱"。罗马俱乐部不仅关注马尔萨斯所提出的人口—食品危机，还关注因经济活动指数化增长引起资源过度开发和浪费所造成的自然资源耗竭与环境恶化的危机，并认为这些危机最终会导致经济增长停滞，即"零增长"。上述增长极限理论存在的共同问题是，都没有认识到科学技术在克服资源约束经济增长中的重大作用。

（三）西方现代经济增长理论演进中对土地资源约束的研究状况

随着科学技术日新月异的发展，科技在经济发展中的地位日趋重要，西方现代主流经济增长理论越发重视科技知识要素的作用，逐渐忽略了土地要素对经济的影响。对西方主流经济学影响最大的哈罗德—多马模型、索洛模型和新增长理论中，均看不到土地要素的影子，只有个别经济学家研究经济增长时将土地资源纳入他们的理论分析之中。如大卫·罗默在索洛模型中引入了土地资源。罗默的研究表明，土地对经济增长的约束程度随土地的产出弹性、人口增长率以及资本的产出弹性的增加而增加。萨缪尔森和诺德豪斯也对土地资源对经济增长的影响做了量化分析。分析表明，土地对经济增长约束有限，可通过技术进步克服这一约束。诺德豪斯分析美国经济所得出的结论是，由于资源和土地的限制，美国经济增长速度每年要降低0.24个百分点。其中，大约1/4是土地资源造成的，其余绝大部分是能源资源造成的。彼得·林德特（Peter H. Lindert）认为，随着经济与人口的增长，土地将会变得日益稀缺，地租将不断提高，从而会对经济增长造成约束。弗兰克（Frank）和伯南克（Bernanke）认为，丰富的自然资源可提高工人的生产率，但拥有大量自然资源并不是促进经济增长的必要条件，利用先进技术等手段高效利用自然资源，其重要性丝毫不亚于对自然资源的占有。布拉德利·希勒（Bradley R. Schiller）认为，资源对经济增长存在约束，但在解决约束的思路上，与其他学者不同，他认为可以通过价格机制所产生的替代效应来解决。总之，西方现代经济增长理论基本认为，土地对经济增长约束十分有限，可以通过科学技术克服这一约束。

（四）发展经济学理论关于土地资源约束的研究——主要从农业与工业化、城市化的角度

舒尔茨虽然承认土地资源对经济增长的重要性和约束作用，但他认为，相对于特殊要素如知识、技术来说，土地资源在经济增长中的地位日益下降，可以通过投资改进土地的质量来提高农业生产率；由于生产要素之间存在替代性，稀缺的土地资源可以通过新型资源（知识、技术、人力资本）来替代，摆脱土地资

源对经济增长的约束。

刘易斯认为,经济增长受制于自然资源(包括土地),但随着知识和技术的变化,自然资源(包括土地)的丰缺程度会发生变化,它对经济增长的约束也会随之变化。瑟尔沃认为,土地的物质特性(地形、肥力等)、劳动对土地的比率等因素都会影响农业生产率,但影响农业生产率提高的最根本原因是制度与技术因素。发展中国家只有推动制度创新、人力资本投资和技术进步才能提高农业生产率,实现市场剩余,促进工业发展。速水佑次郎(Yujiro Hayami)认为,土地资源对经济增长约束有限,土地资源的稀缺程度与人均国民收入之间的相关系数仅为0.008。发展中国家可以通过科技进步与技术创新提高农业生产率,克服土地资源对粮食生产的制约,避免掉入"李嘉图陷阱",工业化也才有可能取得成功。菊口(Masao Kikuchi)和速水佑次郎1978年对日本、中国台湾、韩国和菲律宾的研究表明,在人均土地资源稀少对农业经济造成约束的情况下,可以通过投资提高土地的质量以及通过发展集约用地技术来实现内含式土地扩张,摆脱"李嘉图陷阱"。

由于发展经济学是研究发展中国家经济发展理论的,而发展中国家科技发展水平普遍较低,且多处在农业经济向工业经济过渡的阶段,因而发展经济学家普遍能够认识到土地资源对于经济增长的影响,特别是土地资源对于农业生产率的约束,进而对工业化和城市化的影响。同时,他们又认为,土地资源不是对经济增长造成约束的根本原因。在如何解决土地资源约束问题上,他们认为,可以通过技术、人力资本投资或制度等克服土地资源对经济增长造成的约束。

(五)其他方面的相关研究

上述理论观点都倾向于将土地作为生产要素来看待,而野口悠纪雄与唐纳德·尼克尔斯(Donald A. Nichols)倾向于将土地作为增值的资产来研究其对经济增长的影响。野口悠纪雄认为,随着土地价格快速上涨,土地作为一种资产会快速增值,并极大地影响收入分配,进而对人们劳动和储蓄的积极性产生不利影响,最终影响经济可持续增长。唐纳德·尼克尔斯认为,从土地价格上升中所获得的资本收益可以满足人们对于财富增值的欲望。以土地形式存在的储蓄会影响实际资本的积累水平,影响的程度取决于国民收入中土地的份额及其增长速度。土地的份额与增长速度越大,对实际资本的积累水平的影响就越大,对经济增长的不利影响也就越大。1991年日本房地产泡沫破灭对日本经济的冲击验证了两位学者的观点。显然,从资产增值的角度看,土地对经济增长同样具有重要作用。

二、国内研究状况

国内研究者较少从土地资源自身的角度来研究其对经济增长的约束,而较多从自然资源的角度来研究土地资源对经济增长的约束。

（一）土地资源对整体经济的约束

就土地资源对经济增长的整体约束而言，代表性观点如下。计保平（2005）认为，从2004年起，中国经济增长和发展的条件发生了明显的变化，地根约束大于银根。但他所做的只是一个简单的定性分析。在定量分析方面，薛俊波等（2004）、谢书玲等（2005）以大卫·罗默的模型为蓝本，在索洛经济增长模型中引入土地资源，在此基础上研究土地资源对经济增长所产生的"阻力"，即约束，并从宏观上分析土地资源对中国经济增长产生的"阻力"，分别计算得到土地资源对中国经济增长产生的"阻力"大约为每年1.75个百分点、1.3个百分点，远远大于美国。笔者2007年也曾以大卫·罗默模型为基础，在索洛经济增长模型中引入土地资源，研究了土地资源对经济增长的"尾效"，分析土地资源对中国经济增长产生的"尾效"。研究表明，1978~2005年，中国经济增长中土地资源的"尾效"平均每年约为1.26个百分点。即由于土地资源的约束，在1978~2005年，中国的经济增长速度平均每年降低了1.26%。

（二）土地资源对农业的约束

在中国农业发展中的土地资源约束方面，国务院农村发展研究中心联络室、农业部农业机械化管理司提出，人均土地资源的稀少制约了农业的规模经营，从而影响农业机械化、现代化的进程。郭剑雄（2004）认为，产业结构低度化和城市化进程滞后，是形成我国当前农业发展土地资源压力的最根本原因。加速土地替代技术和土地改进技术的进步，实现土地资源的高效率利用，是缓解我国农业发展土地约束的重要途径。这两者都是从农业与工业化、城市化、现代化之间的关系这一角度来探讨土地资源对农业发展的约束。

（三）土地资源对工业化和城镇化的约束

在中国工业化、城镇化进程中的土地资源约束方面，《土地规模经营论》一书（1990）认为，一个国家或地区农业劳动力的有效转移率（工业化、城市化）与该国或地区的人均耕地资源有着显著的正相关关系。而工业化、城市化水平同经济增长速度存在正相关关系，这其中隐含的结论是人均耕地资源越是稀少，对经济增长的制约作用越大。王建（2004）认为，土地供给、粮食供给与工业化、城市化的矛盾，将成为我国未来经济发展的主要制约因素之一。洪银兴（2000）认为，工业化、城市化过程对土地资源有着强烈的需求，由于土地资源有限，会对经济增长产生约束。陈波翀和郝寿义（2005）认为，城市化本身包含两大属性，即城市化数量和城市化质量，而不论是城市化数量还是城市化质量都离不开土地资源。城市土地资源的数量、质量、利用效率将严重影响城市化质量、城市化水平，最终将影响经济增长。中国人均自然资源（包括土地资源）占有量远远落后于世界平均水平，成为城市化快速发展最严重的约束。施梁（2002）认为，住房面积的增长除受到经济水平的制约之外，更为关键的是受到土地资源条件的严格约束，并且土地资源条件对住房面积水平的约束具有极大的刚性。

（四）其他方面

其他相关研究多从自然资源对经济增长约束的角度研究。宋冬林和毕秀水（2005）从宏观角度探讨关于自然资本（包括土地）约束下的演化经济增长理论构建，提出将自然资本内生化的观点。卢锋（2002）提出，丰富的自然资源对于经济发展具有积极作用，但它的作用是有限的，技术进步与制度因素才是经济长期增长的关键条件。洪银兴（2000）指出，经济增长模型中应包括自然资源（包括土地），在经济发展的不同阶段，对自然资源的依赖程度不同。现阶段，我国的经济增长在相当大程度上还依赖于自然资源的供给。李京文（1994）认为，中国经济发展面临新约束——资源及环境双重约束，并认为这种约束很严峻。李培育（2000）指出，自然资源可能会成为我国中长期经济增长的制约因素。

国内学者基本上是将土地作为生产要素来研究土地对经济增长的影响，他们普遍认为，土地资源对中国的农业、工业化、城镇化等有较大的约束。

三、对现有研究文献的述评

（1）就西方现代经济增长理论本身而言，它已然发展到技术内生的新增长理论，但却一直忽视土地资源对经济增长约束的研究。

（2）现有土地资源对经济增长的约束的研究文献往往局限于某一个国家或地区，尤其是仅局限于发达国家，缺乏对几个国家的比较分析，特别是发展中国家与发达国家之间的比较分析，削弱了研究结论的说服力。

（3）现代经济理论有时将土地作为生产要素来看待，有时将土地作为资本、资产来看待，且越来越倾向于将土地作为资本、资产来看待，这种看法并不合乎发展中国家经济发展的现实。究竟将土地作为生产要素还是作为资本或资产处理，是一个值得深思的问题。

第三节 创新与不足

一、主要创新

（1）在经济增长理论中引入土地资源，在包含土地资源的经济增长理论框架下，系统分析土地资源对经济增长的约束问题。

（2）就土地资源对中国经济增长的约束而言，为使理论分析更符合中国国情，在具体分析中，如在农业和工业领域分析中将土地处理为生产要素；在有关城市化的某些分析中，将土地处理为资产。

（3）根据土地资源约束的产业差异性与城乡差异性，本书分别分析了土地资源对农业、工业以及城市化的约束。

二、不足之处

（1）数据问题。本书涉及经济指标的国际比较，需要大量数据，尽管在数据的海洋中花费了大量时间和精力，但由于资源有限，难以获得所需全部数据，加之统计口径存在差异，这些都会在一定程度上影响本书的解释力。

（2）内容问题。土地的资产性功能日益增强，随着土地价格的上涨，土地作为资产的功能对收入分配和实际资本积累率均产生了很大的影响。本书涉及这方面的内容很少，今后将加强这方面的研究。

第四节 理论基点

一、马克思主义经济理论

马克思认为，土地是重要的生产资料，是物质财富生产的源泉之一。根据马克思关于土地的重要观点，将土地要素纳入经济增长理论，从侧面证明马克思主义理论的正确性，并分别分析土地对农业、工业化和城市化的影响。

二、经济增长理论

在整体分析中，文中以索洛经济增长模型与新经济增长理论模型为理论基点，分别将土地资源纳入两种经济增长模型中，从理论上分析作为生产要素的土地资源对经济增长的约束受到哪些因素的影响。研究表明，土地对经济产生的约束程度随土地的产出弹性、劳动人口增长率以及资本的产出弹性的增加而增大。这意味着：一个国家的经济增长不能过度依赖于资本或土地，人口增长率也不能太高，否则将会增大土地的约束程度。降低土地约束程度只能通过其他途径，如提高创造性劳动的份额、提高技术水平等。

三、发展经济学理论

在对农业、工业和城市化的具体分析中，本书以发展经济学理论为理论基点，尤其是其中关于如何提高农业生产率以及工业化、城市化的理论观点，立足中国国情，探讨土地资源对中国农业现代化、工业化、城市化的约束问题，并提出相应的对策建议。

四、生产要素替代理论

根据生产要素替代理论，分析不同经济发展阶段、不同领域、不同资源禀赋条件下，其他生产要素（包括劳动、资本、技术等）对土地的替代性，进而分析土地资源对经济增长所产生的约束。

第五节　基本方法及解决思路

一、基本方法

（一）马克思主义方法

根据马克思主义哲学的普遍联系观、发展观等，本书将整个经济看成一个动态系统，在这个动态系统中，经济增长与各种生产要素（劳动、资本、土地与技术）、农业、工业、城市化之间存在着不可分割的动态联系。本书从这些动态的发展联系入手，系统分析土地资源对经济增长的约束问题。

（二）理论分析与数据分析相结合的方法

本书根据经济增长理论演进过程中关于土地资源的理论观点，发展经济学理论演进过程中关于土地资源与农业生产效率、工业化、城市化之间关系的理论观点以及生产要素替代理论等，结合经济发展的历史背景和现实情况，从理论上分析在经济增长不同历史发展阶段和不同现实资源禀赋条件下土地资源对经济增长所产生的约束，进而分析土地资源对经济增长的约束究竟受到哪些具体因素（劳动、资本、土地本身、技术等）的影响；同时结合国内外大量相关数据，从数据中分析土地资源对农业、工业化和城市化的约束。

（三）比较分析方法

在数据分析的基础上，根据土地资源的状况，比较土地资源对各产业的约束程度，并比较中国、日本与美国经济增长过程中土地资源所产生的约束。分析经济增长过程中土地等各要素禀赋与土地资源约束之间的相互关系,分析技术、知识等在克服土地对经济增长的约束中所发挥的作用等,从中得出结论。

二、解决思路

本书以马克思主义经济理论、经济增长理论、发展经济学理论与生产要素替代理论等为理论基础,结合数据分析,立足现实,将土地要素纳入经济增长理论,分析土地资源对经济增长的约束,并根据土地资源约束的产业差异性和城乡差异性,分别分析农业、工业以及城市化中的土地资源约束。农业方面着重分析农业土地资源对土地经营规模的约束,进而分析土地经营规模对于农业生产效率的影响,以及农业土地资源对农产品生产成本的影响;工业方面着重分析土地资源对工业的直接约束;城市化方面着重分析土地资源的供给约束及其对城市化数量、城市化质量以及城市化模式的约束等。最后得出结论,并提出相应的对策建议。

第六节 研究内容

本书研究内容主要分为以下几个部分:

(1) 土地资源与经济增长。土地是一个自然—经济综合体,是经济增长中的一种基本要素。随着人口增长和经济发展,土地需求将不断增加,由于土地供给的有限弹性,就会产生供求矛盾,从而影响经济发展。在经济发展的不同历史阶段,土地资源对经济增长的约束程度不同。现代西方经济增长理论对于土地要素有意或无意的忽视在一定程度上削弱了该理论的现实解释力。本文将土地要素纳入经济增长理论,分析表明,无论是在索洛模型框架下还是在新经济增长模型框架下引入土地要素,土地资源对经济增长所产生的约束程度均与资本的产出弹性、土地的产出弹性以及劳动人口增长率成正相关关系。对国民经济三次产业的数据分析表明,土地资源对农业的约束最大,其次为第二、第三产业。

(2) 土地资源对农业增长的约束。在国民经济三次产业中,土地资源对于农业的约束最大。农业土地资源的数量与质量直接约束着农业的产出。农业土地资源还约束着土地的经营规模,尤其是农业从业人口人均耕地对土地经营规模的约束更大,并对农业机械化和农业生产效率产生约束。研究表明,农业从业人口人均耕地与农业土地经营规模成正相关关系,农业从业人口人均耕地越多,土地经营规模越大;土地经营规模直接约束着农业机械化类型,土地经营规模较大的国家或地区一般倾向于选择大中型农业机械化类型,土地经营规模较小的国家或地区则更倾向于选择中小型农业机械化类型；土地经营规模还在很大程度上影响着农业机械化水平，在其他条件相同的情况下，土地经营规模越大，越有利于促进机械化水平的提高；土地经营规模还约束着农业生产效率，在其他条件相同的情况下，土地经营规模与农业生产效率基本成正相关关系，且在农业新型投入要素日益重要的当今，这一关系日趋显著。此外，农业土地资源还对农产品成本以及农业种植结构产生约束，在其他条件相同的情况下，人均农业土地资源越少，农产品生产成本越高，土地密集型产品在农业种植结构中的比重相对就越小。

(3) 土地资源对工业增长的约束。土地资源对于工业的约束分为直接约束与间接约束。间接约束表现为由食品价格上升所引发的劳动力工资成本问题与源于农业的轻工业原料成本问题。直接约束则主要表现为由工业用地价格所决定的工业用地成本问题。从现阶段看，土地资源对于我国工业增长的约束并不十分明显。我国工业存在发展不平衡不充分问题，因此今后我国工业用地仍会有较大需求。与此同时，我国工业用地存在价格偏低的现象，造成工业用地粗放低效利用。这将加大工业用地供求矛盾，对我国工业增长造成一定约束。

(4) 土地资源对城市化的约束。城市土地是城市经济活动的载体。城市化是城市化数量与城市化质量的统一。无论是城市化数量的增加还是城市化质量的提高都与土地有着密切的关系。研究表明，城市化水平与城市用地规模成正相关关系。目前，我国正处于城市化迅速发展的中期阶段。在这一阶段，一方面，城市土地需求量大，且增长迅速，另一方面，城市存量土地利用粗放低效，城市增量土地又受到人均适用土地资源短缺的制约，城市土地供给受到较大限制，提高了城市土地价格，对城市化造成了约束，且愈加明显。从国际比较的角度讲，土地资源对城市化的约束主要表现为适用土地资源供给条件对城市化速度、城市化质量以及城市化模式的约束。在其他条件相同的情况下，适用土地供给量越小，城市化速度就越快，城市化质量所表现的城市人均居住面积、城市人均道路面积以及城市人均绿地面积就越小，就越趋向于选择集中型城市化模式。

根据以上各部分内容，本书得出以下结论：土地资源对经济增长的约束程度与资本的产出弹性、土地的产出弹性以及劳动人口增长率成正相关关系；土地资源对农业约束最大，土地资源直接约束农业产出，约束土地经营规模，影响农业机械化和农业生产率，还约束农产品成本和农业种植结构；土地资源对工业增长的约束远远小于对整个经济增长的约束，但工业用地粗放低效利用现象严重；土地资源对城市化的约束逐渐明显，从国际比较角度讲，这一约束主要表现为土地资源对城市化速度、城市化质量以及城市化模式的约束。针对这些问题，本书提出相应的对策建议：降低资本的产出弹性、土地的产出弹性与劳动力的平均增长率，提高创造性劳动、知识和技术在经济增长的贡献比重；降低土地资源对农业的约束，实现农业的可持续增长；优化产业结构，大力发展第二、第三产业，积极推进工业化和城市化进程，降低经济对土地资源的依赖程度；转变经济增长方式，改革和完善土地制度，推进土地资源市场化配置，提高土地集约利用水平。

第二章 土地资源与经济增长

第一节 土地资源基础知识与经济增长理论发展脉络

一、土地资源基础知识

(一) 土地资源概念的界定

要了解土地资源的概念,首先需要了解土地的概念。关于土地概念的描述和界定众说纷纭,各个学派对于这一概念均有自己的认识和理解。时至今日,学界尚没有一个公认的定义。有关土地的概念界定主要有以下观点。

中国古人的土地观认为,土地即地面。在古代中国,人们就对土地有了自己的认识。《说文解字》将土地解释为,"土者,吐也,即吐生万物之意";《管子校正》将土地定义为:"地者,万物之本源,诸生之根菀也。"可见,古时人们把土地看成是地面。这是最简单和狭义的土地概念。

国外经济学界的土地观。马克思认为,"……只要水流等有一个所有者,是土地的附属物,我们也把它作为土地来理解"。[①] "经济学上所说的土地是指未经人的协助而自然存在的一切劳动对象"。[②] "土地(在经济学上也包括水)最初以食物,现成的生活资料供给人类,它未经人的协助,就作为人类劳动的一般对象而存在。所有那些通过劳动只是同土地脱离直接联系的东西,都是天然存在的劳动对象"。[③] 马歇尔认为,"土地是指大自然为了帮助人类,在陆地、海上、空

---

① 马克思,恩格斯. 马克思恩格斯全集(第25卷)[M]. 北京:人民出版社,1974:695.
② 马克思,恩格斯. 马克思恩格斯全集(第23卷)[M]. 北京:人民出版社,1972:668.
③ 马克思,恩格斯. 马克思恩格斯全集(第23卷)[M]. 北京:人民出版社,1972:202-203.

气、光和热各方面所赠予的物质和力量"。① 美国土地经济学家伊利与莫尔豪斯认为,"经济学家所使用的土地这个词,指的是自然的各种力量,或自然资源,它的意义不仅是指土地的表面,还包括地面上下的东西……经济学上的土地是侧重于大自然所赐予的东西"。② 澳大利亚的克里斯钦和斯图尔特进一步指出,土地是指地表及所有它对人类生存和成就有关的重要特征,必须要考虑土地是地表的一个立体垂直剖面,从空中环境直到地下的地质层,并包括动植物群体及过去和现在与土地相联系的人类活动。由此可见,经济学意义上的土地侧重于人本位意义上自然存在的东西,含义较广。

我国原国家土地管理局 1992 年出版的《土地管理基础知识》将土地定义为"地球表面上由土壤、岩石、气候、水文、地貌、植被等组成的自然综合体,它包括人类过去和现在的活动结果。"刘黎明关于土地的定义为,"土地是由地球陆地表面一定立体空间内的气候、土壤、基础物质、地形地貌、水文及植被等自然要素构成的自然地理综合体,同时还包含着人类活动对其改造和利用的结果,它又是一个自然—经济综合体"。③ 但是,两者还有少许差别,后者所涵盖范围要小于前者,后者指地球陆地表面,前者指地球表面。

限于研究范围,本书倾向于从经济学的角度,即生产力与生产关系的角度理解土地的概念,但就土地的具体表现而言,又可将其理解为一个自然—经济综合体。它包括以下几层含义:①土地是综合体。土地的性质和用途取决于全部构成要素的综合作用,而不取决于任何一个单独的要素。②土地是自然的产物。人类活动可以引起土地有关组成要素的性质变化,从而影响土地的性质和用途的变化。③土地是地球表面具有固定位置的空间客体。④土地是地球表面的陆地部分。陆地是突出于海洋面上的部分,包括内陆水域、海洋滩涂。⑤土地包括人类过去和现在的活动结果。

土地资源与土地。土地资源是指在一定技术条件和一定时间内可为人类利用的土地,是指目前或可预见的未来能够产生价值的土地。土地资源是土地的一部分,它是一个发展的概念。两者之间虽有差别,但这种差别又比较模糊,土地资源的范围随着科学技术的进步正在不断扩大,目前国内外都泛用这两个名词,并不做严格的区分。本书也常常如此。

(二) 土地的分类及特性

1. 土地的分类

(1) 自然土地与经济土地。按照土地的属性,经济学界一般将土地分为两

---

① 马歇尔. 经济学原理(上卷)[M]. 北京:商务印书馆,1964:157.
② 伊利,莫尔豪斯. 土地经济学原理[M]. 北京:商务印书馆,1982:19.
③ 刘黎明. 土地资源学[M]. 北京:中国农业大学出版社,2002:4.

类，即自然土地与经济土地。自然土地是处于地球表面人类日常生产、生活活动所及的三维空间之内的，由土壤、沙砾、岩石、矿物、水、空气、生物七种物质构成的，处于不同地貌、地形、地物、地址、水文及相关的气候状态的自然综合体。① 自然土地的主要功能为承载万物、供给资源、养育人类。经济土地是由自然土地与人工土地相结合而成的自然—经济综合体。人工土地是土地的人工附属物的一种。人工附属物是指，对自然土地进行加工或者以其为地基进行建造，与自然土地结合为一体，或附着、固着于自然土地之上的有形或无形的物体。人工附属物分为两类：一类是能够直接改变土地的物理、化学、生物性能从而改变土地的使用价值并且与土地结合为一体的，如土地平整、土壤改良、地基、道路等；另一类则是以土地为基地，附着或固着于土地之上的物体，而且具有与土地功能不相干的独立功能的，如建筑物、构筑物等。第一类人工附属物称为人工土地，经济土地是经过人工改良之后的土地，即自然—经济综合体。②

就经济土地的表现形态而言，经济土地是一种物体，它在经济上以不同的形态（面貌）出现。从生产力角度看，作为物体的经济土地是以"土地资源"的面貌出现的。实际上，土地资源既包括自然资源，又包括经济资源，且以自然资源为主体和母体。作为资源的土地，是与劳动力、生产设备、原材料和辅助材料、管理、科技等生产力要素并列的。其中，自然土地是人类生存所不可或缺的最基本的物质资源。作为资源的土地，其最基本的特征是以"使用价值"的面貌出现的；从使用价值的角度考虑其数量、质量、用途等，是土地资源经济问题的基本内涵。③ 从生产关系角度看，土地涉及比较广泛，包括土地财产、土地资产、土地资本三个方面的问题。本书所涉及的土地主要为经济土地。

（2）农用地、建设用地和未利用地。按照土地资源的利用类型，我国将土地分为农用地、建设用地和未利用地三类。农用地是指直接用于农业生产的土地，包括耕地、园地、林地、草地、农田水利用地、养殖水面等；建设用地是指建造建筑物、构筑物的土地，包括城乡住宅和公共设施用地、工矿用地、交通水利设施用地、旅游用地、军事设施用地等；未利用地是指农用地和建设用地以外的土地。

为了更有效地管理土地，在上述三种分类的基础上，我国土地管理工作者又将土地做了更进一步的分类，其方法是按照《土地利用现状调查技术规程》中使用的土地利用现状体系，根据土地的用途、利用方式和覆盖特征等因素，将我国土地分为了8大类、46小类。其中8大类土地包括：耕地、园地、林地、牧草

---

① 周诚．土地经济学原理 [M]．北京：商务印书馆，2003：5．
② 周诚．土地经济学原理 [M]．北京：商务印书馆，2003：7．
③ 周诚．土地经济学原理 [M]．北京：商务印书馆，2003：10．

地、城镇村及工矿用地、交通运输用地、水域及水利设施用地、其他土地。

2. 土地的特性

土地是一种自然—经济综合体，具有自然特性和经济特性两重属性。

（1）土地的自然特性，是指土地作为自然物体存在所具有的，不以人的意志为转移的自然属性。主要包括：

第一，总量的有限性或非再生性。土地是自然的产物，从宏观上讲，土地总量是固定的，不会因为社会对其需求的变化而改变其总量，土地是不可再生的资源。

第二，位置的固定性。土地具有固定的空间位置，不可位移，不会因为土地产权的变动而改变其空间位置，附属于该空间位置的温度、湿度、日照等均有一定的状态，这些共同构成了土地的自然地理位置。土地位置的固定性决定了土地价格具有明显的地域性特征。

第三，质量的差异性。土地基本物质组成的不同和空间环境因素的差异，造成土地质量的差异。土地质量的差异性随其用途不同具有不同的判别标准，如松软肥沃的土地，作为农用地是良田，而作为建设用地就属于等级比较差的地；相反，坚硬贫瘠的土地，作为农用地是差地，作为建筑用地却是好地。

第四，永续利用性。作为一种自然资源，土地既是不可再生的，也是不可泯灭的，只要合理利用，其生产力及其利用价值就可长久保持。通常情况下，土地是可以被永续利用的。

（2）土地的经济特性，是指土地作为人类社会经济资源所具有的，在生产力和生产关系方面表现的属性。主要包括：

第一，土地用途的多样性。土地作为一种社会经济资源具有多种用途，可作为农业用地，还可以作为居住用地、工业用地和商业用地等。

第二，经济地理位置的可变性。土地的自然地理位置是固定不变的，但是，随着人类社会的发展，土地周边自然社会环境会发生变化，土地的经济地理位置也会随着改变。

第三，供给的稀缺性。土地供给的稀缺性主要是指一定时期、一定地区、一定用途的土地的供给数量相对固定，造成供不应求，形成稀缺的经济资源。

第四，产权的可垄断性。土地的所有权和使用权均可以垄断，我国土地所有权为公有，并分为国家土地所有权和集体所有权。同时在土地用途上实行国家管制，未经国家有关部门批准，农用地不得转为非农用地。城市土地使用权转让分为一级市场和二级市场，一级市场是政府批租市场，由政府垄断；二级市场是土地使用权转让、出租、抵押市场，为竞争性市场。

第五，效益的级差性。不同质量的土地产出效益也会不同，从而使土地在经济效益上具有级差性。人们在利用土地时,相同的投入,却有不同的产出,或者说要取得相同的产出,却有不同的投入。就农地而言,肥沃的土地投入少、产出多,贫瘠的土地投入多、产出少;非农地也相同,建同样一幢楼房,地基松软,投入的基础建设费用就比较高,地基坚硬,基础建设费用就比较低。①

土地的自然特性是土地自然属性的表现,是土地所固有的,与人类对土地的占有和利用状态无关。而土地的经济特性则是在人类利用土地过程中产生的,是人类社会的各种经济关系在土地方面的综合反映。土地的经济特性受制于自然特性,是在其自然特性基础上的延伸。

(三) 土地的供给与需求

1. 土地的自然供给与经济供给

土地资源的供给问题包含自然供给和经济供给。自然供给是指地球即大自然提供给人类可利用的土地资源总量;经济供给则是指在现有条件下人类可实际投入利用的各种土地资源总量,是自然供给中的一部分。土地资源的自然供给是固定不变的、无弹性的。土地的自然供给受到下列因素的制约:①具有适宜人类生产、生活的气候条件;②具有适宜植物生长的土壤质地和气候条件;③具有可利用的淡水资源;④具有可供人类利用的其他资源;⑤具有最基本的交通条件。土地资源的经济供给是指在土地自然供给的基础上,投入劳动进行开发以后,成为人类可直接用于生产、生活各种用途的土地的有效供给。影响土地资源经济供给的因素包括自然因素、经济因素、技术因素、制度因素等,具体表现为:①各类土地的自然供给;②利用土地的知识和技能;③社会需求;④产品价格;⑤土地开发利用计划;⑥土地供给者的行为。土地资源的经济供给与自然供给的关系是,经济供给以自然供给量为基础和最大范围,在此范围内发生增减;自然供给是静态的、无弹性的,而经济供给是动态的、有弹性的。而且,不同用途的土地,其经济供给的弹性不同,如农地因受自然条件制约较大而经济供给的弹性较小,城市土地则反之。增加土地资源的经济供给的措施有:①扩大土地利用面积;②提高土地集约利用水平;③制定合理的土地制度;④调整消费结构;⑤利用新技术;⑥保护土地资源。本书所涉及的土地供给主要为土地的经济供给。

2. 土地的需求

土地的需求主要包括农业用地需求和非农业用地需求。对于中国来说,耕地需求是第一位的,只有满足了对于耕地的需求后,才能满足对其他土地的需求。影响耕地需求的因素主要有人口、土地生产率、国民经济发展状况等。人类对林地的需求主要来自两个方面:一是对木材的需求;二是森林的生态功能。当然,

---

① 郭力群. 土地经济浅析 [J]. 中国农业资源与区划, 2005, 26 (3): 54 - 55.

草地在人类的生产和生活中也不可或缺。非农业用地需求会随着经济发展和城市化水平的提高而增加。经济发展会对土地需求产生很大影响。经济发展包含经济规模的扩大和产业结构的变化,前者将引起土地需求总量的扩大,后者会引起土地需求结构的变化。

3. 土地的供求平衡

土地资源供求平衡问题实质上是"地人平衡"问题,因为土地资源"供与求",归根到底是土地资源如何满足人口需求的问题,即在一个国家或地区范围内最大限度地满足一定时期的人口对土地的需求,解决人类生存及发展对土地的需求与土地资源供应不足的矛盾。在土地供求矛盾双方中,起主导作用的是人口。换言之,这是以有限的土地资源满足人类对于生存资料与享受资料的无限需求的问题,或者是以固定的土地资源满足日益增长的人口的需求问题。

二、经济增长理论发展脉络及其批判

(一)经济增长理论发展的整体脉络

如果用人均国内生产总值(或国民生产总值)衡量一个经济体(国家或地区)的经济发展水平,经济增长理论就是研究一定时期内决定国内生产总值的因素、这些因素之间的关系、这些因素与国内生产总值的关系,以及随着时间推移人均国内生产总值水平发展变化趋势的一门学科。经济增长思想最早可追溯到古希腊的色诺芬和柏拉图。色诺芬论述了财富的性质和来源、增加财富的方法以及农业增长的报酬规律等问题,柏拉图评价了分工对经济增长的作用。此后,重商主义、古典政治经济学、新古典经济学、结构主义、新制度经济学、新经济增长理论等学派相继从不同角度对经济增长进行了理论分析。

在经济学史上,比较系统的经济增长理论可追溯到以配第、魁奈以及亚当·斯密为代表的古典政治经济学派。配第研究了国民财富创造的源泉并触及了国民财富的核算问题,提出了"劳动是财富之父,土地是财富之母"的观点。重农学派主要研究以土地为核心要素的国民财富创造过程。斯密率先提出较为系统的经济增长理论。斯密认为,由分工引起的劳动生产率的提高和生产性劳动在全部劳动中所占的比例,是决定国民财富增长的主要因素。斯密从生产的角度分析了国民财富增长的原因,与斯密不同,李嘉图从分配的角度主要研究工资、利润和地租的相互关系,即研究分配对经济增长的影响,并强调资本积累是经济增长的关键。马克思批判地继承了英国古典政治经济学的观点,如"土地和劳动是国民财富的源泉"的思想,并创新了劳动价值论。马克思认为,土地是创造财富的物质基础,劳动是创造财富的唯一源泉;同时他指出,经济制度(生产关系)必须适应生产力(包括自然生产力和社会生产力)才能促进经济增长与发展。边际学派出现以后,马歇尔提出了产业组织也是促进经济增长的重要因素。自斯密分析了制度对经济增长的作用始,当代发展经济学家刘易斯、舒尔茨等也都注意到了制度对于经济增长的重要影响。但直到科斯开创新制度经济学后,制度才被正式作为影响经济增长的重要变量而纳入经济分析框架,诺斯又将制度变量加以拓展,进一步将其作为经济增长的内生变量。20世纪80年代,新经济增长理论把新古典经济增长模型的外生变量——技术进步纳入新经济增长模型之中,变为内生变量,并认为经济增长主要由技术进步和人力资本决定。①

从经济增长理论发展的整体脉络来看,经济增长理论所包含的因素越来越多,理论框架也越来越复杂,系统性也越来越强。这些经济增长理论都对经济增长过程进行了独到的分析,对经济增长规律进行了积极的探索。

(二) 经济增长理论发展中核心要素的变化脉络

任何一个国家和地区在其经济发展过程中都面临着如何充分利用和有效配置稀缺性资源问题,能否保持自然资源(土地和其他资源)、资本、劳动力、技术等要素资源的投入与产出之间的最优配置,直接影响到一个国家经济增长的效率,从而成为经济增长理论研究的重要课题。纵观经济增长理论演进的过程,从古代经济增长思想到古典经济增长思想,再到现代经济增长理论,都无一例外地会涉及经济增长的源泉、生产投入的要素。而生产要素的种类不外乎劳动、资本、土地与技术知识。但在实际经济增长过程中,这些生产要素在不同的历史发展阶段具有不同程度的重要性。即在经济增长过程中,虽然各类生产要素都发挥了重要作用,但它们的重要程度不尽相同。在经济发展的某一特定阶段,会有某一类或几类生产要素对经济增长贡献最大,可称之为核心要素。纵观经济增长理论的发展过程,经济增长理论实际上主要研究各种生产要素在经济增长中的作用,并在此基础上进一步研究推动经济增长的核心生产要素的重要作用。经济增长理论的发展过程,就成为反映决定经济增长的核心要素的理论的演进过程。特别是自现代经济增长理论产生以来,这一趋势愈加明显。

以社会生产力的水平和结构为分类依据,目前世界上大致存在四种基本社会,它们分别是以狩猎和采集为基础的原始社会,以农业和畜牧为基础的农业社会,以工业和服务为基础的工业社会,以知识、技术、信息为基础的信息社会。在农业社会中,土地与劳动是经济增长的核心生产要素,自然产生了古典经济增长理论(如重农学派的经济增长理论等)。在工业社会中,资本与劳动则成为经济增长的核心要素,相应而生的是哈罗德—多马经济增长模型。典型的哈罗德—多马经济增长模型没有引入土地要素,该模型主要强调资本在经济增长中的突出

---

① 毕秀水. 经济增长理论生态要素的缺失及其重构 [J]. 学习与探索, 2004 (6): 107 - 109.

作用。在信息社会中，知识、技术、信息无疑成为经济增长的核心要素，土地资源进一步从经济学者的研究视野中隐退，相应产生了新古典经济增长理论与新经济增长理论，强调技术进步、知识、人力资本在经济增长中的决定性作用。

（三）现代西方经济增长理论批判

无论是从经济增长理论发展的总体脉络看，还是从经济增长理论发展中经济增长核心要素的变化脉络看，除古典经济理论与马克思主义经济理论将土地资源纳入其研究范围，其他许多经济增长理论将其排除在研究范围之外，这一点在现代西方经济增长理论中表现得尤为明显。

典型的哈罗德—多马经济增长模型没有将土地要素纳入其中，产生于20世纪40年代的哈罗德—多马模型关注的是资本积累在经济增长中的决定作用。该模型基于资本和劳动不可替代、资本产出比固定两个基本假定，并从中推出经济增长取决于资本积累能力。这样，在模型中资本就成为经济增长的核心要素，资本积累就成为经济增长的根本推动力。

哈罗德—多马经济增长理论强调了资本积累对经济增长的重要作用，并奠定了现代经济增长模式的基本理论框架，但它忽略了土地资源、技术进步等因素对经济增长的作用，以及资本和劳动之间的可替代性。哈罗德曾说："我打算抛弃把土地报酬递减规律作为进步经济中的一个基本决定因素……我之所以抛弃它，只是因为在我们这样一个特定环境下，土地的影响无足轻重。"① 然而，经济增长的实践暴露了哈罗德—多马模型的缺陷，它无法解释不同的国家在相同的资本积累水平下存在较大经济增长差异的根本原因。

新古典经济增长理论的典型代表——索洛模型中也没有土地要素。经典的索洛模型主要关注四个变量，即产出（Y）、资本（K）、劳动（L），以及"知识"或者"劳动的有效性"（A）。任何一种生产活动，都必须拥有一定数量的资本、劳动与知识，并且以一定的方式结合起来进行生产。索洛模型中的生产函数采用了如下形式：$Y(t) = F[K(t), A(t)L(t)]$。其中，t 表示时间，且生产函数关于资本和有效劳动是规模报酬不变的。经典的索洛模型中不包含自然资源以及污染与其他环境因素，当然也就不包括土地。该生产函数特别强调了"劳动的有效性"的提高对经济增长的作用。

在上述表达式的基础上，索洛等进一步对生产函数的形式做了转化，使它可以测度每种投入要素对经济增长的贡献。他们对经济增长测度的研究表明，"劳动的有效性"对经济增长的作用越来越大。这意味着经济学家所关注的经济增长的核心要素开始转向各种投入要素的质量和技术进步。

---

① R. F. Harrod. Towards a Dynamic Economics [M]. London：Macmillan and Co.，1948：20.

典型的新经济增长理论仍没有将土地要素纳入其中。保罗·罗默、罗伯特·卢卡斯、贝克尔等的新增长理论即内生经济增长理论都强调，经济增长不是经济体系的外生变量（如外生的技术变化）而是经济体系的内生变量（如内生技术变化）作用的产物。新经济增长理论重视对知识外溢、人力资本投资、研究和开发、收益递增、劳动分工和专业化、边干边学、开放经济和垄断化等新问题的研究，他们认为，人均产出可以无限增长，并且增长率可能随时间变化而单调递增。

现代经济增长理论（始于哈罗德和多马）对土地资源的关注日益减少甚至不予考虑，而更多地关注资本、技术、知识和制度等要素。他们把土地资源这一古典增长要素简化为简单的"生产成本"问题，认为随着土地资源不断地被开发和利用，土地资源利用成本就会增加，但随着技术、知识的进步，"成本问题"相对于增长、资本积累、收益等并不足以成为经济增长的障碍，即资本、技术进步、人力资本等要素可以逐渐替代土地资源。

总之，现代经济增长理论认为，经济增长正在大大减少对土地资源的依赖，即使存在土地供给的某些瓶颈，也可以克服，土地稀缺会发出价格信号，即提高价格以节约和替换稀缺资源，或者会引发技术创新或技术进步。技术创新或技术进步可以产生新型资源或者直接解决土地资源的短缺问题。①

从哈罗德—多马经济增长理论到新古典经济增长理论，再到新经济增长理论，都剔除了土地资源这一重要生产要素，这是现代经济增长理论的逻辑缺陷和盲区，致使现代经济增长理论无法给出经济可持续发展的理论基础，无法解释经济增长与土地资源污染严重并存的现实矛盾，无法解释人均适用土地资源稀缺的国家和地区经济增长波动较大的原因。在现代经济增长理论指导下的各个经济体的增长实践都或早或晚、不同程度遭遇了以上经济增长的困境，从而削弱了现代经济增长理论的现实解释力。经济增长的事实也表明，无论经济发展到哪个阶段，也无论经济理论演进到何等水平，只要人类存在，就必然要解决最基本的衣食住行等生存问题。从很大程度上讲，经济增长的过程就是不断提高人类生存水平和生活水平的过程，而人类的生存水平与生活水平问题都与土地资源存在着某种程度的关系，尤其是食住问题更与土地资源密不可分。因此，研究经济增长问题，必然离不开对土地资源的研究。

---

① 毕秀水. 经济增长理论的自然资本观述要 [J]. 长白学刊，2006（2）：55–57.

第二节 土地资源与经济增长理论

一、马克思主义经典作家经济增长理论土地资源观

马克思认为,土地是重要的生产资料,是物质财富生产的源泉之一。马克思说:"人的活动的首要条件恰恰就是土地。"① "土地(在经济学上也包括水)最初以食物,现成的生活资料供给人类,它未经人的协助,就作为人类劳动的一般对象而存在。"② "土地是他的原始的食物仓,也是他的原始的劳动资料库。"③ "它们不直接加入劳动过程,但是没有它们,劳动过程就不能进行,或者只能不完全进行。土地本身又是这类一般的劳动资料,因为它给劳动者提供立足之地,给他的过程提供活动场所。"④ 马克思认为,土地是人类活动的首要条件,不仅为人类提供食物之类的生活资料,还为人类提供生产资料和活动场所。马克思十分认同威廉·配第关于劳动与土地是财富生产源泉的观点。"……劳动并不是它所生产的使用价值即物质财富的惟一源泉。正如威廉·配第所说,劳动是财富之父,土地是财富之母。"⑤ "形成财富的两个原始要素——劳动力和土地……"⑥ 与此同时,马克思认识到土地作为生产资料发挥作用是有前提条件的。"土地本身是劳动资料,但是它在农业上要起劳动资料的作用,还要以一系列其他的劳动资料和劳动力的较高的发展为前提。"⑦ 马克思指出了资本对于土地的重要影响。"资本主义农业的任何进步,都不仅是掠夺劳动者的技巧的进步,而且是掠夺土地的技巧的进步,在一定时期内提高土地肥力的任何进步,同时也是破坏土地肥力持久源泉的进步。"⑧ "资本一旦合并了形成财富的两个原始要素——劳动力和土地,它便获得了一种扩张的能力,这种能力使资本能把它积累的要素扩展到超出似乎是由它本身的大小所确定的范围,即超出由体现资本存在的、已经生产的

---

① 马克思,恩格斯. 马克思恩格斯全集(第1卷)[M]. 北京:人民出版社,1974:612.
② 马克思. 资本论(第1卷)[M]. 北京:人民出版社,2004:208-209.
③ 马克思. 资本论(第1卷)[M]. 北京:人民出版社,2004:209.
④ 马克思. 资本论(第1卷)[M]. 北京:人民出版社,2004:211.
⑤ 马克思. 资本论(第1卷)[M]. 北京:人民出版社,2004:56-57.
⑥ 马克思. 资本论(第1卷)[M]. 北京:人民出版社,2004:697.
⑦ 马克思. 资本论(第1卷)[M]. 北京:人民出版社,2004:209-210.
⑧ 马克思. 资本论(第1卷)[M]. 北京:人民出版社,2004:579-580.

生产资料的价值和数量所确定的范围。"① "资本所合并的劳动力、科学和土地（经济学上所说的土地是指未经人的协助而自然存在的一切劳动对象），也会成为资本的有弹性的能力，这种能力在一定的限度内使资本具有一个不依赖于它本身的量的作用范围。"② 这意味着，资本一旦合并劳动力、科学和土地要素，就会大幅提高资本增殖能力，财富就会快速增长。

二、西方经济增长理论土地资源观

（一）古典政治经济学增长理论土地资源观

在有关经济增长的论述中，古典学派较早关注到了土地这一要素，并把土地作为经济增长的根基。

在古典经济思想中，威廉·配第提出了"劳动是财富之父，土地是财富之母"。重农学派坎蒂隆认为，"土地是一切财富的本源或实质，而劳动是生产财富的形式或方式"。③ 重农学派魁奈明确指出，"土地是财富的惟一源泉，只有农业能够增加财富"，"只有农业才是满足人们需要的财富的来源"。④ "只有土地的产品才是原始的、纯粹得到的、经常在更新的财富"。⑤ 但他同时认为，只有劳动才能创造产品价值，"未开垦的土地，没有任何实际的价值，只有通过劳动才能使它具有价值"。⑥ 魁奈认为，经济增长就是创造社会"纯产品"的过程。所谓"纯产品"是指财富的增加部分，是新生产出来的产物的价值减去生产费用后的余额，即剩余价值。"只有花在土地上的劳动，其生产的产品价值超过支出，才创造财富或每年的收入"。⑦ 魁奈认为，第一产业中的劳动都创造财富，第一产业的劳动者都是生产者，"纯产品"是"自然的赐予"。总之，魁奈认为，土地的自然力与生产者阶级的劳动力是创造"纯产品"即经济增长的共同源泉。

重农学派杜尔阁也阐述了土地作为财富来源的原因。他认为，"土地永远是一切财富首要的、惟一的来源；作为耕种的结果而生产一切收入的就是土地；在完全未耕种以前，为人类提供第一批垫支基金的也是土地"。⑧ 此外，杜尔阁还第一个发现了报酬递减原理，指出了土地的生产力极限。⑨ 杜尔阁不仅指出了重

---

① 马克思. 资本论（第1卷）[M]. 北京：人民出版社，2004：697.
② 马克思. 资本论（第1卷）[M]. 北京：人民出版社，2004：703.
③ 亨利·威廉·斯皮格尔. 经济思想的成长（上）[M]. 北京：中国社会科学出版社，1999：153.
④ 魁奈. 魁奈经济著作选集[M]. 北京：商务印书馆，1997：409.
⑤ 魁奈. 魁奈经济著作选集[M]. 北京：商务印书馆，1997：177.
⑥ 魁奈. 魁奈经济著作选集[M]. 北京：商务印书馆，1997：409.
⑦ 魁奈. 魁奈经济著作选集[M]. 北京：商务印书馆，1997：145.
⑧ 杜尔阁. 关于财富的形成和分配的考察[M]. 北京：商务印书馆，1997：48.
⑨ 亨利·威廉·斯皮格尔. 经济思想的成长（上）[M]. 北京：中国社会科学出版社，1999：168.

农学派的一个基本理论前提,即土地是创造一切财富的首要条件,还指出了财富增长的自然生产力极限,即土地资源(包括土地、水源、生态、空气等)存在着自然生产力发挥的最大限度。

在《国富论》中,亚当·斯密认为经济增长就是财富的增加,并且将土地看作"私人和公家一切收入的两个源泉"之一。斯密认为,土地具有生产性,并且使用土地要付出代价,就此引出了地租,即"租地人按照土地实际情况所支付的最高价格"。斯密认为,租地人使用土地之所以要支付地租,不仅因为土地是生产性的,是有限的资源,还因为土地是一种"私人财产","私人财产"的所有者要求占有土地上劳动生产物的一定份额。斯密进一步指出,地租份额受土壤肥力和土地位置的影响。在不考察位置的情况下,土壤肥力越大,生产的产品越多,提供的地租也越多。在同等肥力条件下,都市附近的土地,比偏远地带的土地,能提供更多的地租。此外,地租份额还受农业改良的影响,改良可以提高地租份额。实际上,这一因素决定了地租变化的长期趋势。斯密认为,从长期看,地租支付额趋于增加,至少绝对份额是如此。之所以出现这种趋势,是因为人口增长的巨大压力不断迫使社会提供更多食物,而由于土地有限,就必须不断追加资本投入以改良土壤,提高单位土地产出率,同时不断扩大耕地面积。而改良和耕作面积的扩大,可直接提高土地的实际地租。土地所有者的收入的实际价值也会趋于上升。

与斯密一样,大卫·李嘉图也认为一国的经济增长就是一国财富的增加,表现为实物产品或使用价值量的增加。李嘉图认为,经济增长主要通过增加劳动量和提高劳动生产率来实现,但在其代表著作《政治经济学及赋税原理》中,李嘉图更加强调资本积累的扩大是国民财富增加的根本原因。不过,他也明确地指出了土地和劳动、机器资本等一起参与了财富的生产。李嘉图还提出了资源相对稀缺论。李嘉图指出,土地资源存在自然肥力的差异,即有的土地肥力高些,有的则低些。从高到低,形成一个土壤肥力级差系列。肥力较高的土地,数量有限;肥力较低的土地,数量可不断增加。随着资本积累、人口增加,土地的耕作必然由优到劣,连续对土地增加资本和劳动投入,必然会使土地的边际报酬递减。显然,李嘉图已经看到土地资源对经济增长的最终约束作用。对于因土地相对稀缺而引起的对经济增长的限制,李嘉图强调了技术进步对于改善这一状况的作用。一方面可以改良土壤,提高土地生产力;另一方面可以使用机器,节省劳动,提高单位劳动的产出量。但他同时认为,尽管工业生产中因分工发展和技术进步而存在报酬递增,但是在所有土地资源都被利用以后,资本积累率逐渐下

---

① 亚当·斯密. 国民财富的性质与原因的研究(下册)[M]. 北京:商务印书馆,2003:491.

降,对劳动的需求也会逐渐下降,农业中的报酬递减趋势将会压制工业中的报酬递增趋势,经济增长速度将会放慢,直至进入人口和资本增长停滞状态。

此外,李嘉图的经济增长理论体系是开放的,他考虑到了对外贸易因素,并认为对外贸易可以缓解当时英国土地资源的短缺问题。总之,李嘉图认为,土地资源是相对稀缺的,不会对经济增长构成不可逾越的绝对限制。在开放的经济体系中,土地资源对经济增长的最终限制可以通过技术进步、对外贸易等途径得到缓解。

(二)庸俗经济学家经济增长理论土地资源观

马克思称之为庸俗经济学家的萨伊在其著作《政治经济学概论》中提出了著名的三要素理论,即土地与劳动、资本共同创造了价值。虽然萨伊的理论在本质上是错误的,但他确实看到了土地在经济增长中的重大作用。

18世纪末,马尔萨斯提出自然资源绝对稀缺论。马尔萨斯认为,由于人口数量呈指数型增长,而自然资源数量却是一定的和有限的,而且其增长极其缓慢,两者由于增长速率的显著差异,总会达到人口数量超过自然资源(包括土地资源)的供给极限。因此,如果人类认识不到自然资源的有限性,不仅自然环境与资源将遭到破坏,而且人口数量将以灾难性的形式(如饥荒、战争、瘟疫等)减少。他认为无论在物理数量上还是经济数量上,资源的稀缺不会因技术进步与社会发展而有所改变,这是必然的和绝对的。马尔萨斯的自然资源(包括土地资源)绝对稀缺论意味着随着人口的增加,土地资源将对经济增长造成绝对限制。

约翰·穆勒综合了马尔萨斯的资源绝对稀缺论和李嘉图的资源相对稀缺论,提出"稳态经济理论"。约翰·穆勒认为,由于土地资源稀缺和人口过快增长,经济增长会有极限,"有限的土地数量和有限的土地生产力构成真实的生产极限"。但是,在这种极限到来之前,绝对稀缺的效应就会显现出来,社会进步和技术革新会推延极限的到来。约翰·穆勒完全接受了李嘉图的相对稀缺论,并加以扩展。他明确指出了土壤肥力可重复利用,而矿产资源只能一次性利用。总之,约翰·穆勒认为,尽管存在自然资源(包括土地资源)的绝对极限,但社会进步和技术革新会克服资源相对稀缺。最理想的状态就是自然环境、人口和财富均保持在静止稳定的水平状态——稳态经济状态,而且这一状态绝不是马尔萨斯的绝对极限。

(三)新古典学派经济增长理论土地资源观

新古典经济学派将土地资源稀缺作为既定的分析前提,或者将土地资源的供给作为既定的外生变量,在此前提下研究土地资源的最优配置问题。

马歇尔在《经济学原理》一书中明确指出,"生产要素通常分为土地、劳动和资本三类"。① 虽然他承认土地存在报酬递减倾向,但他认为,人类的知识进步、教育普及、科技发展、新机器新方法的采用及市场范围的扩大等所产生的报酬递增倾向会压倒土地在生产上表现出的报酬递减倾向。马歇尔对"马尔萨斯陷阱"提出了质疑,认为"马尔萨斯不能预料到海陆运输使用蒸汽的巨大进步……这种进步使现代的英国人能以比较小的费用,得到世界上最肥沃土地的生产物"。② 同时他认为,随着人口的增加,"无疑地,对于获得幽寂和安静,甚至新鲜空气的日益困难,也要加以考虑;但是,在大多数情况下,有利的一面较大"。③ 而且,"现在英国,因为容易从外国得到原料的大量供应,随着人口的增加而发生的,除了对阳光、新鲜空气等的需要外,就是满足人类欲望的手段有超过比例的增加……这种增加的大部分……归功于随着人口增加而来的财富的增加"。④ 总之,马歇尔认为,自然资源(包括土地)的稀缺是可以解决的;通过对外贸易可获得本国短缺的资源,弥补资源缺口;经济中的报酬递增倾向可使财富增加的比例超过人口增加的比例。

实际上,马歇尔仅仅局限于一国范围内探讨资源稀缺对经济增长的约束。如果立足于整个世界经济体,资源的短缺并不会因贸易而缓解。对外贸易只能使稀缺资源在国家与国家之间交换和分配,并不能从根本上解决资源的稀缺问题。⑤

三、发展经济学增长理论土地资源观

(1) 土地资源在经济增长中的地位日益下降;可通过投资改进土地的质量来提高农业生产率;由于生产要素之间存在替代性,稀缺的土地资源可以通过新型资源来替代,从而摆脱土地资源对经济增长的约束。

舒尔茨指出,许多老一辈经济学者认为"经济进步受到了劳动和资本来自土地的递减收益的严重束缚","即土地是经济增长的限制因素",但现在,"土地在经济增长中的作用不再像李嘉图和他同时代人认为的那样重要"。⑥ 土地资源无论是作为存量还是作为流量,其重要性均在下降,并会随着经济发展水平的提高而进一步下降。他说:"我们发现,土地在经济增长中的作用与常识或古典经济学有关土地之观点迥异。作为生产要素,土地的经济重要性一直在下降。它在生产国民产值的总要素成本中所占的比例变得更小了。"⑦ "很明显,在特定国

---

① 马歇尔. 经济学原理(上卷)[M]. 北京:商务印书馆,1964:157.
② 马歇尔. 经济学原理(上卷)[M]. 北京:商务印书馆,1964:199.
③ 马歇尔. 经济学原理(上卷)[M]. 北京:商务印书馆,1964:330.
④ 马歇尔. 经济学原理(上卷)[M]. 北京:商务印书馆,1964:331.
⑤ 毕秀水. 经济增长理论的自然资本观述要[J]. 长白学刊,2006(2):55-57.
⑥ 西奥多·舒尔茨. 经济增长与农业[M]. 北京:北京经济学院出版社,1991:45.
⑦ 西奥多·舒尔茨. 报酬递增的源泉[M]. 北京:北京大学出版社,2001:135-136.

家，土地不再像过去一样是制约因素。比如在英国、美国以及其他许多科技高度发达的社会，经济已经摆脱了原先由土地施加的桎梏。"①

就农业而言，可以通过加强农业投资改进土地质量来提高农业的生产效率。由于农业生产要素之间存在替代性，可以通过人力资本、知识、技术等新型资源替代稀缺的土地资源。他说："通过研究，我们找到了耕地的替代物，这是李嘉图未能预见到的……历史已经证明，我们能够通过知识的进步来增加资源，人类的未来并不是预先由空间、能源和耕地所决定，而是要由人类的智识发展来决定。"② 人力资本这一新型资源不仅可提高传统资源（劳动、土地、资本）的质量③，而且，"它们已经有效地替代了土地。"④ 他还引用汉弗雷和莫恩威的文献来说明美国制造业中资本、劳动与自然资源之间的很强的替代关系，他认为，"……事实表明，美国制造业中用自然资源所生产的产品，绝大多数可以用劳动（再退一步说，还有资本）去替代自然资源"。⑤ 舒尔茨认为，通过新型要素的投入，就可重新构建动态的要素配置关系，改变土地收益递减规律，提高农业生产效率。

简言之，舒尔茨虽然承认土地资源对经济增长的重要性和约束作用，但他认为，相对于新型资源（如人力资本、知识、技术）来说，土地资源的地位日趋下降。土地资源对经济增长的约束可以在很大程度上通过人力资本等新型优等资源来摆脱。

（2）经济增长受制于自然资源（包括土地），也受制于人的行为。W. 阿瑟·刘易斯认为，人均产量的增长一方面取决于所能得到的自然资源，另一方面取决于人的行为。自然资源的贫乏严重限制了人均产量的增长，而且，不同国家之间财富的差异有相当一部分应该根据资源的丰富程度来解释。但是，资源大致相同的国家之间在发展上显然存在着巨大的差别。因此，有必要研究影响经济增长的人的行为的差别。

（3）土地与自然资源是重要的增长要素，尤其是在农业部门。资本虽然可以在一定程度上弥补自然因素所造成的不利影响，但程度有限。发展中国家只有促进制度创新、人力资本投资和技术进步才能提高农业生产率，实现市场剩余，推动工业发展。

A. P. 瑟尔沃认为，虽然在分析增长源泉的生产函数方法中，作为一种独立

---

① 西奥多·舒尔茨. 报酬递增的源泉 [M]. 北京：北京大学出版社，2001：91-92.
② 西奥多·舒尔茨. 对人进行投资——人口质量经济学 [M]. 北京：首都经济贸易大学出版社，2002：6.
③ 西奥多·舒尔茨. 报酬递增的源泉 [M]. 北京：北京大学出版社，2001：13.
④ 西奥多·舒尔茨. 报酬递增的源泉 [M]. 北京：北京大学出版社，2001：130.
⑤ 西奥多·舒尔茨. 报酬递增的源泉 [M]. 北京：北京大学出版社，2001：78.

生产要素的土地往往被假设掉或归之于资本，但这绝不是否认在经济增长过程中，土地和自然资源的禀赋作为增长过程中的要素的重要性。在经济发展的早期阶段，土地的质量能够显著地影响农业生产率的水平，而在生产函数结构中则可以清楚地看到农业发展的重要性。农业生产率的提高使劳动得以从农业中释放出来向工业转移，这将会导致报酬递增、人均收入提高和资本积累增加。由于在发展中国家的经济结构中农业部门占支配地位，土地的物质特性（地形、肥力等）、土地所有制、劳动对土地的比率以及自然资源禀赋的状况等因素都可能对发展速度产生重大影响，这些因素决定了农业发展的速度和以健康的农业部门或本地资源开发为基础的工业化的速度。

由于农业部门为工业部门供给粮食、释放劳动力、提供储蓄、提供工业品市场以及赚取外汇，它就必须生产不断增加的超过生存需要的农业剩余。由于土地的供给是相对固定的，这就要求农业生产率不断提高。而许多发展中国家的农业生产现状是生产率低下，农业部门缺少市场剩余，这就对经济发展造成了阻碍。究竟是什么因素阻碍了农业劳动生产率的增长？瑟尔沃认为，除了在农业和资源配置方面存在城市偏向外，还有几个因素会影响农业劳动生产率的增长，特别是地理因素以及土地与劳动的比例有关的因素，最重要的是乡村社会结构、农业组织和正在发生影响的土地所有制。至于地理因素、气候和地形在很大程度上决定一个国家生产什么产品、人均耕地数量和土地的肥力。从某种程度上说，资本可以补偿不利的自然力量，但作用有限。自然条件和土地肥力只能对低生产率做部分解释。生产率还受到土地劳动比例的影响。但不论是较高的人口土地比例，还是较高的土地人口比例造成的较低的农业生产率，前者通过使用较少资本建设排灌系统和化肥生产，后者通过投入大量资本来装备劳动力，都可以大幅度提高农业生产率。这些因素以及不利于农业发展的城市偏向只是许多发展中国家农业生产率低下的一小部分原因。瑟尔沃认为，最根本的原因是乡村社会结构、农业组织、生产刺激和投入品供给，归纳起来就是制度与技术因素。他认为，只有通过制度方面的创新，如土地改革、人力资本投资、技术进步等，才能克服土地对农业生产率的影响，提高农业生产率，实现市场剩余，促进工业的发展，从而实现向经济起飞的过渡。

（4）发展中国家只有提高农业生产率，克服土地资源对粮食生产的制约，才能避免掉入"李嘉图陷阱"，工业化才有可能取得成功。

速水佑次郎认为，如果自然资源（包括土地资源）有效地被人造资本所替代，自然资源禀赋就会成为长期经济增长的重大制约。他认为，人类的生产活动是使用劳动和资本加工自然资源的活动。在某种意义上说，文明的进步就是在人口增长的压力下用人造资本替代自然资源的过程。这种替代是靠技术和制度创新促进的。他认为,考虑到日本能达到同美国相同的人均收入水平,资源贫乏的韩国能够超过拉丁美洲资源丰富国家的收入水平,几乎不能认为自然资源是经济增长无法逾越的限制。依据速水佑次郎的计算,土地资源的稀缺程度与人均国民收入之间的相关系数仅为0.008。① 因此在历史上,虽有例外,确曾有一些国家依靠开发自然资源达到高收入水平,但如果它们继续依赖单一的自然资源开发,它们的增长只是暂时的和无法持续的。基于"荷兰病"现象,速水佑次郎甚至持有这样一种观点,即自然资源禀赋丰富并不一定是支持经济发展的必要条件,而有可能反过来成为发展的障碍。速水佑次郎将非洲、拉美国家与亚洲国家进行比较。同亚洲相比,非洲人口密度较低,可开发新耕地更多。由于非洲农业土地的扩张赶不上迅速的人口增长,国内人均粮食产量呈下降趋势。这一情况表明,非洲国家未能通过增加资本和改进技术抵偿人均自然资源禀赋下降产生的不利影响。这种状况并不是人口快速增长不可避免的结果。事实上,亚洲一些国家,如中国和印度,尽管人均农业土地面积以同非洲一样的水平下降,但在20世纪80年代人均粮食产量实现了显著的增长②。

农业部门占主导地位的低收入国家,由人均粮食产量下降反映出来的农业生产停滞,会对整体经济发展产生很大的不利影响,而工业化国家经济增长的绩效几乎不依赖于农业。事实表明,低收入国家在达到新兴工业化经济发展阶段前的工业化过程中,通过提高农业生产率来克服土地资源对粮食生产的制约是必要的。非洲在这方面的失败,是造成这一地区经济停滞的主要因素。如果发展中国家不努力提高农业生产率,试图靠强行把资源从农业配置到工业实现经济现代化,就有可能掉入"李嘉图陷阱"。如果发展中国家不能在增加食品生产方面做出努力以避免"李嘉图陷阱",工业化就不会取得成功。③

农业对工业化的贡献不仅仅是提供食品和劳动力,还为工业品提供国内市场,通过农产品赚取外汇,以及通过税收和金融市场实现储蓄转移。如果没有在发展初期占据绝对支配地位的农业部门的健康发展,工业化和现代经济增长几乎是不可能成功的。"一旦……经济成功地实现了工业化,它们对自然资源的依赖性会迅速下降"。④

菊口(Masao Kikuchi)等通过对日本、中国台湾地区、韩国和菲律宾的比较分析了在土地资源约束的情况下如何实现农业增长。上述国家和地区的共同特点是土地面积很小,人多地少,人均耕地面积都很低。分析表明,在土地资源的约

---

① 速水佑次郎. 发展经济学——从贫困到富裕 [M]. 北京:社会科学文献出版社,2003:48.
② 速水佑次郎. 发展经济学——从贫困到富裕 [M]. 北京:社会科学文献出版社,2003:47-52.
③ 速水佑次郎. 发展经济学——从贫困到富裕 [M]. 北京:社会科学文献出版社,2003:83-84.
④ 速水佑次郎. 发展经济学——从贫困到富裕 [M]. 北京:社会科学文献出版社,2003:116.

束下,只有通过投资提高土地的质量以及通过发展集约用地技术来实现土地的内含式扩大,提高农业生产率,才能逃脱"李嘉图陷阱"。农业持续增长的关键是公共部门对灌溉和农业研究的强化投资①。

综合上述观点,发展经济学理论普遍认为,要打破资源限制,就要强化农业投资,通过科技进步、制度创新提高农业生产率,进行外延式和内含式土地扩张,降低农业生产成本,从而摆脱"李嘉图陷阱"。

第三节 土地资源约束型经济增长理论模型及相关分析

一、索洛模型下的土地资源约束分析

(一)模型构建

索洛经济增长模型是由美国经济学家索洛和英国经济学家斯旺在1956年提出,并由米德、萨缪尔逊和托宾等经济学家不断补充和发展而形成的。经典的索洛模型主要关注四个变量,即产出(Y)、资本(K)、劳动(L),以及"知识"或者"劳动的有效性"(A)。任何一种生产活动,都必须拥有一定数量的资本、劳动与知识,并且以一定的方式结合起来进行生产。索洛模型中的生产函数采用了如下形式:

$$Y(t) = F[K(t), A(t)L(t)] \tag{2-1}$$

其中,t表示时间,A与L以乘积的形式引入,AL表示有效劳动,并假设资本与有效劳动是规模报酬不变的。显然,该生产函数没有考虑土地与其他自然资源,以及污染与其他环境要素。然而,自从马尔萨斯提出了其经典论断后,许多人开始相信,土地与其他自然资源、污染及其他环境要素对于持续的经济增长将会产生至关重要的影响。罗马俱乐部甚至提出了这些因素会导致经济"零增长"的论断。因此,在经济增长的分析中将资源、污染及环境因素考虑进去就显得十分必要。

大卫·罗默在分析经济增长时就考虑到了土地与其他自然资源的影响,在经典的索洛模型中引入了土地与其他自然资源。为了便于分析,他使用了柯布—道

---

① Masao Kikuchi, Yujiro Hayami. Agricultural Growth Against a Land Resource Constraint: A Comparative History of Japan, Taiwan, Korea, and the Philippines [J]. The Journal of Economics History, 1978, 38 (4): 839–864.

格拉斯生产函数。于是，典型的柯布—道格拉斯生产函数就变为：

$$Y(t) = K(t)^\alpha T(t)^\beta R(t)^\gamma [A(t)L(t)]^{1-\alpha-\beta-\gamma} \quad (2-2)$$

$$\alpha > 0, \beta > 0, \gamma > 0, \alpha + \beta + \gamma < 1$$

其中，R 表示生产中可利用的资源，T 表示土地数量。

薛俊波等将该模型进行了简化，分析了 1978~2002 年中国经济增长的"阻力"（薛俊波等，2004），但他们在计量分析时违背了理论模型中有关规模报酬不变的假定，从而在一定程度上影响了分析的准确性。鉴于此，笔者有必要将有关理论模型重新构建，并推导出土地资源的"阻力"公式。本书仍采用柯布—道格拉斯生产函数的形式进行分析，由此，柯布—道格拉斯生产函数就变为：

$$Y(t) = K(t)^\alpha T(t)^\beta [A(t)L(t)]^{1-\alpha-\beta} \quad (2-3)$$

$$\alpha > 0, \beta > 0, \alpha + \beta < 1$$

资本、劳动与劳动有效性的动态性与经典的索洛模型一致（Romer，2001）：

$$\dot{K}(t) = sY(t) - \delta K(t) \quad (2-4)$$

$$\dot{L}(t) = nL(t) \quad (2-5)$$

$$\dot{A}(t) = gA(t) \quad (2-6)$$

其中，s 为储蓄率，δ 为资本的折旧率，n 和 g 分别为劳动力和技术进步的增长率。由于土地数量是固定的，在长期内用于生产的土地的数量不会增长，因此，我们假设：

$$\dot{T}(t) = 0 \quad (2-7)$$

式（2-3）两边取对数，可以得到：

$$\ln Y(t) = \alpha \ln K(t) + \beta \ln T(t) + (1-\alpha-\beta)[\ln A(t) + \ln L(t)] \quad (2-8)$$

式（2-8）两边对时间求导数，并利用一个变量的对数对时间的导数等于该变量的增长率的事实，我们可以得到：

$$g_Y(t) = \alpha g_K(t) + \beta g_T(t) + (1-\alpha-\beta)[g_A(t) + g_L(t)] \quad (2-9)$$

其中，$g_X(t)$ 表示 X 的增长率。T、A 与 L 的增长率分别为 0、g 和 n。因此，式（2-9）可以简化为：

$$g_Y(t) = \alpha g_K(t) + (1-\alpha-\beta)(g+n) \quad (2-10)$$

如果经济处在平衡路径上，则 g_Y 与 g_K 相等。将 $g_Y = g_K$ 代入式（2-10）可得：

$$g_Y^{bgp} = \frac{(1-\alpha-\beta)(g+n)}{1-\alpha} \quad (2-11)$$

其中，g_Y^{bgp} 表示平衡增长路径上 Y 的增长率。

式（2-11）意味着在平衡增长路径上，单位劳动力的平均产出增长率为：

$$g_{\frac{Y}{L}}^{bgp} = g_Y^{bgp} - g_L^{bgp} = \frac{(1-\alpha-\beta)(g+n)}{1-\alpha} - n = \frac{(1-\alpha-\beta)g - \beta n}{1-\alpha} \quad (2-12)$$

从式（2-12）中可以看出，在平衡增长路径上，单位劳动力平均产出的增长率 $g_{\frac{Y}{L}}^{bgp}$ 的值可以为正，也可以为负。$g_{\frac{Y}{L}}^{bgp}$ 为负的经济含义是土地资源的限制会引起单位劳动力平均产出的下降。然而，经济增长的事实并非如此。虽然不断下降的单位劳动力平均土地阻碍了经济的增长，但是还有一种推动经济增长的动力，那就是技术进步。如果技术进步所带来的经济增长的动力大于土地资源限制所带来的"阻力"，那么单位劳动力平均产出就可以持续增长。这正是我们所看到的经济增长的事实。

土地资源的限制会引起单位劳动力平均土地利用量的下降，从而进一步阻碍经济增长。那么，土地资源的限制究竟会使经济增长下降多少呢？本文采用诺德豪斯（Nordhaus 等，1992）的一种计算方法，首先计算出单位劳动力平均可利用土地量不变的情况下处于平衡增长路径上的单位劳动力平均产出的增长率，其次计算出存在土地资源限制的情况下处于平衡增长路径上的单位劳动力平均产出增长率，最后计算两者的差额。我们将这一差额称为土地资源对经济增长所产生的"阻力"。

我们首先计算经济在不受资源限制的情况下处于平衡路径上的单位劳动力的平均产出增长率。与前文稍有不同，此处将假设 $\dot{T}(t)=0$ 替换为：

$$\dot{T}(t) = nT(t) \quad (2-13)$$

假设经济增长不受土地资源约束的条件为：土地资源的增长率等于人口的自然增长率。最终计算出单位劳动力平均产出的增长率为：

$$g_{\frac{\tilde{Y}}{L}}^{bgp} = \frac{1}{1-\alpha}(1-\alpha-\beta)g \quad (2-14)$$

土地资源的限制所产生的"阻力"就等于假设不存在土地资源限制情况下的增长率与存在土地资源限制的情况下的增长率之间的差额：

$$"阻力" = g_{\tilde{Y}/L}^{bgp} - g_{Y/L}^{bgp} = \frac{1}{1-\alpha}(1-\alpha-\beta)g - \frac{(1-\alpha-\beta)g - \beta n}{1-\alpha} = \frac{\beta n}{1-\alpha} \quad (2-15)$$

（二）模型分析

从上述公式中可以看出，经济增长中的土地资源"阻力"随土地资源的产出弹性（β）、劳动力增长率（n）以及资本的产出弹性（α）的增加而增加。这就意味着，一个国家的经济增长不能过度依赖于资本或土地，劳动人口的增长率也不能太高，否则将会增大土地资源的"阻力"。经济增长中投入的主要生产要素为劳动、资本、土地以及技术，既然经济增长不可能过于依赖资本和土地，而劳动人口又不能增长过快，即经济增长不能过于依赖劳动人口数量的增加，那么，降低"阻力"的办法只能是提高劳动人口的质量，促进技术进步，提高创造性劳动和技术进步在经济增长中的地位。这也从另一个侧面揭示了复杂的创造性劳动和技术进步在经济增长中的重大作用。

二、土地资源约束型新经济增长模型分析

（一）模型构建

由于大卫·罗默的假说仍是建立在索洛模型的框架下，在新经济增长理论即技术内生经济增长理论中，依然没有将土地资源考虑进去。本书将对新经济增长理论模型做一定改造，将土地资源纳入其中。本书在保罗·罗默新经济增长模型的框架下构建包含土地资源的理论模型，并推导出土地资源的"阻力"公式。为便于分析，本书仍采用柯布—道格拉斯生产函数，柯布—道格拉斯生产函数就变为：

$$Y(t) = K(t)^\alpha T(t)^\beta [A(t)L(t)]^{1-\alpha-\beta} \quad (2-16)$$

$\alpha > 0$，$\beta > 0$，$\alpha + \beta < 1$

其中，Y表示产出，K表示资本，T表示土地的数量，A表示劳动的有效性，L表示劳动。资本、劳动与土地的动态性仍为：

$$\dot{K}(t) = sY(t) - \delta K(t) \quad (2-17)$$

$$\dot{L}(t) = nL(t) \quad (2-18)$$

存在土地约束时：$\dot{T}(t) = 0 \quad (2-19)$

不存在土地约束时：$\dot{T}(t) = nT(t) \quad (2-20)$

"劳动的有效性"的动态性分为两种情况，分别为：

$$\dot{A}(t) = bL(t)^\gamma A(t)^\theta \quad (2-21-1)$$

$$\dot{A}(t) = cK(t)^\phi L(t)^\gamma A(t)^\theta \quad (2-21-2)$$

对式（2-16）两边取对数得：

$$\ln Y(t) = \alpha \ln K(t) + \beta \ln T(t) + (1-\alpha-\beta)[\ln A(t) + \ln L(t)] \quad (2-22)$$

如果采用$\dot{A}(t) = bL(t)^\gamma A(t)^\theta$，在这里，知识的生产仅与劳动和知识本身相关，为方便对于问题的分析，本书首先采用这一相对简单的形式，而且它也符合实际，因为与知识生产最为相关的就是劳动与知识本身。下面就以$\dot{A}(t) = bL(t)^\gamma A(t)^\theta$为例，具体计算步骤如下：

存在土地资源限制的条件下：

$$g_A(t) = \frac{\dot{A}(t)}{A(t)} = bL(t)^\gamma A(t)^{\theta-1} \qquad (2-23)$$

$$\frac{\dot{g}_A(t)}{g_A(t)} = \gamma n + (\theta-1)g_A(t) \qquad (2-24)$$

$$g_K(t) = \frac{\dot{K}(t)}{K(t)} = sK(t)^{\alpha-1}T^\beta[A(t)L(t)]^{1-\alpha-\beta} - \delta \qquad (2-25)$$

$$\frac{\dot{g}_K(t)}{g_K(t)} = (\alpha-1)g_K(t) + (1-\alpha-\beta)[g_A(t)+n] \qquad (2-26)$$

$$\begin{cases} \gamma n + (\theta-1)g_A(t) = 0 \\ (1-\alpha-\beta)[g_A(t)+n] - (1-\alpha)g_K(t) = 0 \end{cases} \qquad (2-27)$$

如果存在平衡增长路径，那么可计算出平衡增长路径上 $g_A^{bgp*}(t)$ 与 $g_K^{bgp*}(t)$ 的值：

$$g_A^{bgp*}(t) = \frac{\gamma n}{1-\theta} \qquad (2-28)$$

$$g_k^{bgp*}(t) = \frac{n(1-\alpha-\beta)(1+\gamma-\theta)}{(1-\theta)(1-\alpha)} \qquad (2-29)$$

$$g_{Y/L}^{bgp} = g_Y^{bgp} - g_L^{bgp} = \alpha g_K^{bgp*}(t) + (1-\alpha-\beta)[g_A^{bgp*}(t)+n] - n \qquad (2-30)$$

不存在土地资源约束的条件下：

$$g_A(t) = \frac{\dot{A}(t)}{A(t)} = bL(t)^\gamma A(t)^{\theta-1} \qquad (2-31)$$

$$\frac{\dot{g}_A(t)}{g_A(t)} = \gamma n + (\theta-1)g_A(t) \qquad (2-32)$$

$$g_K(t) = \frac{\dot{K}(t)}{K(t)} = sK(t)^{\alpha-1}T^\beta[A(t)L(t)]^{1-\alpha-\beta} - \delta \qquad (2-33)$$

$$\frac{\dot{g}_K(t)}{g_K(t)} = (\alpha-1)g_K(t) + \beta n + (1-\alpha-\beta)[g_A(t)+n] \qquad (2-34)$$

$$\begin{cases} \gamma n + (\theta-1)g_A(t) = 0 \\ \beta n + (1-\alpha-\beta)[g_A(t)+n] - (1-\alpha)g_K(t) = 0 \end{cases} \qquad (2-35)$$

如果存在平衡增长路径，那么可计算出平衡增长路径上的 $g_A^{bgp}(t)$ 与 $g_K^{bgp}(t)$ 的值：

$$g_A^{bgp}(t) = \frac{\gamma n}{1-\theta} \tag{2-36}$$

$$g_K^{bgp}(t) = \frac{\beta n}{1-\alpha} + \frac{n(1-\alpha-\beta)(1+\gamma-\theta)}{(1-\theta)(1-\alpha)} \tag{2-37}$$

$$g_{Y/L}^{bgp} = g_Y^{bgp} - g_L^{bgp} = \alpha g_K^{bgp}(t) + \beta n + (1-\alpha-\beta)[g_A^{bgp}(t)+n] - n \tag{2-38}$$

土地资源对经济增长产生的"阻力"为：

$$g_{Y/L}^{bgp} - g_{Y/L}^{*} = \alpha g_K^{bgp}(t) + \beta n + (1-\alpha-\beta)[g_A^{bgp}(t)+n] - n - \{\alpha g_K^{*bgp}(t) +$$

$$(1-\alpha-\beta)[g_A^{*bgp}(t)+n] - n\} = \alpha g_K^{bgp}(t) + \beta n - \alpha g_K^{*bgp}$$

$$= \alpha[g_K^{bgp}(t) - g_K^{*bgp}(t)] + \beta n$$

$$= \alpha\left[\frac{\beta n}{1-\alpha} + \frac{n(1-\alpha-\beta)(1+\gamma-\theta)}{(1-\theta)(1-\alpha)} - \frac{n(1-\alpha-\beta)(1+\gamma-\theta)}{(1-\theta)(1-\alpha)}\right] + \beta n$$

$$= \beta n\left(\frac{\alpha}{1-\alpha}+1\right) = \frac{\beta n}{1-\alpha} \tag{2-39}$$

如果采用 $\dot{A}(t) = bK(t)^\phi L(t)^\gamma A(t)^\theta$，在这里，知识的生产与资本、劳动和知识本身的数量相关，但计算很复杂，具体步骤如下：

存在土地资源限制的条件下：

$$g_A(t) = \frac{\dot{A}(t)}{A(t)} = bK(t)^\phi L(t)^\gamma A(t)^{\theta-1} \tag{2-40}$$

$$\frac{\dot{g_A}(t)}{g_A(t)} = \phi g_K(t) + \gamma n + (\theta-1)g_A(t) \tag{2-41}$$

$$g_K(t) = \frac{\dot{K}(t)}{K(t)} = sK(t)^{\alpha-1}T^\beta[A(t)L(t)]^{1-\alpha-\beta} - \delta \tag{2-42}$$

$$\frac{\dot{g_K}(t)}{g_K(t)} = (\alpha-1)g_K(t) + (1-\alpha-\beta)[g_A(t)+n] \tag{2-43}$$

$$\begin{cases} \phi g_K(t) + \gamma n + (\theta-1)g_A(t) = 0 \\ (1-\alpha-\beta)[g_A(t)+n] - (1-\alpha)g_K(t) = 0 \end{cases} \tag{2-44}$$

如果存在平衡增长路径，从中可计算出平衡增长路径上 $g_A^{*bgp}(t)$ 与 $g_K^{*bgp}(t)$ 的值：

$$g_A^{*bgp}(t) = \frac{\gamma n(\alpha-1) - \phi n(1-\alpha-\beta)}{\phi(1-\alpha-\beta)+(\theta-1)(1-\alpha)} \tag{2-45}$$

$$g_k^{*bgp}(t) = \frac{n(1-\alpha-\beta)(\theta-1-\gamma)}{\phi(1-\alpha-\beta)+(\theta-1)(1-\alpha)} \tag{2-46}$$

$$g_{Y/L}^{*bgp} = g_Y^{*bgp} - g_L^{*bgp} = \alpha g_K^{*bgp}(t) + (1-\alpha-\beta)[g_A^{*bgp}(t)+n] - n \quad (2-47)$$

不存在土地资源约束的条件下：

$$g_A(t) = \frac{\dot{A}(t)}{A(t)} = bK(t)^\phi L(t)^\gamma A(t)^{\theta-1} \quad (2-48)$$

$$\frac{\dot{g_A}(t)}{g_A(t)} = \phi g_K(t) + \gamma n + (\theta-1)g_A(t) \quad (2-49)$$

$$g_K(t) = \frac{\dot{K}(t)}{K(t)} = sK(t)^{\alpha-1}T^\beta[A(t)L(t)]^{1-\alpha-\beta} - \delta \quad (2-50)$$

$$\frac{\dot{g_K}(t)}{g_K(t)} = (\alpha-1)g_K(t) + \beta n + (1-\alpha-\beta)[g_A(t)+n] \quad (2-51)$$

$$\begin{cases} \phi g_K(t) + \gamma n + (\theta-1)g_A(t) = 0 \\ \beta n + (1-\alpha-\beta)[g_A(t)+n] - (1-\alpha)g_K(t) = 0 \end{cases} \quad (2-52)$$

如果存在平衡增长路径，从上述方程式可计算出平衡增长路径上的 $g_A^{bgp}(t)$ 与 $g_K^{bgp}(t)$ 的值：

$$g_A^{bgp}(t) = \frac{n(\alpha-1)(\gamma+\phi)}{\phi(1-\alpha-\beta)+(\theta-1)(1-\alpha)} \quad (2-53)$$

$$g_K^{bgp}(t) = \frac{n(1-\alpha)(\theta-1) - \gamma n(1-\alpha-\beta)}{\phi(1-\alpha-\beta)+(\theta-1)(1-\alpha)} \quad (2-54)$$

$$g_{Y/L}^{bgp} = g_Y^{bgp} - g_L^{bgp} = \alpha g_K^{bgp}(t) + \beta n + (1-\alpha-\beta)[g_A^{bgp}(t)+n] - n \quad (2-55)$$

土地资源对经济增长产生的"阻力"为：

$$\begin{aligned}
g_{Y/L}^{bgp} - g_{Y/L}^{*bgp} &= \alpha g_K^{bgp}(t) + \beta n + (1-\alpha-\beta)[g_A^{bgp}(t)+n] - n - \{\alpha g_K^{*bgp}(t) \\
&\quad + (1-\alpha-\beta)[g_A^{*bgp}(t)+n] - n\} \\
&= \alpha[g_K^{bgp}(t) - g_K^{*bgp}(t)] + (1-\alpha-\beta)[g_A^{bgp}(t) - g_A^{*bgp}(t)] + \beta n \\
&= \alpha\left[\frac{\beta n(\theta-1)}{\phi(1-\alpha-\beta)+(\theta-1)(1-\alpha)}\right] + (1-\alpha-\beta) \\
&\quad \left[\frac{-\phi\beta n}{\phi(1-\alpha-\beta)+(\theta-1)(1-\alpha)}\right] + \beta n \\
&= \beta n\left[\frac{\alpha(\theta-1) - \phi(1-\alpha-\beta)}{\phi(1-\alpha-\beta)+(\theta-1)(1-\alpha)} + 1\right] \\
&= \frac{\beta n(\theta-1)}{\phi(1-\alpha-\beta)+(\theta-1)(1-\alpha)}
\end{aligned}$$

$$= \frac{\beta n}{1-\alpha-\dfrac{\phi(1-\alpha-\beta)}{1-\theta}} \qquad (2-56)$$

（二）模型分析

从式（2-39）和式（2-56）的"阻力"公式中可以看出，经济增长中土地的阻力不仅与资本的产出弹性（α）、土地的产出弹性（β）以及劳动人口增长率（n）相关，而且与知识生产中资本的产出弹性（ϕ）、知识本身的产出弹性（θ）相关，并且随资本的产出弹性（α）、土地的产出弹性（β）、劳动人口增长率（n）的增加以及知识生产中资本的产出弹性（ϕ）、知识本身的产出弹性（θ）的增加而增大。这就意味着：一个国家的经济增长不能过度依赖于资本、土地和知识存量本身，劳动人口增长率也不能太高，即经济增长不能过于依赖劳动人口数量的增加。那么，要降低"阻力"，实现经济持续增长，就只能提升劳动人口素质，促进技术进步，提高创造性劳动和技术进步在经济增长中的作用。

三、土地资源约束型索洛模型与土地资源约束型新经济增长模型比较分析

在索洛模型中，土地资源"阻力"式（2-15）为 $\dfrac{\beta n}{1-\alpha}$，在新经济增长模型中，土地资源"阻力"式（2-39）和式（2-56）分别为 $\dfrac{\beta n}{1-\alpha}$、$\dfrac{\beta n}{1-\alpha-\dfrac{\phi(1-\alpha-\beta)}{1-\theta}}$。需要指出的是，在具体的计算中，即使计量分析采用同样的数据样本，土地资源"阻力" $\dfrac{\beta n}{1-\alpha}$ 的具体数值在索洛模型与新经济增长模型也是不同的。虽然在两个模型下，土地资源"阻力"的公式有所差别，但无论是在索洛模型下还是在新经济增长模型下，经济增长中土地资源所产生的约束均与资本的产出弹性（α）、土地的产出弹性（β）以及劳动人口增长率（n）相关，并且随三者的增加而增大，随三者的减少而减小。这些无疑将构成本书研究的重点。

上述分析意味着，一个国家的经济增长不能过度依赖于资本或土地，劳动人口的增长率也不能过高，否则将会增大土地资源的"阻力"。降低"阻力"的办法为提高劳动人口素质，促进技术进步，提高创新型劳动和技术进步在经济增长中的地位。

从上述比较分析中可引申得到，要降低经济发展或经济增长对资本、土地资源的依赖程度，就要转变经济发展或经济增长方式，提高劳动力素质对经济发展或经济增长的作用。只有不断提高劳动人口的素质，才能促进技术进步，提高创造

性劳动和技术进步在经济发展中的作用，降低资源对经济增长所产生的阻力，促进经济持续发展。这也从侧面说明西方经济增长理论正有意或无意地注重促进技术进步的劳动者的作用，这也深刻说明了马克思主义经济学劳动创造价值论的正确性。

第四节 土地资源约束与产业特性

一、影响土地资源约束程度的因素分析

在分析土地资源对于经济增长的约束时，我们得出的结论是，土地资源对于经济增长的约束与土地资源的产出弹性（β）、劳动力增长率（n）以及资本的产出弹性（α）有关，且约束程度与土地资源产出弹性、劳动力增长率以及资本产出弹性成同方向变动。也就是说，土地资源产出弹性、劳动力增长率以及资本产出弹性的值越大，土地资源对于经济增长的约束程度也就越大，土地资源产出弹性、劳动力增长率以及资本产出弹性的值越小，土地资源对于经济增长的约束程度也就越小。在这里，我们将对这三个因素做进一步深入分析。

在影响土地资源对经济增长约束程度的上述三个因素中，土地资源的产出弹性是直接因素，另外两个因素劳动力增长率与资本产出弹性是间接因素。之所以说土地资源的产出弹性是直接因素，是就它发生作用的机理而言的，因为它无需任何中间环节，直接表现为经济活动中投入的土地资源与经济增长的关系，土地资源的产出弹性与在经济增长过程中的投入的土地资源直接相关，我们将由这一直接因素引起的对经济增长的约束称为土地资源的直接约束。之所以说劳动力增长率与资本产出弹性是间接因素，是因为就它们本身而言，难以看出它们与土地资源对于经济增长的作用之间的关系，它们是通过一系列中间环节与土地资源对经济增长的作用联系起来的。资本的产出弹性与经济增长过程中投入的资本要素直接相关，与土地资源无直接关系。但是，在经济增长的过程中，单一的资本要素是难以发挥作用的，它需要和其他要素结合起来，在诸多经济部门，资本都需要和与土地资源存在直接或间接相关关系的要素结合起来，这在农业、林业、牧业、建筑业、以农产品为原料的轻工业等经济部门表现得更为突出。资本要素与土地资源存在着直接或间接的密切关系，资本要素的投入在一定程度上直接或间接受制于土地资源。通常情况下，资本要素投入越大，资本的产出弹性也就越大，使资源优化配置所需的土地资源也就越多，囿于土地资源供给的有限性，土地资源对于经济增长的约束也就越大；反之，则相反。另外一个因素劳动力增长

率本身也与土地资源无直接关系，但是，劳动力的增长率受制于人口的增长率，无论是劳动力的增长还是人口的增长都必须解决基本的生存问题，如衣、食、住、行，而维持劳动力生存的问题与土地资源密不可分，绝大部分食物来源于土地，住房也不可能脱离土地而建成空中楼阁，等等。劳动力增长率与人口增长率越高，维持他们生存需要的土地资源就越多，土地资源对于经济增长的约束也就越大；反之，则相反。我们将由这两个间接因素引起的对经济增长的约束称为土地资源的间接约束。土地资源产出弹性、劳动力增长率以及资本产出弹性就是通过上述直接和间接约束的机理发生作用，从而影响土地资源对于经济增长的约束程度的。

上述分析不仅适用于一个国家或地区的整体经济增长，也适用于一个国家或地区各个产业（包括工业）的增长。由于一个国家或地区的整体经济增长状况是与其各个产业的增长及其产业结构密切联系在一起的，在不同的产业增长速度和产业结构状况下，各个产业土地资源的产出弹性、劳动力增长率以及资本的产出弹性将会不同，土地资源对各个产业增长产生的约束程度也会有所差异，而这些差异必然会在一定程度上影响整体经济增长，进而影响到土地资源对于整体经济增长的约束程度。此外，由于各个产业土地资源的产出弹性、资本的产出弹性以及劳动力增长率不尽相同，各个产业土地资源对经济增长约束的表现方式也会不同。对于一些产业，在土地资源对于该产业的约束中，土地资源的直接约束程度要大于间接约束程度；对于有些产业，土地资源的间接约束程度要大于直接约束程度。也就是说，对于不同的产业，土地资源的约束表现为不同程度的直接约束与间接约束。这一原理对于同一产业内部的不同部门也同样适用。我们可以通过分析土地资源对于各个产业的约束程度，比较各个产业土地资源约束程度的大小，进而分析如何通过优化产业结构来降低土地资源对于经济增长的约束程度。

二、土地资源约束与产业特性

就目前我国各个产业的产值而言，工业产值在国民经济中所占的比重很大。就产业结构而言，直观上看，土地产出弹性较大的产业一般为土地密集型产业，资本产出弹性较大的产业一般为资本密集型产业。显然，农林牧业为土地密集型产业，土地产出弹性较大，尤其是大宗农产品的生产。在这些产业中，土地资源的直接约束程度较大；第二产业中的工业与建筑业则为资本密集型产业，因为相对于农林牧业来说，第二、第三产业中同等产值所投入的土地要少得多，而所投入的资本要比农林牧业多得多，且从业人员的增长率也比第一产业高。因此，同第一产业相比，第二、第三产业中土地资源的直接约束程度相对较小，间接约束相对较大。在同一产业内部的不同经济部门，土地资源的直接约束程度与间接约束程度也存在类似的差异。计算第一、第二、第三产业及其产业内部各经济部门的土地产出弹性与资本产出弹性需要相应的土地、资本存量、劳动力增长率等大量数据,劳动力增长率这一数据最易获得,但资本存量数据、第二产业和第三产业各自的土地数据难以获得,因此,无法计算土地的产出弹性值与资本产出弹性值,从而也就无法计算出土地资源对于各个产业及其经济部门的约束程度。此外,在土地资源的约束中,同间接约束相比,直接约束对于经济增长的影响更为显著,加之间接约束程度的计算难度较大,我们在本节暂略去对间接约束的分析,侧重分析土地资源的直接约束。这样,我们就可以换一个视角,从三次产业的用地面积与其相应产值的比值来分析土地资源的直接约束问题。单位土地面积产值越大,说明土地资源的直接约束程度越小;相反,单位土地面积产值越小,说明土地资源的直接约束程度越大。我们可以比较第一产业与第二、第三产业的单位土地面积产值,从中粗略地看到土地资源对于各个产业的直接约束程度。在我国的国内生产总值核算中,第一产业包括农、林、牧、渔业,由于渔业水域面积数据的获得性问题,本书直接用农、林、牧业的用地面积替代第一产业的用地面积。此外,由于第二、第三产业绝大部分集中在城市,加之农村第二、第三产业土地用地面积数据不易获得,本书粗略地用城市建成区面积或城市建设用地面积代替第二、第三产业用地面积。虽然这样处理不够精确,但不会影响我们对于问题基本面的分析。从土地资源对于相关产业直接约束的粗浅分析中,可以深入了解发展第二、第三产业,推进工业化、城市化与土地资源对于经济增长约束程度的关系。

由表2-1中可以清楚地看到:①第一产业的农、林、牧业用地总面积远远大于城市建设用地面积;②城市建设用地面积处于不断增长的态势,农、林、牧业用地总面积虽然在20世纪80年代处于不断下降的趋势,但自20世纪90年代以来,处于稳定增长的趋势;③虽然自20世纪90年代以来农、林、牧业用地总面积在增长,但增长速度缓慢,而城市建设用地面积增长速度很快,2016年城市建设用地面积为1981年的近八倍。这也从另一个侧面反映出我国城市化以及第二、第三产业的快速发展。这一点完全可以从1978~2016年我国国内生产总值及其构成图中得到印证(见图2-1和图2-2)。

表2-1　1981~2016年中国土地利用状况

单位:万公顷

年份	农林牧地面积	耕地面积	城市建设用地面积	工业用地面积
1981	59080.51	9903.51	67.20	—
1982	59037.63	9860.63	71.51	—
1983	59012.96	9835.96	73.66	—

续表

年份	农林牧地面积	耕地面积	城市建设用地面积	工业用地面积
1984	58962.37	9785.37	84.80	—
1985	58861.63	9684.63	85.79	—
1986	58799.99	9622.99	92.02	—
1987	58765.87	9588.87	97.88	—
1988	58749.18	9572.18	108.22	—
1989	58742.60	9565.60	111.71	—
1990	58744.29	9567.29	116.08	—
1991	67641.38	9565.38	129.08	—
1992	67618.58	9542.58	139.18	—
1993	67132.14	9510.14	154.30	—
1994	67112.66	9490.66	207.96	—
1995	67119.10	9497.10	220.64	—
1996	70625.92	13003.92	190.02	—
1997	70612.31	12990.31	195.05	—
1998	70586.21	12964.21	205.08	—
1999	70583.55	12920.55	208.77	46.54
2000	70487.31	12824.31	221.14	48.74
2001	70423.58	12761.58	241.93	51.05
2002	70254.96	12592.96	268.33	57.69
2003	70001.22	12339.22	289.72	62.25
2004	72069.99	12244.43	307.81	67.09
2005	72033.83	12208.27	296.37	64.18
2006	72003.15	12177.59	317.66	68.67
2007	71999.08	12173.52	363.52	74.46
2008	71997.15	12171.59	391.40	80.35
2009	77897.00	13538.46	387.27	86.27
2010	77885.37	13526.83	397.58	86.89
2011	77882.40	13523.86	418.05	87.21
2012	77874.39	13515.85	457.51	87.12
2013	77874.88	13516.34	471.09	91.50
2014	77864.27	13505.73	499.83	99.34
2015	77858.41	13499.87	515.84	102.99
2016	77850.64	13492.10	527.61	105.25

资料来源：《中国统计年鉴》（1982~2017）、《中国城市建设统计年报》（1997、1999~2004）、《中国城市建设统计年鉴》（2005~2016）、《新中国六十年农业统计资料》、《中国土地矿产海洋资源统计公报》（2017）、《中国国土资源公报》（2013~2016）。

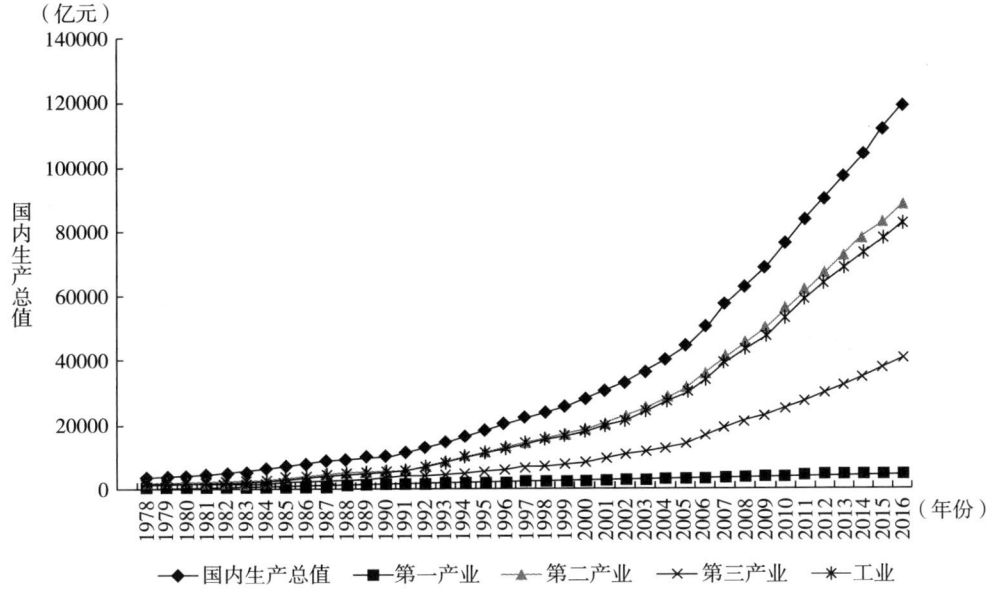

图 2–1　1978～2016 年国内生产总值（1978 年不变价格）

资料来源：《中国统计年鉴》(2017)。

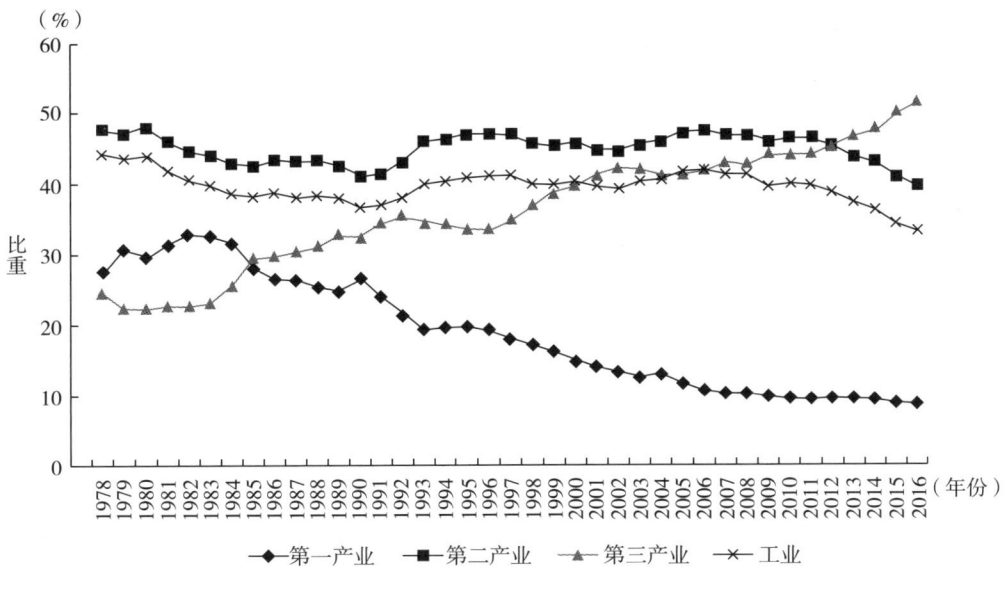

图 2–2　1978～2016 年国内生产总值构成

从图 2-1 中可以看出：①第一、第二、第三各个产业的国内生产总值基本上均处于不断增长的态势，且第二产业的国内生产总值始终大于第一、第三产业；②虽然三个产业的国内生产总值均处于不断增长的态势，但增长速度却有很大的不同，第三产业增长速度最快，其次是第二产业，增长最为缓慢的是第一产业，这一点也可以从国内生产总值构成图中看出。

从图 2-2 中可以看出：①在国内生产总值构成中，2012 年之前，第二产业所占比重最大，2012 年与第三产业持平，此后低于第三产业，2016 年第二产业比重降至 39.8%；②第一产业所占的比重在 20 世纪 80 年代初期经历短暂的上升期后就开始下降，并于 1985 年被第三产业超越；③第三产业所占比重基本处于不断上升趋势，并在 2012 年之后超越第二产业，成为占比最大的产业。根据表 2-1 和我国各产业国内生产总值有关数据，可得表 2-2。

表 2-2　1981~2016 年每万公顷土地平均国内生产总值（1978 年不变价格）

单位：亿元/万公顷

年份	总值	第一产业	第二、第三产业	工业	年份	总值	第一产业	第二、第三产业	工业
1981	0.08	0.02	49.55	—	1999	0.36	0.04	120.23	351.79
1982	0.08	0.02	50.30	—	2000	0.40	0.04	124.37	369.01
1983	0.09	0.02	54.64	—	2001	0.43	0.04	123.96	383.03
1984	0.11	0.03	55.18	—	2002	0.47	0.04	123.04	372.98
1985	0.12	0.03	64.51	—	2003	0.52	0.04	127.25	389.73
1986	0.13	0.03	66.76	—	2004	0.55	0.04	132.73	403.41
1987	0.15	0.03	71.55	—	2005	0.62	0.05	154.68	470.81
1988	0.16	0.03	73.69	—	2006	0.70	0.05	164.03	496.91
1989	0.17	0.03	74.64	—	2007	0.79	0.05	165.37	526.76
1990	0.18	0.03	73.98	—	2008	0.87	0.05	169.01	536.82
1991	0.17	0.03	74.53	—	2009	0.88	0.05	188.01	545.43
1992	0.19	0.03	81.49	—	2010	0.97	0.05	204.62	609.65
1993	0.22	0.03	86.05	—	2011	1.07	0.06	214.68	673.89
1994	0.25	0.03	73.95	—	2012	1.15	0.06	212.36	729.40
1995	0.27	0.04	78.49	—	2013	1.24	0.06	222.91	748.18
1996	0.29	0.04	101.32	—	2014	1.33	0.06	225.89	737.64
1997	0.31	0.04	109.03	—	2015	1.42	0.07	233.79	754.45
1998	0.34	0.04	112.77	—	2016	1.52	0.07	243.72	782.63

资料来源：《中国统计年鉴》（1979~2017）、《中国城市建设统计年报》（1997、1999~2004）、《中国城市建设统计年鉴》（2005~2016）。

从表2-2中可以清楚地看到，第二、第三产业每万公顷土地平均国内生产总值远远高于第一产业每万公顷土地平均国内生产总值。换句话说，第二产业中的工业以及第二、第三产业亿元国内生产总值平均所使用的土地面积远远小于第一产业亿元国内生产总值平均所使用的土地面积。由此可见，土地资源对于第一产业的直接约束程度要远远大于对于第二产业中的工业以及第二、第三产业的直接约束程度，或者说第一产业对于土地资源的依赖程度要远远大于第二产业中的工业以及第二、第三产业对于土地资源的依赖程度。这也从另一个侧面说明，要降低土地资源对于经济增长的直接约束程度，就要不断优化产业结构，积极推进工业化和城市化进程，大力发展第二、第三产业。但是，无论如何推进工业化与城市化，无论如何发展第二、第三产业，都不可能完全摆脱土地资源的约束（包括直接约束与间接约束），因为第二、第三产业本身也受到土地资源的约束，只是程度较小而已，而且在产业发展的不同阶段和不同行业中土地资源的约束程度也不尽相同。在后文，我们将分别对农业增长中的土地资源约束与工业化、城市化过程中的土地资源约束进行分析。

第五节　小结

土地是一个自然—经济综合体，是经济增长中的一种基本要素。随着人口增长和经济发展，土地需求将不断增加，由于土地供给的有限弹性，就会产生供求矛盾，从而影响经济发展。在经济发展的不同历史阶段，土地资源对经济增长的约束程度不同。现代西方经济增长理论对于土地要素有意或无意的忽视在一定程度上削弱了该理论的现实解释力。鉴于此，本书将土地要素纳入经济增长理论，分析结果表明，无论是在索洛模型框架下还是在新经济增长模型框架下引入土地要素，土地资源对经济增长所产生的约束程度均与资本的产出弹性、土地的产出弹性以及劳动人口增长率相关，并与三者成正相关关系。对国民经济三次产业的数据分析表明，土地资源对农业的约束最大，其次为第二、第三产业。要降低土地资源对于整个经济增长的约束，就要降低资本的产出弹性、土地的产出弹性与劳动力的平均增长率，提高创造性劳动、知识和技术对经济增长贡献的比重，优化产业结构，大力发展第二、第三产业，积极推进城市化进程。

第三章 土地资源对农业增长的约束

第一节 农业与经济增长

一、农业的界定

从传统意义上来讲,农业有狭义农业和广义农业之分。狭义农业即农作物种植业,主要包括粮食作物生产、经济作物生产和饲料作物生产等生产内容;而广义农业则包括种植业、林业、畜牧业、渔业(含水产养殖业)和园艺业等。现代农业引入产业化经营方式之后,从社会化生产的角度来看,狭义农业指农业生产活动本身,即通常所说的农业"产中"的部分;广义农业则包括农业生产全过程的社会与经济活动——从农用生产资料的生产到农产品的最终消费的全过程,即包括产前、产中、产后的经济活动。由此可见,现代农业对狭义农业、广义农业的定义比传统意义上的定义在范围、内涵上都要宽泛得多。本书所提及的狭义农业、广义农业均指在现代农业中的定义。

二、农业在国民经济中的基础地位与作用

农业是国民经济的基础。人类的一切社会活动以及国民经济中的诸多产业都依赖于农业。一切国家、一切社会都是构建在农业这一基础之上的。农业的发展直接关乎整个国民经济的发展。

(一)农业是人类生存和生活的基础

人类社会最根本的问题是生存和生活问题,这是一切问题的出发点。农业为人类提供了赖以生存和生活的物质资料。人要生存,就要吃、穿、住,这关系到人类的世代延续,关系到劳动力的再生产。马克思、恩格斯指出,"……我们首先应当确定一切人类生存的第一个前提也就是一切历史的第一个前提,这个前提就是:人们为了能够'创造历史',必须能够生活。但是为了生活,首先就需要衣、食、住以及其他东西。因此,第一个历史活动就是生产满足这些需要的资料,即生产物质生活本身。同时这也是人们仅仅为了能够生活就必须每日每时都要进行的(现在也和几千年前一样)一种历史活动,即一切历史的基本条件"。①农业所生产的生活资料是人类生存的首要条件。马克思明确指出,"……食物的生产是直接生产者的生存和一切生产的首要条件"。② 中国有句古话,"民以食为天"。从古至今,农业一直是人类生存所需食物的主要来源。农业为人类提供了生存所必需的生活资料。农业直接关乎人类的生存与发展,关乎劳动力的再生产。没有农业,人类将无法生存,更谈不上发展。

(二)农业是工业等非农产业和城市的基础

工业等非农产业以及城市的存在和发展都以农业的发展为前提和基础。

首先,农业为工业等非农产业劳动者(包括城市劳动者)提供食品等生活资料,使非农产业劳动力源源不断地再生产,从而使非农产业能够永续不断地再生产。其次,农业为工业特别是轻工业提供原材料。据统计,轻工业的大部分原材料来自农业,尤其是食品加工业、纺织工业等。没有农业,这些轻工业就无法生产。因此从这一意义上说,没有农业就没有轻工业。再次,农业为工业等非农产业(包括城市第二、第三产业)提供劳动力。例如,城市建设历来都大量使用农村劳动力。相关统计资料表明,我国城市建筑业、城市维修行业、快递行业等都大量雇用农村劳动力,他们为城市建设做出了重要贡献。最后,农业为工业等非农产业提供市场和资金。工业部门所生产的农业机械、化肥、农药主要用于农业;服装、鞋类、家电、家具以及汽车等工业产品的很大一部分买主为从事农业生产经营活动的农户;交通运输业、信息服务业等第三产业不断向农业领域扩展。此外,发展中国家工业化初期的积累资金很大一部分来自农业,主要通过压低农产品价格和农产品出口获得。

总之,农业是国民经济的基础,在国民经济中处于基础地位并发挥基础作用。这是发展国民经济的根本指导思想,是马克思主义经济理论的基本观。农业稳定发展,是经济稳定、政治稳定和社会稳定的基础,它关乎国家安危,关乎经济可持续发展。

三、经济增长中的农业

在一个国家或地区的经济增长过程中,农业与其他经济部门一样,在经济增

---

① 马克思,恩格斯.马克思恩格斯全集(第3卷)[M].北京:人民出版社,1960:31-32.
② 马克思.资本论(第3卷)[M].北京:人民出版社,2004:715.

长的不同阶段，它的地位（相对于其他经济部门的重要性）会发生变化。在农业社会，农业在国民经济中处于绝对统治地位。在工业社会和信息社会，农业在国民经济中的地位处于不断下降的趋势，具体表现在：相对于其他经济部门，农业部门产值的相对比例下降；农业从业人口在社会总从业人员中的比例处于不断下降的趋势。许多国家和地区经济增长的事实可以证明这一点。需要指出的是，虽然农业产值在国民经济总产值中的比重不断下降，但其绝对值仍处于增长的趋势，只是增长的速度越来越慢，且增长的速度小于国民经济总产值与第二、第三产业产值增长的速度（见表3-1）。

表3-1 1978~2016年中国第一产业产值、就业人员比重与人均GDP（1978年不变价格）

年份	第一产业产值（亿元）	第一产业产值比重（%）	第一产业就业人员（万人）	第一产业就业比重（%）	人均GDP（元）
1978	1018.50	27.7	28318	70.5	385.00
1979	1080.63	30.7	28634	69.8	408.87
1980	1065.35	29.6	29122	68.7	435.44
1981	1139.70	31.3	29777	68.1	451.61
1982	1271.09	32.8	30859	68.1	485.10
1983	1375.99	32.6	31151	67.1	529.76
1984	1554.23	31.5	30868	64.0	602.14
1985	1582.75	27.9	31130	62.4	674.14
1986	1634.69	26.6	31254	60.9	723.42
1987	1712.10	26.3	31663	60.0	795.03
1988	1754.88	25.2	32249	59.3	870.10
1989	1808.86	24.6	33225	60.1	892.82
1990	1942.28	26.6	38914	60.1	914.38
1991	1988.11	24.0	39098	59.7	985.60
1992	2079.78	21.3	38699	58.5	1111.88
1993	2176.53	19.3	37680	56.4	1251.64
1994	2263.11	19.5	36628	54.3	1399.09
1995	2374.12	19.6	35530	52.2	1535.77
1996	2494.31	19.3	34820	50.5	1670.52

续表

年份	第一产业产值（亿元）	第一产业产值比重（%）	第一产业就业人员（万人）	第一产业就业比重（%）	人均GDP（元）
1997	2579.86	17.9	34840	49.9	1806.04
1998	2668.47	17.2	35177	49.8	1929.24
1999	2741.80	16.1	35768	50.1	2058.98
2000	2804.95	14.7	36043	50.0	2216.45
2001	2879.30	14.0	36399	50.0	2383.54
2002	2956.71	13.3	36640	50.0	2584.12
2003	3026.98	12.3	36204	49.1	2825.90
2004	3212.35	12.9	34830	46.9	3093.09
2005	3375.31	11.6	33442	44.8	3425.35
2006	3535.21	10.6	31941	42.6	3839.61
2007	3659.47	10.3	30731	40.8	4363.21
2008	3848.91	10.3	29923	39.6	4759.76
2009	4002.71	9.8	28890	38.1	5181.33
2010	4172.79	9.5	27931	36.7	5704.93
2011	4346.96	9.4	26594	34.8	6219.29
2012	4541.49	9.4	25773	33.6	6675.13
2013	4714.64	9.3	24171	31.4	7157.54
2014	4906.11	9.1	22790	29.5	7641.10
2015	5097.59	8.8	21919	28.3	8126.97
2016	5265.65	8.6	21496	27.7	8624.77

资料来源：《中国统计年鉴》（2017）。

由表3-1可知，1978～2016年，人均GDP增长了20倍之多，在这一经济增长过程中，第一产业产值比重和第一产业从业人员及其比重均处于不断下降的趋势，但第一产业产值的绝对值基本呈增长态势。

需要指出的是，在经济增长过程中，虽然农业产值所占比重逐渐减少，其经济地位的相对重要性逐步降低，但无论经济发展到何等水平，农业在国民经济中的基础性地位不可动摇。

第二节 土地资源与农业

一、中国农业土地资源状况

（一）适用土地资源状况

1. 国土辽阔，适用土地不多

中国国土面积为963万平方公里，位居世界第三。虽然国土幅员辽阔，但大半为山区和荒漠，适用土地仅为1/5。首先是干旱和高寒型荒漠化土地多，植被茂盛、温暖湿润型土地少。缺氧、强辐射的高寒型荒漠化土地和西北地区的沙漠、戈壁、沙化等干旱型荒漠化土地占国土面积半数以上。其次是山地多，平地少。我国山脉、丘陵和遭侵蚀破碎的高原等崎岖山地型的土地约占国土面积的2/3，而平原、盆地和沙漠、戈壁、高原等平地型土地仅占国土面积的1/3。在这1/3的平坦土地上，温暖湿润、适宜人类耕作和定居的平原土地约17亿亩，还不到国土面积的12%。若将这一国情与发达国家作比较，更易看出我国适用土地资源的短缺。美国国土面积937万平方公里，稍小于我国，但平原面积却占国土的70%，适宜耕作的土地面积占比高达90%。俄罗斯、加拿大的平原面积更为广阔，就连国土狭小的日本，其平原面积也占国土的24%，而这些国家的人口加在一起比我国还要少。

我国人口总数居世界第一位，近14亿。由于人口众多，适宜耕作和定居的平原土地相对短缺，经过先人千年艰苦的垦殖和改造，留给后人的就是占国土面积1/5的20亿亩耕地与10亿亩住宅、道路、工矿等非农用地。90%的国民拥挤在占国土面积20%的适用土地上，这就是我国在人地关系上的基本国情。

2. 耕地少、林地缺、牧地差、适用农地短缺

我国温暖湿润、适宜人类耕作和定居的平原面积仅有17亿亩，其中城市村镇、工商企业、道路交通等非农用地又占去一半。因此，在现有的20亿亩耕地中，一多半是盆地、坝地、坡地、洼地、高原等非平原耕地，而这其中又有半数为风蚀水蚀严重、不宜耕种的山坡地和干旱草原。适用耕地面积少，耕地质量差，但却有近14亿人口要靠这20亿亩耕地吃饭。目前，虽然我国人口增长速度已经放缓，但将来实现人口零增长时的人口总数应会达到15亿左右。在这一过程中，随着产业结构的优化和城市化的推进，非农用地仍会不断增长，而且以占

用平原良田为主。① 耕地不断减少，人均耕地必然会不断下降。

林地总面积较大，人均林地少。第八次全国森林资源清查（2009～2013年）结果显示，我国森林面积2.08亿公顷，森林覆盖率21.63%，森林蓄积151.37亿立方米。根据联合国粮农组织发布的2015年全球森林资源评估结果，中国森林面积和森林蓄积分别位居世界第5和第6，人工林面积居世界首位。虽然我国林地总面积较大，但由于人口基数大，人均森林面积就又低于世界平均水平。

草原总面积大，草原土地质量差，产草量低。《中国生态环境状况公报》（2017）数据显示，全国有草原面积近4亿公顷，约占国土面积的41.7%。中国北方和西部是天然草原的主要分布区。内蒙古、新疆、西藏、青海、甘肃和四川六大牧区省份，草原面积共2.93亿公顷，约占全国草原面积的3/4。南方地区草原以草山和草坡为主，大多分布在山地和丘陵，面积约0.67亿公顷。我国虽然草原面积大，但基本为不适宜耕种的干旱、高寒的荒漠化土地和山坡地。气候恶劣、土壤贫瘠、生态脆弱，草原产草量较低，草原常常遭遇过度放牧，导致草原沙化退化，牧业发展受到影响。

（二）耕地资源状况

1. 耕地总量大，人均量小

据统计，我国耕地总量仅次于美国、印度、俄罗斯，居世界第四位，但由于人口多、基数大，人均耕地严重短缺。截至2016年末，我国耕地面积为13492.1万公顷（20.24亿亩）②，人均耕地不足1.5亩，还不到世界平均水平的一半，耕地资源相对短缺。统计数据显示，2016年我国耕地占国土总面积的比重为14%，仅略高于世界平均水平，远远低于印度的47.6%以及法国与德国的33.43%、32.95%③。

2. 耕地质量总体较差

从耕地的质量状况看，我国幅员辽阔，有963万平方公里的国土，然而地貌条件差，山区、丘陵占大部分，地形坡度大、土层薄、灌溉困难。《2017中国土地矿产海洋资源统计公报》数据显示，2016年末，全国耕地平均质量等别为9.96等④，总体偏低。其中，优等地面积为389.91万公顷（5848.58万亩），占全国耕地评定总面积的2.90%；高等地面积为3579.57万公顷（53693.58万亩），占26.59%；中等地面积为7097.49万公顷（106462.40万亩），占

---

① 刘立群. 适用土地资源短缺对我国工业化和城市化进程的制约［J］. 战略与管理，1997（6）：32-39.
② 2017中国土地矿产海洋资源统计公报［EB/OL］. http：//gi.mlr.gov.cn/201805/t20180518_1776792.html，2018-05-21.
③ 印度、法国、德国的数据为笔者根据联合国粮农组织数据库数据整理计算所得。
④ 全国耕地评定为15个等别，1等耕地质量最好，15等耕地质量最差。1～4等、5～8等、9～12等、13～15等耕地分别划为优等地、高等地、中等地、低等地。

52.72%；低等地面积为 2395.41 万公顷（35931.40 万亩），占 17.79%①。中国现有耕地总体质量偏低，存在土壤养分失衡、肥效下降、环境恶化等问题。一是中低产田所占比重偏高。全国高产田占耕地总面积的比重不到 30%，受干旱、陡坡、瘠薄、洪涝、盐碱等各种障碍因素制约的中低产田占比达 70% 之多。二是全国耕地土壤耕层变浅、土壤板结问题较为突出。《2016 年全国耕地质量监测报告》数据显示，全国耕地土壤耕层平均厚度为 21.2cm。依据适宜作物生长的耕层厚度 20cm 以上的标准评价，有 65.5% 的监测点耕层厚度较浅。从区域分布看，上海、江苏、广东等省（市）耕层平均厚度低于 18cm，变浅趋势明显。耕层变浅成为当前耕地质量突出问题之一。全国耕层土壤容重平均 $1.29g/cm^3$。依据适宜作物生长的土壤容重 $1.10 \sim 1.35g/cm^3$ 的标准评价，有 25.9% 的监测点土壤容重大于 $1.35g/cm^3$，表明土壤孔隙少、孔隙度小，板结现象较为严重。从区域分布看，北京、天津、河北、河南、山东等省（市）土壤容重较高，平均在 $1.35g/cm^3$ 以上，土壤板结问题相对突出。三是耕地有机质含量总体偏低，土壤养分不均衡。虽然近年来全国耕地有机质含量逐渐提升，但同欧洲相比，全国耕地有机质平均含量仍然偏低，棕壤、褐土等土壤类型比欧洲同类土壤有机质含量低 50% 以上。中国缺磷、缺钾耕地面积仍在耕地总面积中占很大比例。四是区域性土壤酸化突出，土地退化严重。《2016 年全国耕地质量监测报告》数据显示，全国土壤 pH 值变幅为 3.3~9.1。pH 小于 5.5 的监测点所占比重为 30.0%，江西、海南、福建等地 pH 均低于 5.5，表明土壤酸化问题比较突出。由于水土流失、贫瘠化、次生盐渍化、潜育化和土壤酸化等原因，大面积耕地土壤退化。

此外，由于我国粮食种植面积大，复种指数高，土地过度利用严重，作物单一，化肥农药使用量大，且比例失调。《中国农村统计年鉴》（2017）数据显示，2016 年农药施用量为 174 万吨，化肥施用量为 5984 万吨。施肥比例失调，氮肥、磷肥、钾肥的施用比例为 1∶0.36∶0.28，磷肥、钾肥施用比例远低于世界平均水平。有机肥施用量占肥料施用总量的比例偏低，微量元素肥料施用面积占比也严重偏低。有机肥与微肥施用量不足，土壤有机质和微量元素得不到及时有效补充，致使土壤板结，地力衰退，产出下降。

（三）土地资源供求矛盾突出

我国土地资源供求矛盾日益突出，主要表现为：一是人地矛盾日益尖锐，耕地质量较低。统计数据显示，我国以占世界 9% 的耕地养活了世界 19% 的人口。我国耕地质量总体较低，可灌溉耕地面积不到全部耕地面积的 50%。目前我国人均粮食消费与发达国家相比还有一定差距，随着经济的发展和人民生活水平的

---

① 2017 中国土地矿产海洋资源统计公报［EB/OL］. http：//gi. mlr. gov. cn/201805/t20180518_1776792. html，2018 - 05 - 21.

提高，人均粮食消费也将提高，在单产不发生较大提高的情况下，今后粮食短缺也即耕地短缺的压力就会更大。二是可开发利用的后备土地资源不足。目前，我国土地垦殖率已超过世界平均水平，可开垦的后备土地资源日趋减少。统计资料显示，我国虽尚有大量未利用土地，但宜农荒地较少，且主要分布在北纬35度以北的农牧交错地区，多为生态脆弱、经济落后、交通不便、少数民族集中的边远山区，依照当前的经济条件和科技水平，土地开发难度大，可被开发利用的不多。随着对生态保护的日益重视，耕地后备资源的开发利用将会受到进一步限制。三是土地资源利用效率不高。大城市的扩张，小城镇的发展，导致土地资源长期粗放低效利用，规模效益难以得到充分发挥。城市用地增长速度远远超过城市人口增长速度，城市建设用地浪费严重。四是土壤污染严重，土地退化、毁损严重，生态环境遭到破坏。[①] 2014年4月17日公布的《全国土壤污染状况调查公报》显示，全国土壤环境状况总体不容乐观，部分地区土壤污染较重，耕地土壤环境质量堪忧。土壤污染或超标的主要原因在于工矿业、农业等人为活动以及土壤环境背景值高。全国土壤总的超标率为16.1%，污染类型以无机型为主，有机型次之，复合型污染比重较小。从污染分布情况看，南方土壤污染重于北方；长江三角洲、珠江三角洲、东北老工业基地等部分区域土壤污染问题较为突出，西南、中南地区土壤重金属超标范围较大；镉、汞、砷、铅4种无机污染物含量分布呈现从西北到东南、从东北到西南方向逐渐升高的态势。耕地土壤点位超标率为19.4%，主要污染物为镉、镍、铜、砷、汞、铅、滴滴涕和多环芳烃。第一次全国水利普查成果显示，中国现有土壤侵蚀总面积29490万公顷，占普查范围总面积的31.1%。其中，水力侵蚀面积12930万公顷，风力侵蚀面积16560万公顷。2017年，全国新增水土流失综合治理面积590万公顷。第五次全国荒漠化和沙化监测结果显示，截至2014年，全国荒漠化土地面积26116万公顷，沙化土地面积17212万公顷。与2009年相比，5年间荒漠化土地面积净减少1212000公顷，年均减少242400公顷；沙化土地面积净减少990200公顷，年均减少198040公顷[②]。

二、土地资源与农业

土地资源是一个自然—经济综合体，是任何社会物质生产部门（包括农业、工业、建筑业、交通运输业、服务业等）进行物质生产必不可缺的物质条件。在国民经济各个物质生产部门中，土地资源发挥着不同的作用。在农业部门，土地

---

① 国家发展改革委国民经济综合司. 中国经济发展面临的资源约束形势和风险分析［J］. 中国经贸导刊，2004（21）：19-20.
② 2017中国生态环境状况公报［EB/OL］. http://www.mee.gov.cn/hjzl/zghjzkgb/lnzghjzkgb/201805/P020180531534645032372.pdf，2018-06-13.

资源具有特殊的重要作用。

　　土地是农业最基本的投入要素。在这里，土地不是指单纯的自然要素，还包括对土地长期投资（如建设灌溉系统、施肥等）所累积的内在价值，是一个自然—经济综合体。"土地是财富之母"在农业生产中表现得最为充分。农业是典型的土地密集型产业，农业的产业特点决定了土地对于农业生产的约束要比其他经济部门强烈得多。尤其是一些粮食作物的生产，它们对于土地的依赖性更大。土地不仅是农业建筑物和工程物的配置基地，是劳动力实现劳动过程的活动场所，更重要的是，具有肥力的土地是一切农作物吸取营养的主要源泉，是农作物正常生长发育不可缺少的水分、养分、空气和热量的供应者和调节者。在这里，土地既是劳动对象，同时也是一种劳动手段，土地自身在农业生产中作为生产工具发挥作用，直接参加了农产品的形成。植物依赖土地才能生长，动物也要依靠土地提供饲料。所以，在农业生产中，土地是不可缺少且无法代替的基本生产资料。正是由于农业对于土地的严重依赖性，或者说土地对于农业特殊重要性，土地在很大程度上对农业增长造成约束。正是由于农业土地供给的相对固定性，在现代经济中，与土地最密切相关的农业在国民经济各个产业中始终处于增长最为缓慢的部门。

　　由中日美等各国各个产业增长的趋势（见图3-1~图3-3）可知，农业与建筑业是增长最为缓慢的产业，无论是发达的美国与日本，还是发展中的中国，都不例外。在国民经济各个产业中，农业与建筑业无疑与土地资源的关系最为密切，尤其是农业。由于受到土地资源的限制，与土地资源关系最为密切的产业最终必然会成为增长最为缓慢的产业。由前文可知，在经济增长的过程中，虽然农业产值处于相对下降的趋势，但其绝对产值仍处于不断上升趋势。由于农业土地资源供给缺乏弹性，可以将农业的增长过程看作克服土地资源供给缺乏弹性对生产施加的约束的过程。在这一过程中，土地资源的相对稀缺性会诱致新的更具生产效率的节约集约使用土地的技术变革与制度变革。

　　从表3-2中可以看出，1978~2016年，我国用于农业生产的农林牧用地面积在1991年、1996年、2004年和2009年突然增加，主要是1991年统计的草地、1996年统计的耕地、2004年统计的林地和2009年统计的耕地增加造成的。这并不表明农业用地面积实际的增加，只是人为和技术的原因造成统计数据上的增加。1978~2016年，农作物播种面积和粮食播种面积变化不大，可以佐证这一问题。农林牧用地面积在1991年、1996年、2004年和2009年增加之后，其他年份基本处于下降趋势。1978~2016年，耕地面积的增长主要是1996年和2009年的统计造成的。从实际情况来看，我国农业用地面积变化不大甚至减少。从表3-3中可以看出，在农业用地面积变化不大的情况下，我国农业获得了持续增长。农业这一持续的增长过程也是不断克服土地资源约束的过程。

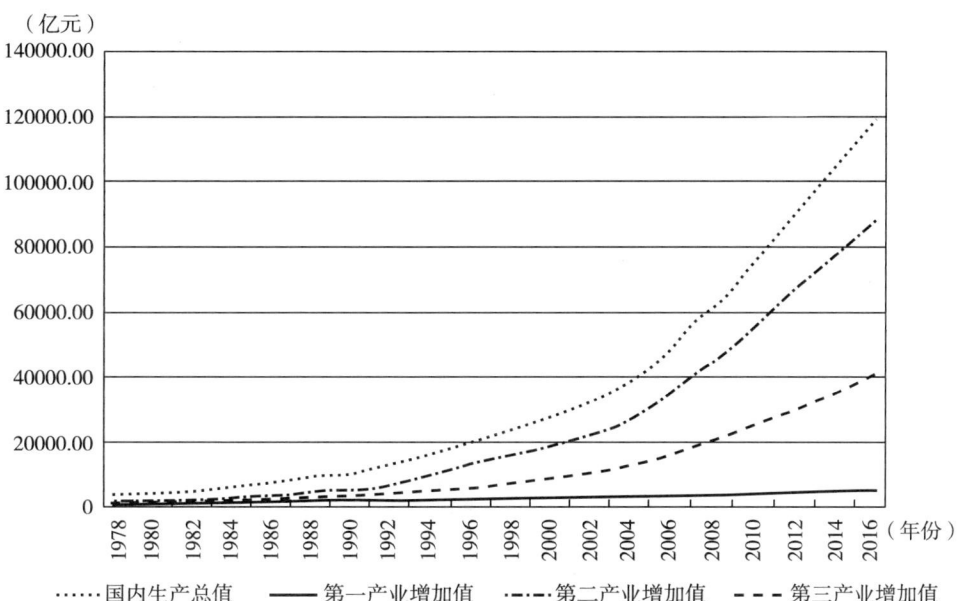

图 3-1　1978~2016 年中国各产业增长状况（1978 年不变价格）

资料来源：《中国统计年鉴》（2018）。

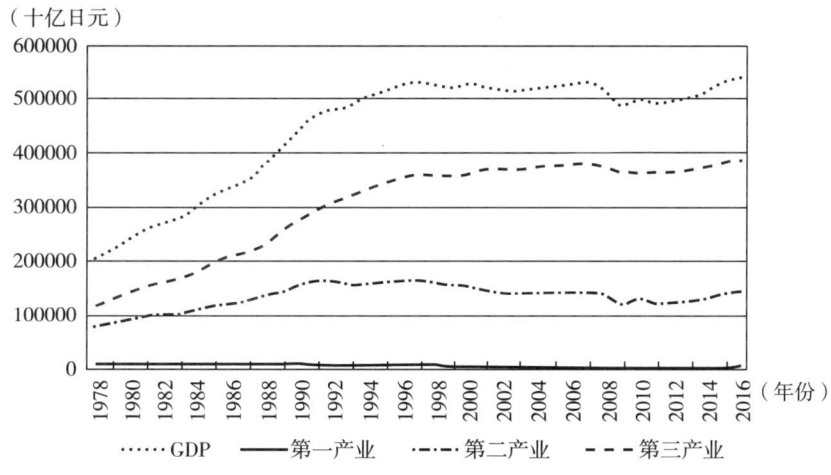

图 3-2　1978~2016 年日本各产业增长状况（现价）

资料来源：笔者根据日本国家统计局有关数据计算整理。

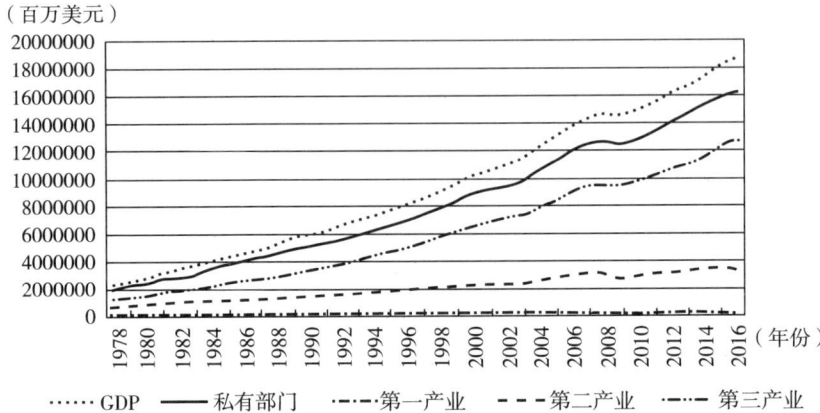

图 3-3 1978～2016 年美国各产业增长状况（现价）

资料来源：笔者根据美国国家经济研究局有关数据计算整理。

表 3-2 1978～2016 年我国农业土地资源利用状况

单位：千公顷

年份	农林牧用地面积	农作物播种面积	耕地面积	粮食播种面积
1978	591159	150104	99389	120587
1979	591268	148477	99498	119263
1980	591075	146380	99305	117234
1981	590807	145157	99037	114958
1982	590376	144755	98606	113462
1983	590129	143994	98359	114047
1984	589624	144221	97854	112884
1985	588616	143626	96846	108845
1986	588000	144204	96230	110933
1987	587659	144957	95889	111268
1988	587492	144869	95722	110123
1989	587426	146554	95656	112205
1990	587443	148362	95673	113466
1991	676413	149586	95653	112314
1992	676186	149007	95426	110560
1993	671321	147741	95101	110509
1994	671127	148241	94907	109544
1995	671191	149879	94971	110060
1996	706259	152381	130039	112548

续表

年份	农林牧用地面积	农作物播种面积	耕地面积	粮食播种面积
1997	706123	153969	129903	112912
1998	705862	155706	129642	113787
1999	705836	156373	129206	113161
2000	704873	156300	128243	108463
2001	704236	155708	127616	106080
2002	702550	154636	125930	103891
2003	700012	152415	123392	99410
2004	720704	153553	122444	101606
2005	720343	155488	122083	104278
2006	720032	152149	121776	104958
2007	719992	153464	121735	105638
2008	719972	156266	121716	106793
2009	778970	158614	135385	108986
2010	778854	160675	135268	109876
2011	778824	162283	135237	110573
2012	778744	163416	135159	111205
2013	778749	164627	135163	111956
2014	778643	165446	135057	112723
2015	778584	166374	134999	113343
2016	778506	166650	134921	113034

资料来源：《新中国六十年统计资料汇编》、《中国统计年鉴》（1979～2018）、《中国土地矿产海洋资源统计公报》（2017）、《中国国土资源公报》（2013～2016）、《中国统计摘要》（2018）。

表3-3 1978～2016年我国农业产出状况（1978年不变价格）

年份	GDP（亿元）	农林牧渔增加值（亿元）	农林牧渔总值（亿元）	农业总值（亿元）	粮食产量（千吨）
1978	3678.70	1027.50	1397.00	1117.50	304765
1979	3958.28	1090.18	1503.17	1192.37	332115
1980	4267.29	1074.77	1524.22	1188.80	320555
1981	4488.01	1149.77	1623.29	1269.63	325020
1982	4888.99	1282.32	1806.72	1409.29	354500
1983	5418.73	1388.15	1947.65	1529.08	387275

续表

年份	GDP（亿元）	农林牧渔增加值（亿元）	农林牧渔总值（亿元）	农业总值（亿元）	粮食产量（千吨）
1984	6239.08	1567.97	2187.21	1704.93	407305
1985	7077.82	1596.74	2261.57	1701.52	379108
1986	7710.56	1649.14	2338.47	1747.46	391512
1987	8611.84	1727.23	2474.10	1859.30	402977
1988	9579.33	1770.38	2570.59	1883.47	394081
1989	9980.31	1824.84	2650.27	1928.67	407549
1990	10370.26	1959.44	2851.70	2082.96	446243
1991	11334.07	2005.68	2957.21	2101.71	435293
1992	12945.35	2100.21	3146.47	2189.98	442658
1993	14740.55	2198.85	3391.89	2303.86	456488
1994	16664.51	2287.22	3683.60	2377.58	445101
1995	18489.15	2401.27	4085.11	2565.41	466618
1996	20324.82	2523.54	4469.11	2765.52	504535
1997	22200.95	2611.91	4768.54	2889.96	494171
1998	23940.98	2703.35	5054.65	3031.57	512295
1999	25776.65	2779.39	5292.22	3161.93	508386
2000	27965.48	2846.18	5482.74	3206.20	462175
2001	30297.77	2925.29	5713.02	3321.62	452637
2002	33064.16	3010.58	5992.95	3451.16	457058
2003	36382.34	3085.58	6232.67	3468.42	430695
2004	40061.04	3279.78	6700.12	3763.24	469469
2005	44626.31	3452.40	7082.03	3917.53	484022
2006	50302.54	3625.02	7464.46	4129.07	498042
2007	57461.29	3760.65	7755.57	4281.85	504139
2008	63008.77	3962.04	8189.88	4478.82	534343
2009	68931.48	4128.50	8566.62	4631.10	539409
2010	76263.13	4304.20	8943.55	4830.23	559113
2011	83546.96	4488.12	9337.07	5100.73	588493

续表

年份	GDP（亿元）	农林牧渔增加值（亿元）	农林牧渔总值（亿元）	农业总值（亿元）	粮食产量（千吨）
2012	90113.44	4691.57	9794.58	5320.06	612226
2013	97114.00	4877.54	10186.37	5554.14	630482
2014	104202.86	5082.02	10624.38	5826.29	639648
2015	111398.39	5287.52	11049.36	6140.91	660603
2016	118902.94	5470.41	11436.08	6398.83	660435

资料来源：《新中国五十五年统计资料汇编》、《中国统计年鉴》(2018)。

那么，土地资源是如何约束农业增长的呢？农业增长又是如何克服土地资源约束的呢？下文我们将就土地资源的数量、质量对农业产量、产值，产业结构，对农业规模经营、农机械化、农业劳动生产率、农产品国际竞争力的约束，以及如何有效降低这一约束，实现农业持续增长进行论述。

第三节 土地资源对农业增长的约束分析

农业增长指农产品产量与农业产值的增长。农产品产量是指农产品产出的物理量，农业产值则是指农产品产出的价值量。本书根据上下文的需要分别使用这两种意义上的增长。此外，农业产值可分为农业总产值与农业增加值，本书农业产值一般指农业总产值，在有关国民经济产业结构的内容中，农业产值指增加值。就农业内部结构而言，它包括农、林、牧、渔，其中与土地资源密切相关的为农、林、牧，考虑到林地与牧地在生态意义方面所具有的独特价值，土地用途置换度较低，以及其在国民经济中产值所占比重相对较小，本书将重点放在耕地和种植业方面。农业增长直接受到农业生产效率的制约，本书将侧重分析耕地资源对于土地经营规模的约束，进而对于农业生产效率的约束，以及对于种植业农产品生产成本的约束。

一、土地资源对农业产出的约束概述

农业土地资源的数量和质量直接关乎农业的产量、农产品质量和产值。在其他条件相同的情况下，一国或地区农业土地资源数量越大、质量越高，该国或地区的农业产量、农产品质量和产值也就越高；反之，则相反。农业土地资源的数

量、质量直接制约着农业产出。

（一）土地资源数量对农业产出的约束

农业土地资源的数量直接影响农业的产出。事实表明，农业土地资源大国通常也为农产品生产大国，如世界耕地资源第一、第二、第四大国的美国、印度与中国，同时也均为农产品生产大国。同样，世界几个主要农产品生产大国无一不是农业土地资源大国，农业产出直接受到农业土地资源的约束。中国、美国与印度是世界粮食和蔬菜水果生产量最大的三个国家，三者也均为农业土地资源尤其是可耕地资源大国。而农业土地资源稀缺的日本，尽管是农业发达国家，农业技术水平远比中国和印度高，但由于土地资源的限制，它始终成为不了农业生产大国，而只能成为农产品进口大国（见表3-4、表3-5）。

表3-4 世界粮食生产大国的产量及所占世界份额

年份 国家	产量（千吨）					在世界总产量中所占比重（%）				
	1979~1981	1989~1991	1999~2001	2003	2004	1979~1981	1989~1991	1999~2001	2003	2004
中国	286488	390171	420308	376123	413166	18.21	20.49	20.16	18.03	18.20
美国	301133	292217	334614	348897	389066	19.14	15.35	16.05	16.73	17.14
印度	138182	195478	238012	233406	232360	8.78	10.27	11.42	11.19	10.23
日本	14318	13946	12444	10826	11990	0.91	0.73	0.60	0.52	0.53

资料来源：世界粮农组织。

表3-5 世界水果蔬菜生产大国的产量及所占世界份额

年份 国家	产量（千吨）					在世界总产量中所占比重（%）				
	1979~1981	1989~1991	1999~2001	2003	2004	1979~1981	1989~1991	1999~2001	2003	2004
中国	67497	150228	387916	488694	506634	10.72	18.48	32.12	36.33	36.62
印度	56532	76109	117364	126640	127560	8.98	9.36	9.72	9.42	9.22
美国	51868	56348	68133	65902	69382	8.24	6.93	5.64	4.90	5.01
日本	21555	19292	16681	15450	14660	3.42	2.37	1.38	1.15	1.06

资料来源：世界粮农组织。

（二）土地资源质量对农业产出的约束

农业产出不仅受农业土地资源数量的约束，还受农业土地资源质量的约束。农业土地资源质量的高低直接影响农业的产出。农业土地资源的质量主要表现在土地肥力上。在其他投入水平相同的情况下，土地肥力不同，单位土地面积产量也就不同。虽然目前还没有较为系统的可比数据来衡量国家之间土地肥力的差异，但以美国和加拿大为代表的主要农产品生产国的土地肥力同中国相比还是可以做出判断的。相关资料显示，加拿大全国平均土壤有机质含量为5%~6%，高的可达10%，最低的也有2%左右。美国土壤有机质含量尽管没有加拿大高，但全国平均也达3%~4%。而中国土壤有机质含量只有2%稍多，仅有东北的黑土可达3%~4%，而南方的红壤在1%以下。此外，中国70%的耕地为中低产田，几乎都种上了农作物，土地休耕近年才开始在小范围内实行。而发达国家用于农业生产的耕地几乎都是高产田，它们无需开垦中低产耕地，甚至高产田（由于供过于求）还实行休耕制。① 在其他投入相同的情况下，农业土地在肥力上的差别，将直接影响到农业的产出。

二、土地资源对土地经营规模的约束

农业现代化是我国农业的发展目标，农业机械化则是农业现代化的主要内容和重要标志，而农业机械化只有在建立适度的土地经营规模的基础上才能更加富有成效地提高农业生产效率。因此，研究土地适度规模经营和土地经营规模就变得十分必要。

（一）土地适度规模经营的必要性

1. 土地适度规模经营有利于提高农业生产绩效

土地经营规模直接影响农业生产要素及其要素结构。土地经营规模过小，会限制农业投资，由于某些生产要素（如大型农业机械、水利设施、一些农业新技术等）具有一定的不可分性，过小的土地经营规模会影响这些生产要素的使用效率，导致农业生产成本增加，从而影响农业生产条件的改善和农业生产效率的提高。适度的土地经营规模可以有效利用劳动力、机械、种子、化肥、农药等生产投入要素，并促进劳动力分工更加专业化，从而提高农业生产绩效。适度的土地经营规模会降低单位土地面积固定成本，即使在单产不变化的情况下，也会降低单位农产品的固定成本。此外，适度规模经营大户在生产要素获得和销售上也较小规模经营农户更具成本优势。因此，土地适度规模经营对于农业生产绩效的提高具有积极作用。

2. 土地适度规模经营有助于提高农民收入

对于收入主要来自种植农作物的农民来说，农民的毛收入取决于种植面积、单产与农产品价格的乘积。要提高农民收入，只有三条路径：提高农产品价格、

---

① 黄季焜，马恒运. 中国主要农产品生产成本与主要国际竞争者的比较［J］. 中国农村经济，2000（5）：17-21.

提高农产品单位面积的产量或增加该农民的种植面积。加入世贸组织以后，我国农产品面临国际市场的严峻挑战，我国绝大多数农产品的价格高于国际市场。因此，在农产品同等质量条件下，进一步提高农产品价格并不可行。在一定时期内，农业技术的进步一般是相对稳定而缓慢的，当单位面积上的生产要素投入达到一定水平时，继续追加生产要素，其边际产量便会出现下降的趋势，直至边际产量为零甚至为负，所以，期望单产的稳定快速提高也是不切实际的。1949年至今70年来，随着现代科技的飞速发展，我国主要农产品的单产水平只提高了约4倍，而同期我国GDP却增长了约170倍。显然，依靠单产水平的提高，不可能保证农民收入与国民经济的发展同步增加，因此，适度扩大土地经营规模，发展土地适度规模经营，就成为必然的选择。

3. 土地规模经营是实现农业机械化、降低农民劳动强度的必要前提

农业机械化是农业现代化的重要组成部分。目前，我国农业机械化水平虽有大幅提高，但同发达国家相比还有相当差距，在一些相对落后的地区，机械化水平还几乎为零。总体来说，我国农业机械化水平偏低，农业生产中劳动力占比较高，农民劳动强度很大。而发达国家的农业已基本实现了全面机械化作业，其土地经营规模普遍大于我国。即使人均耕地面积仅有我国1/3的日本，其户均土地经营规模也有我国的4倍之多。农业机械化是建立在一定的土地经营规模基础之上的。要实现农业机械化，降低农业劳动强度，土地适度规模经营是一个必不可少的前提。

近年来，我国积极推进农村土地流转，加快发展土地适度规模经营，土地流转规模不断扩大，流入主体日趋多元，土地流转后经营效益稳步提升。

（二）中日美三国土地经营规模状况

中日美三国土地经营规模存在很大的差异，表3-6～表3-8分别为中日美三国几十年来土地经营规模的变动状况。为便于分析，本书通常用农户（或农场）平均耕地面积表示土地经营规模。这是因为，无论是中印等发展中国家，还是美日等发达国家，目前的农业土地经营仍以农户家庭经营为主。

1. 我国土地经营规模状况

我国是世界上土地资源总量较为丰富的国家之一，但土地资源分布极不平衡，且质量不高，人均耕地占有量更是远低于世界平均水平。目前，我国人均占有耕地仅为0.1公顷（1.5亩），每个农户经营的耕地约0.5公顷（7.5亩），并且这0.5公顷还分散为几块质量不同的土地，土地的平均经营规模更小。就粮食主产区而言，作为我国粮食主产区的河北、辽宁、吉林、黑龙江、江苏、山东、安徽、河南、湖北和四川十省户均土地规模超过11亩。十省中只有黑龙江、吉

林和辽宁三省户均土地规模超过15亩。① 2014年中办在《关于引导农村土地经营权有序流转发展农业适度规模经营的意见》中明确指出，各地要依据自然经济条件、农村劳动力转移情况、农业机械化水平等因素，研究确定本地区土地规模经营的适宜标准。现阶段，对土地经营规模相当于当地户均承包地面积10~15倍，务农收入相当于当地二、三产业务工收入的，应当给予重点扶持。虽然近年来我国许多地区农户土地经营规模在增加，但显然，大部分农户的土地经营规模与当地户均承包地面积10~15倍的经营规模之间还存在较大差距。

表3-6 中国农户户均耕地面积

年份	农户（千户）	户均耕地（公顷/户）	年份	农户（千户）	户均耕地（公顷/户）
1978	173470	0.57	1996	234376	0.55
1979	174911	0.57	1997	234062	0.55
1980	176730	0.56	1998	236780	0.55
1981	180160	0.55	1999	238105	0.54
1982	182790	0.54	2000	241487	0.53
1983	185230	0.53	2001	244322	0.52
1984	187930	0.52	2002	245694	0.51
1985	190770	0.51	2003	247931	0.50
1986	195750	0.49	2004	249714	0.49
1987	201680	0.48	2005	252226	0.48
1988	208590	0.46	2006	252684	0.48
1989	215040	0.44	2007	254349	0.48
1990	222370	0.43	2008	256635	0.47
1991	225660	0.42	2009	259757	0.52
1992	228490	0.42	2010	263846	0.51
1993	229840	0.41	2011	266070	0.51
1994	231650	0.41	2012	268023	0.50
1995	232820	0.41			

资料来源：《中国统计年鉴》(1979~2013)、《中国国土资源公报》(2001~2013)。

2. 日本土地经营规模状况

2017年日本人均耕地约0.5亩②，约为我国的1/3，人地矛盾极为突出。与

---

① 钱贵霞，李宁辉.粮食主产区农户最优生产经营规模分析［J］.统计研究，2004（10）：39-43.
② Japan Statistical Yearbook 2019［DB/OL］. http：//www.stat.go.jp/english/data/nenkan/68nenkan/index.html，2019-02-12.

欧美国家相比，日本的农场规模相对较小。但从20世纪60年代以来，其农户经营规模出现了明显扩大的趋势，农户数由1963年的5829千户降到了2017年的1200千户，农户户均经营规模从1963年的约15亩增加到2017年的约55亩。日本能容忍农场规模较小的原因之一是其专业农户约占全部农户的33%，其余均为兼业农户，其中，第二兼业农户（收入主要来自非农产业）占全部农户数的54%①。由于非农收入的增加，日本农户的收入在"二战"后的半个世纪里基本保持了与非农家庭收入的同步增长。

表3-7 日本农户户均耕地面积

年份	农户（千户）	户均耕地（公顷/户）	年份	农户（千户）	户均耕地（公顷/户）
1963	5829	1.03	1991	2936	1.77
1964	5750	1.05	1992	2888	1.79
1965	5665	1.06	1993	2835	1.81
1966	5576	1.08	1994	2787	1.82
1967	5498	1.08	1995	2651	1.90
1968	5419	1.09	1996	2606	1.92
1969	5351	1.07	1997	2568	1.93
1970	5342	1.08	1998	2522	1.94
1971	5261	1.09	1999	2475	1.97
1972	5170	1.10	2000	2337	2.07
1973	5157	1.10	2001	2291	2.09
1974	5081	1.11	2002	2249	2.12
1975	4953	1.13	2003	2205	2.15
1976	4891	1.13	2004	2161	2.18
1977	4835	1.14	2005	1963	2.39
1978	4788	1.15	2006	1881	2.48
1979	4742	1.15	2007	1813	2.56
1980	4661	1.17	2008	1750	2.64
1981	4614	1.18	2009	1699	2.71
1982	4567	1.19	2010	1631	2.82
1983	4522	1.20	2011	1561	2.92
1984	4473	1.21	2012	1504	3.02

① The 92ed Statistical Yearbook of Minstry of Agriculture, Forestry and Fisheries [DB/OL]. http://www.maff.go.jp/e/data/stat/92nd/index.html, 2019-02-12.

续表

年份	农户（千户）	户均耕地（公顷/户）	年份	农户（千户）	户均耕地（公顷/户）
1985	4376	1.23	2013	1455	3.12
1986	4331	1.24	2014	1412	3.20
1987	4284	1.25	2015	1330	3.38
1988	4240	1.25	2016	1263	3.54
1989	4194	1.26	2017	1200	3.70
1990	3835	1.37			

资料来源：笔者根据联合国粮农组织数据库、《日本统计年鉴》（2016~2019）整理。

3. 美国土地经营规模状况

美国是世界上少有的耕地资源极为丰富的国家，得天独厚的资源优势与我国形成了鲜明的对照。我国人多地少，人地矛盾比较突出，而美国人少地多，其农场规模令其他国家望尘莫及。表3－8是近40多年来美国农场的平均经营规模，远远超过中国和日本的农户经营规模。从统计数据看，美国农场平均经营规模变化不大。但就美国农场规模结构看，大农场的数量和经营土地规模占比越来越高，土地越来越向大农场集中。相关统计资料显示，2016年，农场年现金总收入1千美元以上1万美元以下，平均土地经营规模84英亩的小农场占农场总数的50.1%，仅拥有农场总土地面积的9.5%；农场年现金总收入10万美元以上、平均土地经营规模1296英亩以上的农场占农场总数的12.8%，拥有农场总土地面积的55.2%；农场年现金总收入100万美元以上、平均土地经营规模2656英亩的超大农场占农场总数的4%，拥有农场总土地面积的24%，而在2006年，农场年现金总收入100万美元以上的超大农场占农场总数的1.7%，拥有农场总土地面积的12%①。

表3－8　美国单位农场平均土地经营规模

年份	农场平均土地经营规模		年份	农场平均土地经营规模	
	农场个数（千个）	公顷		农场个数（千个）	公顷
1975	2521	169.97	1996	2191	177.26
1976	2497	170.78	1997	2191	176.45
1977	2456	172.81	1998	2192	175.64

---

① 2017 Agricultural Statistics Annual ［DB/OL］. https：//www.nass.usda.gov/Publications/Ag_Statistics/index.php，2019－02－12.

续表

年份	农场平均土地经营规模		年份	农场平均土地经营规模	
	农场个数（千个）	公顷		农场个数（千个）	公顷
1978	2436	173.62	1999	2187	175.64
1979	2437	173.21	2000	2167	176.45
1980	2440	172.40	2001	2149	177.26
1981	2440	171.59	2002	2135	178.07
1982	2407	172.81	2003	2127	178.06
1983	2379	174.02	2004	2113	178.47
1984	2334	176.45	2005	2099	178.87
1985	2293	178.47	2006	2089	179.28
1986	2250	180.90	2007	2205	169.16
1987	2213	182.52	2008	2185	170.37
1988	2201	182.92	2009	2170	171.18
1989	2175	184.54	2010	2150	172.40
1990	2146	186.16	2011	2131	173.61
1991	2117	187.78	2012	2110	175.23
1992	2108	187.78	2013	2102	176.04
1993	2202	178.07	2014	2085	177.25
1994	2198	178.07	2015	2068	178.47
1995	2196	177.26	2016	2060	178.87

资料来源：Agricultural Statistics Annua［DB/OL］.https：//www.nass.usda.gov/Publications/Ag_Statistics/index.php，2019-02-12.

我国农业的土地经营规模不仅与美国相差甚远，甚至与人均耕地尚不及我国的日本也相差数倍。我国农业土地经营规模过小是不争的事实。此外，从美国与日本近几十年农户平均耕地规模的发展趋势来看，美国与日本的农业土地经营规模基本处于不断扩大的态势，并且越来越多的土地趋于向大型农场集中。相比之下，我国农业土地经营规模偏小。偏小的农地规模，制约了我国农业的发展，也制约了农民收入的持续稳步提高。发展适合我国农业发展水平和国情的土地适度规模经营势在必行。

三国农业土地经营规模之所以存在如此大的差异，一部分原因在于各国经济发展水平不同，另一部分原因在于各国的土地资源状况不同。这些将构成下文的研究内容。

(三) 土地资源对土地经营规模的约束

土地资源与劳动力或人口资源的相对多寡，或者说土地劳动力比例，是作为不可替代的农业生产资料的土地流转集中和农业规模结构演进最为直接的制约因素。一般来讲，人均土地资源越丰富，即土地劳动力比例越高，尤其是农业从业人口人均土地资源越丰富，土地经营规模就越大；人均土地资源越稀少，土地经营规模也就越小。人均土地资源短缺，尤其是农业从业人口人均土地资源短缺在很大程度上限制了农业的土地经营规模。本书以中国、印度、日本、美国（见表3-9）等国为例，通过比较分析，以期全面深入了解农业土地资源总量（本书以耕地代表）、人均农业土地资源（本书以人均可耕地代表）、农业从业人口人均土地资源与农业土地经营规模的关系。

表3-9 2016年中国、印度、美国与日本耕地资源状况

国家	耕地总量（千公顷）	人均耕地（公顷/人）	农业从业人口人均耕地（公顷/人）
中国	134921	0.1	0.63
印度	169463	0.13	0.29
美国	154863	0.49	68.25
日本	4471	0.03	2

资料来源：联合国粮农组织数据库、美国农业部经济研究局、《中国统计年鉴》（2018）、《日本统计年鉴》（2019）。

1. 土地资源总量、人均土地资源与农业从业人口人均土地资源

这里以耕地表示土地资源。耕地总量、人均耕地量和农业从业人口人均耕地量之间的基本关系为：一国的人均耕地量 = 该国耕地总量/该国人口总量；一国的农业从业人口人均耕地量 = 该国耕地总量/该国农业从业人口总量。即一国的人均耕地量与农业从业人口人均耕地量均与该国耕地总量成正比关系，并分别与该国的人口总量和农业从业人口总量成反比关系。

需要指出的是，一国的农业从业人口通常与该国的经济发展水平相关，且成负相关关系。通常情况下，一国的经济发展水平越高，第二、第三产业发展水平与城市化水平就越高，在人口总量不变的条件下，农业从业人口无论是绝对量还是相对比例就越小。如果耕地总量不变，该国的农业从业人口人均耕地量就将越大。基于此，下文在探讨各国土地资源状况时，首先对经济发展水平相当的国家进行比较分析，其次对不同经济发展水平的国家进行比较分析。

中国与印度在耕地资源总量上均属大国，且均为人口众多的发展中国家，两国人均耕地面积差别不大。这是两国的共同之处。同时，两国又存在一定的差

异。虽然中国总人口比印度稍多，耕地资源总量又小于印度，但是随着中国工业化的发展和城市化进程的推进，中国农业从业人口远小于印度，这种情况使中国农业从业人口人均耕地面积均大于印度。

美国与日本均为发达国家，但两国在耕地资源方面相差悬殊。美国是典型的地广人稀国家，耕地资源总量位居全球第一，人口相对较少，人均耕地资源和农业从业人口人均耕地资源均十分丰富。日本则是典型的人多地少的国家，虽然其人口总量和农业从业人口总量均小于美国，但由于其耕地总量与美国相差太大，其人均耕地量与农业从业人口人均耕地量均远远小于美国。

中国、印度、美国三国均为耕地资源大国，其中，美国耕地总量最大。由于中印两国总人口和农业从业总人口均远远大于美国，中印两国人均耕地量与农业从业人口人均耕地量均远远小于美国。

就耕地资源总量而言，日本远远小于中印两国。虽然日本总人口也远小于中印两国，但由于其耕地总量与中印两国差别太大，其人均耕地仍远小于中印两国（中印两国人均耕地分别约为日本的3倍和4倍）。此外，由于日本是经济发达国家，农业从业人口占比远低于中印两国，从而使日本的农业从业人口人均耕地高于中印两国。

2. 土地资源总量、人均土地资源量对土地经营规模的约束

如果按耕地资源总量、人均耕地量从大到小排序，中、美、日、印四国的顺序依次均为美、印、中、日。相关统计数据显示，如果按农户平均耕地排序，由于印度农户家庭平均农业从业人口多，四国顺序则依次为美、日、印、中。无论是耕地总量、人均耕地量，还是户均耕地量，美国均位居首位；日本耕地总量、人均耕地量虽远远低于印度和中国，但户均耕地量却显著大于印、中两国。由此可以看出，土地资源总量大、人均耕地量大，土地经营规模未必就大；土地资源总量小、人均耕地量小，土地经营规模未必就小，土地经营规模与土地资源总量、人均土地资源量之间并不具有必然的正相关关系。换句话说，土地资源总量、人均土地资源量对土地经营规模的约束并不十分显著。究其原因，主要在于土地经营规模不仅与土地资源总量相关，还与从事农业经济活动的人口等相关。只有在其他条件相同或类似的情况下，土地资源总量、人均土地资源量才对土地经营规模形成显著约束。

3. 农业从业人口人均土地资源量对土地经营规模的约束

如果按农业从业人口人均耕地量由大到小排序，四国依次为美、日、中、印；如果按户均耕地量排序，顺序为美、日、印、中。虽然印度农业从业人口人均土地资源量小于中国，但是由于印度农户家庭平均农业从业人口多，印度户均耕地量大于中国。在农户家庭平均农业从业人口相同的情况下，农业从业人口人

均耕地量越大，户均耕地量也就越大。农业从业人口人均耕地量与户均耕地量之间存在显著的正相关关系。即农业从业人口人均耕地量直接约束着户均耕地量。下面就两者这一关系进行具体分析。

由前文可知，一国农业从业人口人均耕地量＝该国耕地总量/该国农业从业人口总量，户均土地经营规模＝该国耕地总量/该国农户总量。在其他条件不变的情况下，两者均与耕地总量成正相关关系。两者的差别在于决定前者的另一个因素为农业从业人口总量，决定后者的另一个因素为农户总量。而农户总量＝农业从业人口总量/户均农业从业人口数量。即农户总量与农业从业人口总量成正相关关系，与户均农业从业人口数量成负相关关系。在户均农业从业人口的数量相差不大的情况下，这一正相关关系就更为显著。事实表明，当前中、日、美三国户均农业从业人口差别不大，各国农户总量与各国农业从业人口总量成显著正相关关系。加之农业从业人口人均耕地、户均土地经营规模均与耕地总量成正相关关系，两者自然也成显著正相关关系。在户均农业从业人口相差不大的情况下，可以这样说，土地经营规模直接受制于农业从业人口人均耕地量这一重要因子，而农业从业人口人均耕地量又受制于耕地总量与农业从业人口数量。下面就具体分析耕地总量与农业从业人口数量对农业从业人口人均耕地量，进而对土地经营规模的约束。

首先，分析耕地资源总量对于农业从业人口人均耕地量的约束。在农业从业人口数量相同的情况下，耕地资源总量与农业从业人口人均耕地量存在正相关关系。耕地资源总量越大，农业从业人口人均耕地量就越大；反之，则相反。经济发展水平相当的美国与日本就是一个明显的例子。相关统计数据显示，2016年美国耕地资源总量远远大于日本，约为日本的35倍；农业从业人口为2269千人，日本为2230千人，比日本多39千人，农业从业人口人均耕地量为日本的近34倍，农户平均耕地量约为日本的50倍。显然可见，耕地资源总量在很大程度上直接约束着农业从业人口人均耕地的数量，进而约束农户的土地经营规模。

其次，分析农业从业人口总量对于农业从业人口人均耕地量的约束。在耕地资源总量相同的情况下，农业从业人口数量与农业从业人口人均耕地量存在负相关关系。农业从业人口数量越大，农业从业人口人均耕地量就越小；反之，则相反。农业从业人口数量与第二、第三产业发展水平和城市化水平密切相关，且成负相关关系。在人口总量不变的条件下，第二、第三产业发展水平与城市化水平越高，农业从业人口总量和占比就越低，在耕地总量相同的条件下，农业从业人口人均耕地量就越大，农户平均土地经营规模就越大。这就可以解释日本耕地资源总量与人均耕地量均远小于印度和中国，而农业从业人口人均耕地量与农户平均耕地量均大于两国。日本的第二、第三产业发展水平和城市化水平很高，在

2016年就已分别达到了98.8%和93.1%,而中国与印度的第二、第三产业发展水平和城市化水平均低于日本,尤其是印度。2016年中国城市化率约为57.3%,印度城市化率仅有32.5%。第二、第三产业与城市化发展水平较低致使大量劳动力滞留在农业部门,使农业从业人口人均耕地数量较少,从而影响农户的土地经营规模。

综上所述,在其他条件既定的情况下,农业土地资源总量和农业从业人口(或者说农业从业人口人均土地资源数量)对土地经营规模造成直接约束。农业土地资源十分丰富(相对于人口、劳动力或农业劳动力)的国家,如美国、加拿大等,农业的经营规模较大,实现规模经营几乎没有遇到多大障碍;人均土地资源短缺且土地零碎化特征明显的中国则遇到了较大的障碍①。中国耕地少而农业劳动力又多,导致中国农户经营土地的规模较小。世界上诸多发达国家的农业都有规模经营的特点,美国谷物主要生产者的农场平均耕地在7000亩左右,法国也达5000亩左右,即使耕地极缺的日本,农户平均也有55亩耕地,而我国每个农户不足8亩耕地。在中国耕地不增加甚至不断减少的情况下,即使将来中国城市化达到美、日两国目前的水平,中国农户的耕地规模也难以达到高补贴的日本农户的土地经营规模②。

不同国家或地区在土地资源上的差异之所以会影响农业经营规模,是因为从理论上讲,在既定的农业技术水平条件下,农业生产的投入要素土地、劳动、资本等会有一个最优组合比例,能以最低的投入成本获取最大的收益。在不同的技术水平条件下,投入要素的最优组合比例会有所不同。即使在同一技术水平条件下,由于各国或地区自身的要素条件不同,投入要素的最优组合比例也会产生较大的差异。这些要素组合比例上的差异必然会对农业的土地经营规模产生影响。

日本与美国经济发展水平相当,农业技术水平相差也不大,但由于日本的农业土地资源无论是总量还是人均量均远远小于美国,故农业土地经营规模也远远小于美国。我国的经济发展水平、农业技术水平、人均农业土地资源量均与美国相差很大,农业土地资源总量也低于美国,故农业土地经营规模更是远远小于美国。就我国与日本比较而言,虽然我国的农业土地资源总量、人均农业土地资源量高于日本,但由于我国经济发展水平、农业技术水平远低于日本,农业从业人口人均土地资源数量低于日本,从而使我国农业土地经营规模也小于日本。

---

① 国务院农村发展研究中心联络室,农业部农业机械化管理司.土地规模经营论[M].北京:农业出版社,1990:73-75.

② 刘立群.适用土地资源短缺我国工业化和城市化进程的制约[J].战略与管理,1997(6):32-39.

三、土地经营规模对农业机械化的约束

农业从业人口人均农业土地资源直接制约着农业土地经营规模，而农业土地经营规模在很大程度上又影响农业机械化。

由于农业机械尤其是大中型农业机械等投入要素具有一定的不可分性，要实现这些要素的充分利用，客观上要求土地达到一定的经营规模。反过来，不同程度的土地经营规模也必然要求与之适应的机械化。从农业机械一定程度的不可分性来看，较大的土地经营规模更有利于农业机械化。如果选取单位土地面积农用拖拉机和收割机使用量作为衡量农业机械化水平的一个指标（还有其他指标，如机耕播收面积比例等），本节以千公顷耕地农用拖拉机和收割机使用量表示，在对中国、印度和日本、韩国、美国、法国等几个国家进行农业比较分析时（见附录1中各国农业集约化数据），笔者发现了一个有意思的现象。耕地资源总量、人均耕地量、农业从业人口人均耕地量、土地经营规模均远远大于日本与韩国的美国，平均千公顷耕地农用拖拉机与收割机使用量却远小于韩国，更远小于日本。从这些数据看，似乎美国农业的机械化程度远远低于日本和韩国，但是众所周知，美国的农业机械化水平绝不低于日本和韩国。那么，问题究竟出在哪里呢？其实道理很简单。表示农业机械化水平的千公顷耕地农用拖拉机和收割机使用量这一指标是有适用条件的，它只适用于对同一机械化类型进行衡量，而不适用于对不同机械化类型进行衡量。因此，要确切了解各国的农业机械化水平，就需首先了解农业机械化类型。

（一）土地经营规模与农业机械化类型

根据农田耕播收所使用的主要机械类型，笔者将农业机械化分为三种类型：农田耕播收等以大型机械为主的称为大型农业机械化，如美国；农田耕播收等以中小型机械为主的称为中小型农业机械化，如日本和韩国；农田耕播收等以大中型机械为主的称为大中型农业机械化，如法国和德国。

农业机械化的这三种类型是由不同的土地经营规模决定的。美国人均农业土地资源十分丰富，农业土地经营规模很大，大型机械作业有利于降低农业生产成本，提高农业生产效率，因此，美国势必发展为大型农业机械化；日本和韩国农业土地经营规模较小，并且许多农地分布在丘陵地带，不便于大型农机作业，更适合中小型农业机械作业，自然就发展为中小型农业机械化；同样，法国和德国农业土地经营规模介于美日之间，适合大中型农业机械作业，发展为大中型农业机械化。也就是说，大型农业机械化对应于大型农场；大中型农业机械化对应于大中型农场；中小型农业机械化对应于中小型农场。当然，各国或地区农业土地的地形也会对农业机械化类型产生影响，一马平川的平原地带适合大中型机械

化，崎岖不平的山地丘陵更适合发展小型机械化。这也是美、法、德、日农业机械化类型存在差异的另一个重要原因。农业机械化类型对于农业机械化水平没有影响，但对农产品生产成本影响较大。

（二）土地经营规模与农业机械化水平

由于农业机械化类型的差异，在其他条件相同的情况下，同等面积土地上的农业机械数量也将呈现出差异来。在相同面积的土地上，大型机械化类型的农业机械数量最小，其次为大中型机械化，农业机械数量最大的为中小型机械化类型。美国单位耕地面积拖拉机与收割机使用量之所以较低，主要是因为美国农业土地经营规模大，农业机械偏大型，单位土地面积机械数量相对就较小；日本与韩国单位耕地面积拖拉机与收割机使用量之所以很高，主要因为日、韩农业土地经营规模小，农业机械偏中小型，单位土地面积机械数量相对就较大；法国、德国类国家农业土地经营规模介于美国与日本之间，农业机械偏大中型，数量介于美、日之间。

美国与日本在拖拉机与收割机使用量上的差距并不意味着美国的农业机械化程度远远低于日本，因为两国的农业机械化类型不同。这一差距并不能准确反映出两国农业机械化水平的差异，也不能完全反映出农业土地经营规模的差异。农业土地经营规模相当的同一农业机械化类型，则可以较准确地反映出农业机械化水平的差异。

虽然农业机械化水平并不能完全反映出土地经营规模的差异，但农业土地经营规模却在很大程度上影响农业机械化水平。由于农业机械尤其是大中型农业机械的不可分性，土地经营规模越大，在一定程度上越有利于促进农业机械化尤其是大中型机械化水平的提高。土地经营规模较大的美国、法国、德国及日本（相对于人多地少的国家或地区而言）的机械化水平就较高；土地经营规模较小的中国与印度，农业机械化水平相对就较低。同时，由于小型农机、农机出租以及农机跨区作业（如以联合收割机跨区域收割为代表的跨区域作业）在一定程度上使农机具有可分性，这在一定程度上弱化了土地经营规模对农业机械化水平的影响，也削弱了因不可分的农机投入带来的潜在规模效益。尤其是农机跨区域作业，也在很大程度上弱化了土地经营规模对农业机械化类型的影响，也为解决土地小规模分散经营和农业机械大规模集中作业这一难题提供了一条重要的途径。

当然，美国、法国、德国及日本这些农业机械化水平很高的国家均为经济发达国家，农业机械化水平除了受土地经营规模的影响外，还在更大程度上受制于该国或地区的经济发展水平和农业发展水平。通常情况下，经济发展水平与农业发展水平越高，单位劳动力要素的成本就越高，单位资本要素的成本就越低，在保证农业总收益不减少的情况下，必然会出现越来越多数量的资本对越来越多的劳动力的替代，农业机械本身就是一种资本投资，农业机械化就是资本对劳动的替代。农业机械化程度越高，资本对劳动的替代程度也就越高。美日均为经济发达国家，其农业机械化程度自然就较高。中国与印度均为发展中国家，单位劳动力成本相对较低，尤其是印度，单位资本要素成本相对较高，从要素优化配置的角度来讲，劳动力还不需要被过多地替代，其农业机械化程度自然相对较低。需要指出的是，经济发展水平与农业发展水平不断提高的过程通常也是农业土地经营规模不断扩大的过程。这是因为，随着经济的不断发展，经济结构不断调整，城市化水平不断提高，越来越多的农业劳动力将会转移到第二、第三产业，转移到城市，农业领域的从业人员不断减少，从而使单位农业从业人口经营的土地数量越来越多，自然就扩大了农业的土地经营规模，同时劳动力成本也逐步提高，这些都为农业机械化的发展提供了条件。同时，随着经济发展水平的提高，机械制造工业水平也会不断提高，也为农业机械化提供了物质条件。

综上所述，农业土地经营规模基本决定了农业机械化类型，并且在很大程度上影响到农业的机械化水平。

四、土地经营规模对农业生产效率的约束

（一）农业生产效率

农业生产效率总是与农业投入、产出相联系的，而影响农业投入与产出的因素是多方面的，如该国或地区农业生产要素的现状、农业技术发展水平等。根据农业经济活动中投入的三种主要生产要素——土地、劳动与资本，延伸出衡量农业生产效率的三个指标对应为：土地生产率、农业劳动生产率与资本生产率。此外，还有一个综合指标，即全要素生产率。目前，理论界和实践中衡量农业生产效率的指标主要为这四个。

对于衡量农业生产效率的上述指标，学界有不同看法。一些学者认为，前三个指标为单要素指标，均不能全面反映农业生产效率的真实情况，建议用全要素生产率指标来测度农业生产的效率。为全面了解农业生产效率，本节将对这四种指标逐一进行分析，探究它们与农业土地经营规模的内在关系。

（二）土地经营规模与土地产出率

土地是农业经济活动最基本的要素之一，同其他产业相比，农业经济活动对土地要素的需求更大。土地资源的稀缺性决定了必须提高其产出率，因此，农业生产效率的高低也就可以用土地要素的产出率来衡量。土地产出率是指单位面积土地生产出的农产品数量，即通常所说的农产品的单产水平。

国外诸多研究表明，土地经营规模与土地产出率之间成明显的负相关关系：土地经营规模较小，土地产出率就较高；土地经营规模较大，土地产出率就较低。这关系得到 Chayanov（1966）、Buck（1937）、Sen（1962，1964，1966，1975）、Bardhan（1973）、Bharadwaj（1974）、Griffin（1974）、Berry 和 Cline（1979）、Ghose（1979）、Carter（1984）、Cornia（1985）、Taslim（1989）、世界银行（1996），以及 Masterson（2007）等对诸多国家和地区研究结果的验证。这些国家和地区涉及20世纪20年代的苏联、20世纪30年代的中国、"一战"前的欧洲，以及"二战"以后的印度、巴西、哥伦比亚、马来西亚、巴基斯坦、菲律宾、孟加拉国、巴巴多斯、缅甸、埃塞俄比亚、韩国、墨西哥、尼泊尔、尼日利亚、苏丹、叙利亚、坦桑尼亚、乌干达、厄瓜多尔、肯尼亚、巴拉圭等。

Barnum 和 Squire（1978）[①] 对印度所作的调查也发现，规模在3.55公顷以下的小农场，每公顷的产量为1.70吨，而规模在3.55公顷以上的大农场，每公顷的产量为1.61吨。普罗斯特曼等（1996）也提供过一系列事实。根据世界银行对肯尼亚不同规模农场的对比研究，发现规模在0.5公顷以下的农场的单产水平是规模在8公顷以上农场的19倍，而前者的劳动量则是后者的30倍。如果该国农场规模缩小10%，产量就要增加7%。在印度，规模在2公顷以下的农场的每公顷土地收入比规模在10公顷以上的农场高出1倍多。在巴西，每公顷土地的纯收入随着农场规模的增加而减少。规模不到1公顷的农场每公顷土地的纯收入比规模在1~10公顷的农场高出几乎2倍，比规模在200~2000公顷的农场则高出30倍。科尼亚对15个发展中国家不同规模农场中各种农业投入、土地产出和劳动生产率之间的关系的研究表明，农场规模与农业投入和每公顷单产成反比。普罗斯特曼和里丁格使用117个国家的数据表明，每公顷谷物产量最高的14个国家中有11个是小规模农场占主导地位的国家。[②] Shi Zhongfu（1995）对796个农户的调查数据发现，农户土地经营规模的扩大对土地产出率没有什么促进作用。

与此同时，国外不少学者对于土地经营规模与土地产出率成正相关关系这一观点提出了不同看法。Deolalikar（1981）的研究结果表明，虽然从整体来说，较小的土地经营规模的土地产出率高于较大的经营规模，但是随着农业技术水平的提高，这一负相关关系将趋于弱化，甚至成正相关关系[③]。Bhalla 和 Roy（1988）对这一相反关系也提出了质疑，他们认为如果将土地质量考虑进去，这

---

① Barnum N., Squire L. Technology and Relative Economic Efficiency [J]. Oxford Economic Papers New Series, 1978, 30 (2): 181–198.

② 罗伊·普罗期特曼，李平，蒂姆·汉斯达德. 中国农业的规模经营，政策适当吗？[J]. 中国农村观察，1996 (6): 17–29, 19.

③ Anil B. Deolalikar. The Inverse Relationship between Productivity and Farm Size: A Test Using Regional Data from India [J]. American Journal of Agricultural Economics, 1981, 63 (2): 275–279.

一关系将会弱化，乃至消失①。Sampath（1992）也提出了类似观点，所不同的是他所考虑的因素是土地是否有灌溉设施②。Mahesh（2000）对印度卡拉拉邦的研究结果则表明土地经营规模与土地产出率之间不存在明显的相关关系。这是因为：土地产出率除受到土地经营规模影响外，还会受到农作物类型、投入要素的利用、所投入的劳动，以及相关农作物管理等的影响③。Dorward（1999）对20世纪80年代马来维的研究表明，无论是在劳动力稀缺还是土地稀缺的地区，由于土地市场和资本市场的失灵，土地经营规模与土地产出率之间均存在正相关关系④，等等。

国内大多数研究显示，土地经营规模与土地生产率之间不存在明显的关系或成负相关关系，个别案例则显示成正相关关系。山东农业大学1995年对山东358个农户的调查表明，规模经营农户与小农户的单产之间没有什么差别。万广华等（1996）根据农业部与澳大利亚阿德雷得大学所做的抽样调查数据发现，增加农户的经营规模不一定能够带来更多的食物增产。李周等（1990）研究表明，经营规模与土地生产率成相反关系。任治君（1995）也得出同样的结论。只有少数文献基于典型地区或小样本的分析认为，规模经营农户的单产比一般农户高。从国内已有文献来看，鲜见对我国农户经营规模进行全国范围的大样本实证研究，而小范围或小样本得出的结论又不尽一致，这些均在一定程度上弱化了研究结果的说服力。鉴于此，有人认为农业规模经营的利弊"尚待权衡"。

从国内外已有文献来看，虽然诸多文献持土地经营规模与土地生产率成负相关关系这一观点，并以要素投入数量、劳动力市场的不完善、土地质量、农作物种植模式等因素来解释其原因，但是，有越来越多的文献对这一观点提出了质疑和反驳。对于这一问题，笔者认为，双方都有其道理，但都不够全面。

从理论上讲，在农业技术水平相同的条件下，土地经营规模较小，意味着单位土地面积上投入的劳动和资本等要素数量相对较多，土地产出率就会较高；土地经营规模较大，意味着单位面积土地上的劳动和资本等要素数量相对较少，土地产出率就较低。从前文的分析中可知，土地经营规模较小的国家和地区往往是人均耕地较少，尤其是农业从业人口人均耕地较少的国家和地区，土地经营规模

---

① Surjit S. Bhalla, Prannoy Roy. Misspecification in Farm Productivity Analysis: The Role of Land Quality [J]. Oxford Economic Papers New Series, 1988, 40 (1): 55 – 73.

② Rajan K. Sampath. Farm Size and Land Use Intensity in Indian Agriculture [J]. Oxford Economic Papers New Series, 1922, 44 (3): 494 – 501.

③ Mahesh R. Farm Size – Productivity Relationship: Some Evidence From Kerala Kied [Z]. Working Paper, 2000: 1 – 23.

④ Andrew Dorward. Farm Size and Productivity in Malawian Smallholder Agriculture [J]. The Journal of Development Studies, 1999, 35 (5): 141 – 161.

较大的国家和地区往往是人均耕地较多,尤其是农业从业人口人均耕地较多的国家和地区。在人多地少的情况下,劳动力成本相对较低,单位土地面积投入要素的比例结构中劳动力所占比例势必较高。同理,在人少地多的国家和地区,劳动力成本较高,单位土地面积投入要素的比例结构中劳动力所占比例必然较低。在农业技术水平较低的传统农业中,土地产出率主要依赖于劳动要素投入的增加来提高,单位土地面积劳动力投入数量的差异对农业产出的影响就会比较明显,单位土地面积配置较多劳动力的小规模土地经营,其土地产出率必然较高;单位土地面积配置较少劳动力的大规模土地经营,其土地产出率必然较低。这是土地经营规模与土地产出率成负相关关系的一个主要原因。加之劳动力市场的不完善,较小土地经营规模农场上较多的劳动力不能自由转移到经营规模较大的农场,以及较小土地经营规模和较多的劳动力使土地质量得到更大改良并使农作物得到更多套种等,这些均是土地经营规模与土地产出率成负相关关系的重要原因。这一相反关系在农业技术水平不变的同一国家或地区,或在农业技术水平相当的不同国家和地区之间均会存在。

但是,土地经营规模与土地产出率成负相关关系这一结论,只是在一定条件下成立。在农业技术水平较低,农业产出主要依靠增加传统要素(如劳动和土地)的投入数量来提高的传统农业中,小规模经营通过精耕细作、套种和提高复种指数,可以充分利用土壤特性和边角土地,而大农场则一般采取粗放经营,机械化耕作和机械化施肥无法做到有的放矢和利用套种方式。因此,小规模经营在提高土地生产率方面比大农场有一定的优势。但是,当条件发生变化时,这一关系就不再确定或成立。在农业技术水平较高的情况下,农业生产效率的提高主要不再源于传统投入要素数量的增加,单位土地面积劳动力投入数量的差异对农业产出的影响就不明显。因此,具有较多劳动力的小规模经营的土地产出率就未必高于具有较少劳动力的大规模经营的土地产出率。在农业技术水平差异较大的情况下,土地经营规模与土地产出率的关系也将难以确定。如农业技术水平很高、土地经营规模很大的美国与农业技术水平相对较低、土地经营规模相对较小的印度相比,美国的土地产出率要比印度高。即使是在同一国家或地区,由于土地小规模经营者的经济承受能力、承担风险能力以及获得贷款能力等原因,往往在接受先进农业技术方面滞后于土地大规模经营者,造成两者农业技术水平差异较大,结果是经营规模较小的土地产出率未必高于经营规模较大的土地产出率,甚或相反。并且,在农业技术迅速发展的当今,农业产出对于传统投入要素数量的依赖越来越小,对于新型要素如农业技术和劳动者素质等的依赖越来越大,经营规模较大的土地产出率不断提高,且比小规模经营存在更大的提升空间,土地经营规模与土地产出率的负相关关系将越来越不明显,并日趋呈现出正相关关系来。当然，就现阶段来看，由于世界各国和地区经济发展极不均衡，农业技术水平仍存在很大差异，土地经营规模与土地产出率之间在一些国家或地区会表现出负相关关系，在一些国家或地区关系会很不确定，而在另一些国家或地区会表现出正相关关系来。就我国而言，尽管农业技术水平取得了较大进步，尤其是育种技术，但就全国范围而论，我国各地区农业技术水平差异较大，调查表明，一部分数据显示两者成负相关关系，另一部分数据显示两者无明显关系，还有一部分则显示两者成正相关关系。我国与美国相比，农业技术水平总体上存在差距，土地经营规模差距更大，但小麦与棉花的土地产出率高于美国，而玉米与水稻的土地产出率低于美国。

从农业发展的历史来看，土地经营规模是一个从较大规模到较小规模再到较大规模的过程。在人类社会发展初期，土地资源比较丰富，人地矛盾还不突出，为了满足人口增加所产生的对农产品需求总量的增加，就需要增加农产品的供给，有两条途径可以实现：一是提高农作物单产水平；二是扩大农作物种植面积。在投入要素不发生改变和农业技术进步缓慢的条件下，提高农作物单产水平比较困难，并且此时还有大量荒地可以去开垦，土地的稀缺性还不突出，制约作用还不那么强烈，通过开垦和耕种更多土地增加农作物总量更为实际。因此，提高单产的动力并不大。在这种情况下，必然会选择扩大农作物种植面积这一路径。此时，土地经营规模也就相对较大，土地产出率相对较低。当荒地所剩无几，土地资源稀缺性日益突出，土地制约作用越来越强时，农业经济活动就难以通过扩大农作物种植面积进而增加总量，而只能通过在单位面积土地上投入更多劳动和资本来提高其单产进而增加总产量，从而推动农业技术的快速发展，如施用化肥、农药，选育优良品种，采用塑料薄膜等技术。此时，由于人地矛盾突出，人多地少，土地经营规模相对较小，土地产出率就相对较高。随着经济的不断发展，农业技术水平的不断进步，农业从业人口的绝对量与相对比例将呈现不断下降的趋势，土地经营规模将逐渐扩大，由于总人口不断增长，其所需的农产品总量也要增加，此时在农业技术不断进步的支撑下，土地产出率必将提高。

综上所述，如果用土地产出率指标来测度农业生产效率，土地经营规模与农业生产效率并不具有绝对明确的关系。在农业技术水平较低的传统型农业国家和地区，小规模的土地经营往往更有利于提高农业效率，大规模的土地经营不利于提高农业效率。在农业技术水平不断提高的现代农业国家和地区，土地经营规模与农业生产效率日益有成正相关关系的趋向。

(三) 土地经营规模与农业资本产出率

研究农业资本产出率，首先要面临农业资本的数据问题。截至目前，我国还没有公布比较完整的农业投资方面的数据。此外，在农业数据统计上，我国农业资本通常不包括土地，而西方发达国家则将土地纳入资本范畴，导致统计口径差异很大，不利于进行比较分析。因此，本书就不再对农业资本产出率进行详述。值得注意的是，尽管各国对于农业资本的统计口径不尽一致，但各国均将农业机械纳入其中。因此，我们也可从各国农业机械化程度管窥农业资本状况。

由于难以通过经验数据测度资本产出率，从而也就难以研究土地经营规模与资本产出率之间的定量关系，然而，由于资本是农业生产经济活动中一个基本要素，并物化为农业机械、化肥等投入要素。因此，从理论上讲，也可以用资本产出率来测度农业生产效率。学界普遍认为，在一定限度内，资本效率与土地经营规模之间是一种正相关关系，扩大土地经营规模有利于提高资本效率。这也是一些学者认为农业生产效率与土地经营规模之间呈正相关关系的原因所在。

（四）土地经营规模与农业劳动生产率

劳动是农业经济活动另一基本要素，也是最为积极和活跃的要素。农业劳动生产率同样可作为测度农业生产效率的重要指标。农业劳动生产率的表示方法有两种：一是用单个农业劳动力在单位时间内（通常为一年）所生产的农产品数量（也可用农产品产值）表示，两者是正比关系；二是用单位农产品中所包含的劳动时间来表示，两者是反比关系。此外，农业劳动生产率这一指标较容易通过统计数据得到，因为诸多国家的农业劳动力指标包含在国家规范的人口统计制度中，序列完整、分类详细，外来干扰少、质量稳定，完全能满足各种产业和部门分析的需要。

农业劳动生产率与土地经营规模之间存在这样一种关系：在一定限度内，两者成正相关关系，即扩大土地经营规模可以提高劳动生产率，减小土地经营规模则会降低劳动生产率。但是，超过这一限度后，继续扩大土地经营规模就不能提高劳动生产率了。这一拐点就是每个劳动力可以耕种的最大土地面积，它取决于农业科技水平和农业劳动者素质。

可以这样解释这一关系：在这一拐点之内，土地经营规模较小，单位劳动力所配置的其他投入要素（如土地与资本等）相对较少，劳动力作用得不到充分发挥，劳动生产率相对较低；土地经营规模扩大，单位劳动力所配置的其他投入要素相对较多，劳动力与土地之间的配置比例得到优化，劳动力作用得到充分发挥，劳动生产率就会提高。达到这一拐点后，土地经营规模进一步扩大，土地过多、劳动力过少，造成土地浪费，劳动生产率也难以得到提高。事实上，劳动者会理性决定土地经营规模，土地经营规模一般不会超过这一限度。

由此可见，如果用劳动生产率作为测度农业生产效率的指标，那么它与土地经营规模之间的关系基本上是一种正相关关系。

我国与多个国家的农业经济活动的实践经验也表明，土地经营规模与农业劳动生产率之间是正相关关系，如表 3-10 所示（汇率见附录 1 中国历年人民币汇率表）。由于数据主要用于横向比较，因此这里采用现价，并统一按相关汇率折算为人民币。

表 3-10　中、日、美三国农业劳动生产率比较

年份	劳动生产率（亿元人民币（现价）/万人）			劳动生产率比值		
	中国	日本	美国	日本/中国	美国/中国	美国/日本
1978	0.04	1.21	2.92	33.59	81.32	2.42
1979	0.04	1.11	3.17	25.35	72.00	2.84
1980	0.05	1.01	2.63	21.68	56.29	2.60
1981	0.05	1.25	3.66	24.17	70.60	2.92
1982	0.06	1.28	4.00	22.44	70.01	3.12
1983	0.06	1.49	3.30	23.63	52.40	2.22
1984	0.07	1.91	5.38	25.63	72.38	2.82
1985	0.08	2.51	7.23	30.72	88.57	2.88
1986	0.09	4.20	8.26	47.51	93.35	1.96
1987	0.10	5.23	9.39	51.69	92.76	1.79
1988	0.12	6.12	9.15	51.55	76.98	1.49
1989	0.13	6.07	10.95	47.68	86.03	1.80
1990	0.13	7.82	14.49	60.67	112.37	1.85
1991	0.14	9.58	14.58	70.80	107.75	1.52
1992	0.15	10.71	17.41	71.46	116.17	1.63
1993	0.18	12.48	16.42	68.26	89.82	1.32
1994	0.26	21.56	28.05	83.38	108.49	1.30
1995	0.34	21.18	22.03	62.60	65.12	1.04
1996	0.40	19.18	27.87	48.13	69.92	1.45
1997	0.41	16.75	26.47	40.91	64.65	1.58
1998	0.42	15.64	35.43	37.63	85.26	2.27
1999	0.41	18.09	32.70	44.48	80.40	1.81
2000	0.41	18.64	34.97	45.64	85.64	1.88
2001	0.43	15.93	36.79	37.40	86.39	2.31
2002	0.44	16.16	35.20	36.56	79.66	2.18
2003	0.47	16.35	42.43	34.88	90.51	2.59
2004	0.60	16.74	54.40	27.90	90.65	3.25
2005	0.65	15.23	49.30	23.36	75.60	3.24

续表

年份	劳动生产率（亿元人民币（现价）/万人）			劳动生产率比值		
	中国	日本	美国	日本/中国	美国/中国	美国/日本
2006	0.73	14.62	45.91	20.02	62.90	3.14
2007	0.90	13.89	51.49	15.42	57.18	3.71
2008	1.08	14.41	48.34	13.28	44.55	3.36
2009	1.16	15.00	43.02	12.91	37.01	2.87
2010	1.38	16.88	47.34	12.27	34.41	2.80
2011	1.68	17.61	54.62	10.46	32.44	3.10
2012	1.90	17.92	53.91	9.41	28.31	3.01
2013	2.19	15.04	62.25	6.85	28.37	4.14
2014	2.44	14.30	57.67	5.86	23.63	4.03
2015	2.64	13.16	50.11	4.99	19.01	3.81
2016	2.80	17.73	48.27	6.34	17.25	2.72

资料来源：《中国统计年鉴》(2018)、《日本统计年鉴》(2019)、美国经济分析局。

由表3-10可知，美国的农业劳动生产率最高，其次为日本、中国。由前文已知，中国农业土地经营规模最小，其次为日本，最大的为美国。显然可见，土地经营规模与农业劳动生产率之间存在一种正相关关系。① 我国较小的土地经营规模在很大程度上阻碍了农业劳动生产率的进一步提高。

对1952～2003年我国农业劳动生产率增长的特点与路径所作的分析表明，我国农业劳动生产率提高遵循这样一条路径：劳动投入增加→土地生产率提高→农业劳动生产率提高，它真实地反映了农业劳动力在农业生产中的地位和作用。这一路径既可缓解中国农业人多地少的矛盾，又可提高农业劳动生产率。研究表明，我国农业劳动生产率的增长方式以劳动投入增长型、劳动投入减少型增长为主，并且具有由劳动投入增长型向劳动投入减少型转变的趋势。1991年以前，农业劳动生产率的提高主要依靠增加劳动力投入，劳动投入要素增长的作用明显高于物质资本投入要素的作用。1991年之后，劳动投入减少型增长成为主流，即农业劳动生产率的提高主要源自劳动力投入要素的下降。农业劳动生产率与劳动力数量成负相关关系，说明劳动力的增加并不是提高农业劳动生产率的推动因

---

① 需要说明的是，美国较高的农业劳动生产率除了与土地经营规模较大相关外，还与其较高的农业机械化水平和较多的政府资金支持相关。日本除了上述因素外，还与其政府实施的农业贸易保护主义政策有很大的关系，日本农产品国内市场价格远高于国际市场价格，书中以GDP（国内市场价格）计算会高估日本的农业劳动生产率，但不至于影响到根本。

素。在一定的技术水平下，在一定的土地面积上，劳动力数量的减少就意味着单位劳动力土地经营规模的相对扩大，农业劳动生产率的提高意味着农业劳动生产率与土地经营规模成正相关关系。

研究表明，1952~2003年，投资对于农业劳动生产率提高的贡献率还不到7%①，其余为劳动力投入要素的贡献率。农业劳动力要素投入的作用明显大于农业投资的作用，或者说目前农业投资还没有替代农业劳动力的作用。这种状况，一方面反映劳动力投入要素对农业劳动生产率提高的绝对优势作用，另一方面表现出农业投资投入的严重不足，而农业投资是农业劳动生产率提高的基础。唯有改变农业劳动生产率提高的方式，才有可能促进传统农业向现代农业转变。要实现这一转变，不仅需要减少农业劳动力投入，扩大土地经营规模，还需大力增加农业投资，以达到提高农业劳动生产率的共同目的。

综上所述，土地经营规模与农业劳动生产率基本呈正相关关系。我国过小的土地经营规模和过少的农业投资阻碍了我国农业劳动生产率的进一步提高。只有适度扩大土地经营规模，大力增加农业投资，才能进一步提高农业劳动生产效率。

（五）土地经营规模与农业全要素生产率

土地产出率、资本产出率以及劳动生产率三个指标均为衡量农业单一投入要素生产效率的指标，而农业生产经营活动是多种投入要素的有机结合，单一要素指标均不能完全反映农业投入要素的生产效率，这就需要一个可以衡量农业综合生产效率的指标，即农业全要素生产率，它是农业总产出与农业总投入（包括各种要素）之比。

所谓农业全要素生产率是指农业总产出对包括劳动力、土地、资本等各种要素在内的农业总投入的比例。一般说来，在计算农业全要素生产率时，要计算常规的几大类投入（土地、劳动力、肥料、机械及其燃料以及牲畜）。使用农业全要素生产率的一大优势在于，所有这些投入因子可以在一定程度上互相替代，如资本和劳力之间的互相替代。例如，农民使用拖拉机可以提高其工作效率，但同时又会使生产成本大大增加。

大量文献研究表明，农业全要素生产率在农业增长中发挥日益重要的作用。Grilliches（1957）和Alston（1998）论证了美国农业全要素生产率的提高对于农业产出增长的重要性。Jorgenson和Gollop（1992）比较了美国"二战"后农业与私人非农经济部门的生产率，结果表明，农业经济增长的82%是由全要素生产率（TFP）的增长带来的。美国农业部经济研究局相关研究表明，美国1948~

---

① 汪小平. 中国农业劳动生产率增长的特点与路经分析 [J]. 数量经济技术经济研究，2007（4）：14-25.

2015年农业产出年均增长1.48%（见表3-11），其中包括劳动、资本与物质费用要素投入年均增长为0.1%，农业全要素生产率年均增长1.38%，劳动、资本年均分别下降0.46%、0.04%，物质费用年均增长0.6%。也就是说，在此期间，美国农业产出的增长主要来自全要素生产率增长的贡献。美国农业部经济研究局相关研究表明，农业部门产出增长比其他产业部门更依赖于全要素生产率的提高。这一研究也被其他学者的研究证实。Hayami和Rutta（1970）研究了日本农业技术在促进日本经济增长中所发挥的重要作用。Martin和Mitra（1998）比较了多国TFP的增长，发现在平均水平和不同发展阶段国家的分组上，农业全要素生产率的增长率均高于制造业。Rosegrant和Evenson（1992）发现，印度农作物产出增长的约1/3是由该部门TFP的增长带来的，并指出了在农业生产中新品种和农业推广努力对农业全要素生产率的促进作用，认为南亚地区农业生产的"绿色革命"在很大程度上得益于农业科技进步为主导的农业全要素生产率的提高。此外，还有相当多经济增长文献也表明农业部门的增长与农业全要素生产率有着密切的关系。

表3-11 美国农业增长的源泉

单位：%

年份 项目	1948~ 2015	1948~ 1953	1953~ 1957	1957~ 1960	1960~ 1966	1966~ 1969	1969~ 1973	1973~ 1979	1979~ 1981	1981~ 1990	1990~ 2000	2000~ 2007	2007~ 2015
年增长百分比													
产出增长	1.48	0.96	0.49	3.72	1.12	2.24	2.50	2.45	2.57	0.79	1.79	1.03	0.72
产出增长的源泉													
要素投入增长	0.10	0.66	-0.03	0.75	-0.09	0	0.36	1.69	-1.21	-1.32	0.24	0.11	0.20
劳动	-0.46	-0.83	-1.11	-0.88	-0.86	-0.65	-0.41	-0.19	-0.23	-0.45	-0.23	-0.38	0.00
资本	-0.04	0.57	-0.02	0.00	0.04	0.16	-0.10	0.23	0.11	-0.78	-0.17	-0.12	0.24
物质费用	0.60	0.92	1.10	1.62	0.73	0.48	0.87	1.65	-1.09	-0.09	0.64	0.60	-0.04
全要素生产率	1.38	0.30	0.52	2.97	1.20	2.24	2.14	0.75	3.79	2.11	1.55	0.92	0.53

资料来源：美国农业部经济研究局，https://www.ers.usda.gov/data-products/agricultural-productivity-in-the-us/。

对于中国而言，农业TFP的增长显得尤其重要。Johnson（1997）曾指出，像中国这样的发展中国家，农业生产率的增长是国民财富增长的核心。在过去的40年里，由于农业生产率的提高，大量农村人口转移到城镇生活。目前，在16~20岁的农村劳动力中，有超过3/4的人从事非农劳动。持续的农业生产率的提高，既提供了非农产业发展所需的农业剩余，也为农业劳动力的重新配置提供了出路。

虽然农业 TFP 非常重要，但国内对此的研究却相当少，相当数量的研究主要集中在农业局部或要素生产率领域，如农业土地生产率（单产）、农业劳动生产率等方面，只有很少学者注意到了农业 TFP 增长的重大作用。林毅夫（1992）较早地指出农村改革初期农业产出的迅速增长在很大程度上缘于农业 TFP（包括制度变革）的增长。文贯中（1993）也发现，在 1979~1984 年，中国农业 TFP 增长了大约 55%，其中大部分应归功于农业家庭联产承包责任制（HRS）的组织制度变迁。Scott Rozelle 和黄季焜（2005）研究发现，中国主要粮食的 TFP 以年均 2%①的健康速率增长。他们认为，虽然投入增长是过去 20 多年里中国农业产出增长的重要原因，但未来中国农业的发展不能再依赖于投入，由于肥料和农药的大量使用意味着产出的增长不可能持续，而且其他因素，如环境意识和资源的约束也要求减少其投入。因此，未来中国农业的发展出路在于农业 TFP 的增长和对产出贡献的增加。②

农业全要素生产率对于农业产出增长日益重要，而对农业全要素生产率的研究表明，农业全要素生产率与土地经营规模成显著的正相关关系③，即农业全要素生产率随土地经营规模的扩大而提高。对我国农业全要素生产率的研究结果显示，1978~2004 年，我国农业全要素生产率平均每年以 2.2% 的速度增长，其中 TFP 的增长主要源自技术进步，规模效应对 TFP 影响较弱④。规模效应的弱影响从侧面反映了我国偏小的土地经营规模对于农业 TFP 的不利影响。

一方面，在农业增长中日益重要的农业 TFP 与土地经营规模成显著正相关关系，另一方面，我国较小的土地经营规模对农业 TFP 影响微弱。鉴于此，扩大土地经营规模，将有助于提高农业全要素生产率，促进农业产出增长。

综上所述，农业土地经营规模与农业生产效率基本成正相关关系，并且随着农业技术水平的提高，这一关系愈加明显。从这一意义上讲，扩大土地经营规模可以在一定程度上提高农业生产效率。但农业生产效率还受地区自然、社会和经济条件等的制约，因此，对于土地经营规模不能盲目推崇，而应尊重客观经济规律，因地制宜，发展适度土地规模经营。

---

① Scott Rozelle，黄季焜. 中国的农村经济与通向现代工业国之路 [J]. 经济学（季刊），2005，4（4）：1019-1042.

②④ 李静，孟令杰. 中国农业生产率的变动与分解分析：1978~2004 年——基于非参数的 HMB 生产率指数的实证研究 [J]. 数量经济技术经济研究，2006（5）：11-19.

③ Kimberly Ann Langedyk. Farm Size and Productivity：An Empirical Analysis of the Farm Size – productivity Relationship in Ecuador [D]. UMI Number：3009927，2001.

五、土地资源对农产品国际竞争力的约束

农产品的国际竞争力主要表现为农产品成本的高低。在其他条件相同的情况下,农产品成本越高,其在国际市场上就越缺乏竞争力;相反,农产品成本越低,其在国际市场上的竞争力就越强。一国或地区的农产品成本受到诸多因素的影响,而该国或地区的农地资源的丰缺状况则是影响农产品成本的一个极为重要的因素。

(一)适用农地资源短缺,导致农业投入高收益低,农产品成本较高

随着人口的增加和经济的发展,对于农产品的需求(包括直接的和间接的)也不断增加,在适用农地资源稀缺的国家和地区,就会强化对适用农地的利用。例如,许多农地丰裕的发达国家都有休耕或粮草轮种的制度以使耕地休养生息,而我国休耕农地面积占比很小,同纬度上我国耕地复种指数最高,单位耕地面积的化肥施用量已为美国的两倍之多。耕地少,要想高产出,就要进行高投入,精耕细作。为把不适宜耕种的土地变为耕地,我国以灌溉和排涝为主的农田水利系统的规模和投资及水利覆盖面积都居世界首位。北方无灌溉即无农业,南方无排涝即无农业,这是我国季风气候控制下抗逆农业的基本特点。这些技术经济措施虽然增加了农产品的产出,却均以地力消耗和人力、物力的高投入为代价,高成本、低收益。在耕地不增加的情况下,这些投入也呈收益递减规律——我国每公斤化肥增产的粮食已比30多年前下降不少。在有限的土地上不断增加投入,最终导致农产品成本不断攀升。从2005~2016年我国农产品成本可以看出,自改革开放以来,我国农产品总成本基本处于不断上升的趋势(参见附录1我国农产品成本表)。

从我国农产品成本表可以看出,我国农产品(粮食、棉花和蔬菜)无论是总成本、劳动成本、物质费用成本还是土地成本均呈上升态势,这与我国农业劳动力、化肥等高投入、土地价格上涨有着密不可分的联系。

日本和美国均为农业发达国,但由于日本的农地资源与美国相差巨大,为满足本国对农产品的需求,提高土地产出率,农地资源稀缺的日本不断强化对农地的投入,结果导致其农产品生产成本远高于美国(见表3-12和表3-13)。

表3-12 2005年中、美、日三国农产品生产成本比较(汇率参照附录2)

项目	国家	成本构成(%)			每亩成本(元)	每50公斤成本(元)	亩产量(公斤)
		劳动力	资本与物质费用	土地			
小麦	中国	31.14	55.53	13.33	389.61	57.33	325.80
	美国	11.28	68.92	19.80	279.95	78.05	179.34
	日本	14.14	68.64	17.22	3026.09	512.45	294.00

续表

项目	国家	成本构成（%）			每亩成本（元）	每50公斤成本（元）	亩产量（公斤）
		劳动力	资本与物质费用	土地			
稻谷	中国	37.41	49.15	13.44	493.31	55.84	431.00
	美国	11.07	72.82	16.11	949.54	89.49	530.54
	日本	29.92	56.42	13.66	5779.06	1039.67	349.33
玉米	中国	37.82	44.89	17.29	392.28	44.65	422.60
	美国	6.23	69.66	24.11	522.09	41.87	623.49
大豆	中国	30.14	42.06	27.80	270.54	98.66	132.20
	美国	7.11	60.10	32.78	356.79	84.66	210.72
棉花	中国	50.21	37.33	12.46	791.50	460.68	74.80
	美国	9.17	81.56	9.26	734.43	601.46	61.05

资料来源：笔者根据中国成本调查网、美国农业研究局以及日本农林水产省数据计算整理。

表3-13　2016年中、美、日三国农产品成本比较（汇率参照附录2）

项目	国家	成本构成（%）			每亩成本（元）	每50公斤成本（元）	亩产量（公斤）
		劳动力	资本与物质费用	土地			
小麦	中国	36.64	42.92	20.44	1012.51	124.59	406.34
	美国	7.06	72.04	20.90	329.30	72.01	228.66
	日本	1.37	96.57	2.06	2572.60	472.91	272.00
稻谷	中国	41.22	40.32	18.47	1201.81	122.34	484.75
	美国	10.69	73.43	15.89	1029.07	88.28	582.84
	日本	26.20	62.54	11.26	5376.05	756.48	355.33
玉米	中国	42.99	34.68	22.33	1065.59	107.12	480.29
	美国	3.70	71.47	24.83	757.26	48.13	786.68
大豆	中国	32.15	29.68	38.18	678.44	275.36	120.20
	美国	4.98	62.61	32.41	485.25	104.07	233.14
棉花	中国	60.42	26.48	13.10	2306.61	936.34	98.55
	美国	7.46	82.93	9.62	791.12	658.37	60.08

资料来源：笔者根据中国成本调查网、美国农业研究局以及日本农林水产省数据计算整理。

（二）人均耕地少，从业人员多，土地经营规模小，导致农产品劳动成本提高

我国农业人口多，人均农地规模小，农户土地经营规模小，众多的劳动力劳作于较少的土地。这种状况虽然有利于精耕细作，提高农作物的亩产量，但它却

使单位产品花费较多的劳动力,劳动力得不到充分利用。这意味着农业劳动力的机会成本比较高,单位农产品的劳动力成本大大高于欧美等规模农业的国家。从表3-12和表3-13中可以看出,就劳动力成本占农产品总成本的相对比例而言,中国农产品成本中劳动力成本的比例远远高于美国,也高于人均耕地面积小于中国但农户经营规模大于中国的日本;就单位农产品劳动力成本的绝对值而言,中国农产品中劳动力成本要远远大于美国,但通常小于日本(2016年稻谷大于日本)。在我国单位劳动力成本较低的情况下,要降低我国农产品生产中的劳动力成本,关键就是要加快农业剩余劳动力向非农产业部门的转移。这一转移可从两方面入手,一方面是加快城市化进程,促使农业剩余劳动力向城市中的第二、第三产业转移;另一方面是促进农民兼业化,积极鼓励农民发展第二、第三产业,这样既可降低农产品中的劳动力成本,又可增加农民收入。

（三）人均耕地少,对土地要素的需求增加,推动土地成本提高

对于土地要素需求的增加并非是赫一俄模型所描述的那样,由最终产品的需求派生而来,而是为了完成劳动力就业、提高劳动力利用率而产生的生产派生需求。生产派生需求是指为了使现有的其他互补生产要素得到充分利用而产生的本要素的需求。人均土地要素的缺乏必然导致劳动力资源得不到充分利用,为了提高农业劳动生产效率就必然会产生更多的土地要素的需求,从而增加对土地要素的总需求。在土地要素供给一定的条件下,必然会提高土地要素的均衡价格。因此,在人地矛盾突出的情况下,土地资源"以稀为贵"必然会提高农用耕地的成本。事实上,由于我国适用土地资源人均占有量很低,尤其是耕地资源不足,单位耕地的成本不断提高,使小麦、玉米、大米、棉花等传统大宗农产品逐渐在国际市场上丧失竞争优势。

耕地资源的不断减少将会进一步提高土地价格,使农产品成本构成中土地成本不断上升。自20世纪90年代以来,我国出口农产品从以土地密集型产品为主转为以劳动密集型产品为主,究其原因,一方面是国内需求变化和农业结构调整的结果,另一方面则是伴随我国城市化的推进,耕地面积逐年减少,土地价格不断上涨,土地成本不断提高。从附录1有关我国粮食、棉花和蔬菜的成本构成表和美、日两国的农产品成本表中可以看出,2005年我国农产品成本构成中的土地成本比例基本(除了棉花)低于美国与日本,但到2016年已发生了根本变化,除了小麦与玉米稍低于美国外,2016年我国稻谷、大豆和棉花成本构成中的土地成本占比均高于美国与日本。事实是,多年来,我国农产品成本构成中的土地成本无论是成本绝对量还是相对比例均呈不断上升的趋势,且这一上升的趋势将伴随着我国整个城市化进程。这势必会提高我国农产品的成本价格,削弱我国农产品在国际市场的竞争力。2005年,除玉米和大豆每公斤成本稍高于美国外,

我国小麦、稻谷和棉花每公斤成本均低于美国，2016年，我国上述五种主要农产品每公斤成本均远高于美国。当然，这其中也有人民币与美元汇率变化的因素。

（四）人均耕地少，耕地质量低劣，导致耕地补偿生产成本提高

由于我国人均耕地面积较小，尤其是农业从业人口人均耕地面积小，加之我国耕地物理和化学的营养性能差，因此，要提高单位土地面积生产率，弥补土地的低产出率，就需要投入大量的化肥、农药、机械设备、灌溉设备等，造成化肥、农药、机械设备、灌溉等补偿费用比较高。化肥和农药的高支出已经成为我国农业生产成本升高的主要原因之一（见表3-14）。我国耕地补偿生产成本明显高于美国与印度，使我国农产品成本大大提高。日本与韩国同样也存在这种状况，虽然两国农业从业人口人均耕地面积比中国多，但其人均耕地面积比中国少，为满足对农产品不断增长的需求，对于单位土地面积产出率的要求就更高，为此两国对土地进行大量补偿投入，日韩两国每公顷耕地的化肥使用量均比较大。2001年之前，日本单位耕地面积化肥使用量比中国还要多，2007年之前，韩国单位耕地面积化肥使用量也比中国多，更是大大超过美国，此后两国化肥使用量开始少于中国。随着消费者消费观念的转变，对绿色生态农产品需求的不断增加，日韩两国化肥使用量逐渐下降，但总体来说还是远高于美国、印度和法国等。此外，日韩两国农业机械化类型均属于中小型机械化，其机械化程度也远远超过同种机械化类型的任何一个国家，过高的中小型机械化程度使两国的机械化成本大大高于美国的高度大型农业机械化成本，最终造成日韩两国农产品成本的提高。日韩两国农产品成本、农产品价格远高于世界许多国家与此不无关系。

表3-14　各国每公顷耕地化肥使用量

单位：公斤/公顷

年份	中国	日本	韩国	印度	美国	法国
1961	7.04	279.89	155.49	2.17	42.33	123.59
1965	25.42	337.99	155.56	4.96	63.71	164.89
1970	44.05	376.17	261.45	14.06	82.31	267.06
1975	70.08	364.27	419.94	21.43	101.43	270.37
1980	158.21	372.59	389.83	33.95	113.80	321.01
1985	143.03	419.05	416.53	53.09	94.96	317.73
1990	220.52	385.49	490.38	73.83	100.07	315.73
1995	286.81	354.45	549.09	85.79	110.05	268.39
2000	249.54	324.61	455.96	104.03	106.78	224.77
2001	246.10	304.61	424.28	108.27	112.47	226.49

续表

年度	中国	日本	韩国	印度	美国	法国
2002	343.20	309.45	370.32	94.66	110.77	199.06
2003	356.63	311.18	421.30	98.98	117.69	210.56
2004	377.08	328.55	473.05	108.34	120.72	200.01
2005	389.31	323.35	579.52	119.92	116.69	181.49
2006	403.51	309.46	422.60	127.71	124.18	179.64
2007	418.27	326.05	457.98	133.40	121.32	197.74
2008	428.93	258.99	392.41	143.03	110.65	144.15
2009	396.91	222.60	293.54	155.81	106.74	114.14
2010	408.54	242.24	295.30	166.10	115.20	142.66
2011	420.14	246.12	293.49	167.53	130.10	133.92
2012	431.80	230.69	423.24	150.79	130.40	152.42
2013	437.23	228.47	315.83	144.49	135.58	160.67
2014	443.95	243.27	319.56	150.96	133.40	159.75
2015	446.13	225.38	321.85	157.87	134.73	161.77
2016	443.56	226.64	328.70	153.13	136.27	154.77

资料来源：国家发改委、国家统计局、国家信息中心、联合国粮农组织等。

（五）土地资源对农产品成本结构的约束

一国或地区的农业土地资源状况必然会对农产品的成本结构产生影响。如前文所述，在中、美、日三个国家中，美国是人均农业土地资源、农业从业人口人均土地资源最为丰富的国家，中国是人均农业土地资源次之、农业从业人口人均土地资源最少的国家，日本是人均农业土地资源最少、农业从业人口人均土地资源次于美国的国家。换句话说，中国农业劳动力资源最为丰富、日本次之，美国最少。三国这一农业生产要素状况决定了其相应的农产品成本结构（见附录1中有关中美日农产品的成本构成）。

在农产品成本结构中，历年来劳动力成本所占比例最大的为中国，其次为日本，最后为美国；历年来资本物质费用成本所占比例最大的为美国和日本，其次为中国；近年来土地成本所占比例发生很大变化，中国土地成本占比不断攀升，除小麦、玉米土地成本占比稍低于美国，其他都远高于美国和日本。近年来，土地成本无论是绝对值还是相对比例均处于不断上升趋势，而美国和日本两国土地成本所占比例均处于下降且趋稳趋势。中国农产品土地成本所占比例日趋上升的主要原因为城市化进程推动土地成本的不断上升。虽然我国农产品土地成本所占比例在逐渐上升，但不会无限制上升，当经济发展水平和城市化水平达到一定程度后，土地成本自然会达到一个限度。此后，土地成本占比将逐步稳定下来。此时由于农业技术水平的大大提高，农业产出对于土地本身的依赖程度将逐渐降低，即技术等其他因素对土地的替代程度将提高，农产品成本中土地成本所占比例将日益呈下降趋势。但是，土地成本所占比例也不会无限制下降，当下降到一定程度即达到一个限度后，土地成本占比将逐步稳定下来。这也是经济发达、农业技术水平较高的美国与日本农产品成本中土地成本所占比例逐渐下降且趋稳的主要原因。

无论各国农产品成本的结构比例如何不同，但它们均与各自的农业生产要素禀赋相关。在农业生产中，劳动、土地、资本与技术等投入要素之间存在一定的可替代性。在一个国家或地区，某种要素越是丰富，其价格就相对越低；相反，某种要素越是稀缺，其价格就相对越高。在不降低农业产出和不提高农业生产成本的情况下，可以增加相对丰富的生产要素的使用数量，降低相对稀缺的生产要素的使用数量，也就是用价格较低的要素来替代一定数量价格较高的要素。此时，生产要素的比例结构就发生了变动，生产要素的成本结构也会发生相应的变动。无论是在理论上还是在实践中，农业生产趋向于增加对价格较低的生产要素的投入，虽然其单位价格相对较低，但由于投入量较大，其总成本数额相对就较大，其在单位农产品成本中所占比重相对就较大。这就是中日劳动力成本比重大于美国、美国资本与物质费用成本大于中国、美国土地成本比重大于日本的原因。

随着经济的发展，传统要素如劳动、土地的价格将不断提高，提高的劳动力价格与土地价格将诱导农业技术的变革，促进农业技术水平的提高，提高新型农业要素对于传统要素的替代程度，降低农业生产对于传统要素（如土地）的依赖。从某种意义上说，农业发展的过程，就是农业技术等新型资源对土地等传统要素的替代程度不断提高的过程，也是降低农业生产对土地等传统要素依赖程度的过程，在农产品生产成本结构中，这些变动就体现为土地等传统要素的成本比重的逐渐下降。

六、土地资源对农业种植结构的约束

就农业种植结构而言，我国农产品成本收益数据显示，劳动密集型产品（蔬菜、药材类）每亩的净利润、现金收益与成本利润率均大大超过土地密集型产品（粮食作物），土地密集型产品单位土地面积成本较高、利润率低，劳动密集型产品单位土地面积利润率高，利润的差异使农作物种植结构呈现出一定的变化（见表3-15）。

表3-15 我国主要农作物种植结构变动

单位:%

年份 项目	1980	1985	1990	1995	2000	2005	2010	2015	2016
农作物总播种面积	100	100	100	100	100	100	100	100	100
粮食作物	80.09	75.78	76.48	73.43	69.39	67.07	71.24	71.31	71.42
油料作物	5.42	8.22	7.35	8.74	9.85	9.21	8.74	7.98	7.90
棉花	3.36	3.58	3.77	3.62	2.59	3.26	2.78	2.26	1.92
麻类	0.46	0.86	0.33	0.25	0.17	0.22	0.06	0.03	0.03
糖料	0.63	1.06	1.13	1.21	0.97	1.01	1.15	0.94	0.93
烟叶	0.35	0.91	1.07	0.98	0.92	0.88	0.84	0.75	0.72
蔬菜	2.16	3.31	4.27	6.35	9.75	11.40	10.33	11.76	11.71
药材	0.09	0.18	0.10	0.19	0.43	0.78	0.79	1.23	1.34
其他农作物	7.14	5.46	5.01	4.49	4.70	4.78	3.86	3.28	3.54

资料来源:《中国统计年鉴》(2018)。

如表3-15所示,1980~2016年,我国土地密集型农产品粮食作物种植面积所占比例日趋下降,从1980年的80.09%下降到2016年的71.42%;蔬菜、药材类农产品种植面积所占比例则日益呈上升趋势,分别从1980年的4.80%、0.09%上升到2016年的11.71%、1.34%。这一变动趋势一方面反映出随着人民生活水平逐步提高而出现的消费结构的变化,另一方面则反映出农产品成本收益的变化。

第四节 降低土地资源约束,实现农业持续增长

我国是典型的人均土地稀缺国家,人均耕地低于世界平均水平,农业发展面临的土地资源约束非常突出。如果对农业发展过程中的土地约束问题不给予足够重视,又不能对摆脱土地资源约束的路径做出正确选择,那么,农业的可持续发展乃至国民经济整体发展的可持续发展就难以实现。要降低土地资源对农业的约束,实现农业持续增长,需要从以下几方面入手。

一、提高农业劳动者素质

作为劳动者的人,是生产经营活动中最活跃的要素。农民是农业的主体,农

民素质是农业现代化的根本。改造传统农业,降低土地资源对农业的约束,必须大幅提升农民的生产、经营、管理等综合能力,提高农业劳动者素质。

现代经济学家对劳动者素质给予了特别的关注,但他们将其称之为人力资本。"经济增长率不仅取决于资本积累率,而且取决于资本在各种投资机会中的配置,特别是有形资本和无形资本(指人力资本)之间的配置"。① 丹尼森在对各种经济增长源泉考察后发现,与物质资本投入数量的增加相比,通过教育进行人力投资是经济增长更大的源泉。1929~1957 年的美国经济增长,约 1/5 是与劳动力的教育增长相联系的。舒尔茨也明确指出,体现在人身上的知识进步,是经济增长的主要源泉,并认为"在人口质量及知识方面的投资,在很大程度上决定了人类未来的前景。如果我们将这些投资计算在内,就一定不会听信有关地球之物质资源将被耗尽的可怕预言"。② 保罗·罗默和卢卡斯进一步将人力资本的外在性特征作为其递增收益产生的根源。人力资本作为更具效率的增长新源泉,通过教育、科研和培训等投入促进人力资本投资,提升农业劳动者素质,必然会降低土地在农业增长中的相对地位,从而降低土地资源对农业增长的约束。

新中国成立以来,我国农民素质得到了很大的提高,但同世界发达农业国家相比,仍存在较大差距,农民整体素质较低。统计显示,我国农业劳动者整体文化技能素质不高,初中及以下文化程度的占比高达 95%,参加过专门职业技能培训的不足 10%。长期以来农业效益较低,种地不如外出打工,普遍出现"70 后"不愿种地、"80 后"不会种地、"90 后"不谈种地的现象。务农劳动力平均年龄接近 50 岁,具有一定专业技能和经营管理能力的复合型、创业型人才更是严重缺乏。③

要提高我国农民的综合素质,首先,就要提高农民的文化水平,这需提高农村九年制义务教育的普及程度,特别是贫困地区的教育,还需在农村广泛开展各种形式的扫盲活动,不断减少农村人口中文盲的比重;其次,要提高农民的职业技能,这需积极发展农村职业技术教育和农民职业技能培训,向农民普及农业知识,提高农民文化科技素质;最后,要加大培养高级农业技术人才,这需切实加强高等农业教育,积极为社会培养高级农业科技人才。

二、将土地改造成为高效率资源

随着科技水平的提高和农业的发展,原始的土地可以被改造成比自然状态下

---

① 西奥多·W. 舒尔茨. 报酬递增的源泉 [M]. 北京:北京大学出版社,2001:117.
② 西奥多·W. 舒尔茨. 对人进行投资——人口质量经济学 [M]. 北京:首都经济贸易大学出版社,2002:6.
③ 提素质:全力打造一支新农民队伍 [N]. 农民日报,2015-08-21.

更具效率的资源。早在 100 多年前,马歇尔就注意到,李嘉图所谓土壤之"固有的"和"不灭的"特性一类中那些自然的赠与,已大有改变。人类之所以能够大幅提升土壤肥力,主要原因在于土壤中包含了很大的资本因素。舒尔茨对农业现代化程度不同的国家在土地质量改进方面的差异作了比较。"芬兰的土质原本比邻近的苏联西部地区土地的生产效率要低,然而目前芬兰耕地的质量却大大超过了苏联。日本耕地的生产率最初远远低于印度北部的耕地生产率,而如今却比后者要高得多"。① 随着时间的推移,土地质量也得到了不断改进。"除了某些地区以外,欧洲的原始土壤的质量大都十分低劣,但是现在它们却具有了较高的生产率"。② 以美国为例,"我们观察到农业资本设施的增加越来越多:1910～1914 年约占农业不动产的 15%,到 1948～1949 年,约上升为 32%。我们对 1955～1957 年的估计是这种趋势的延续,农业资本设施占农业不动产的 37%"。③ 另外有关资料表明,美国每公顷农地的不动产价值在 1950～1985 年增加了 8.14 倍,1985～1996 年又上升了 24.6%。④ 通过农业投资改进土地质量,可大大提高农业生产效率。

改进土地质量,"这使自然不像先前那样吝啬了",⑤ 单位土地面积的产出日益增大。1979 年,美国玉米的种植面积比 1932 年减少了 1336.5 万公顷,但其产量却是 1932 年的 3 倍。⑥ 1880～1995 年,日本土地生产率的年均增长率为 1%,土地生产率对劳动生产率增长的贡献率高达 41%。⑦ 土地被改造成为更具效率的资源,降低了土地资源对于农业增长的约束。

三、稳步推进农业土地经营权有序流转,发展土地适度规模经营

由前文可知,土地经营规模基本同农业生产效率成正相关关系。过小的土地经营规模,大大地限制了农业劳动生产率的提高,阻碍了农业机械化的进程,不利于传统农业向现代农业的转型。要提高农业生产效率,特别是持续提高农民收入,中国农业必须突破土地规模较小的瓶颈,发展土地适度规模经营。

近年来,我国积极推进农村土地流转,加快发展土地适度规模经营,流转规

---

① 西奥多·W. 舒尔茨. 对人进行投资——人口质量经济学 [M]. 北京:首都经济贸易大学出版社,2002:6,前言.
② 西奥多·W. 舒尔茨. 对人进行投资——人口质量经济学 [M]. 北京:首都经济贸易大学出版社,2002:7,前言.
③ 西奥多·W. 舒尔茨. 报酬递增的源泉 [M]. 北京:北京大学出版社,2001:125.
④ 贾生华,张宏斌. 农业产业化的国际经验研究 [M]. 北京:中国农业出社,1999:48.
⑤ 西奥多·W. 舒尔茨. 报酬递增的源泉 [M]. 北京:北京大学出版社,2001:104.
⑥ 西奥多·W. 舒尔茨. 对人进行投资——人口质量经济学 [M]. 北京:首都经济贸易大学出版社,2002:7.
⑦ 速水佑次郎,神门善久. 农业经济论·新版 [M]. 北京:中国农业出版社,2003:99.

模不断扩大,流入主体日趋多元,土地流转后经营效益稳步提升,土地流转服务逐步完善。但是在实行土地流转的过程中,还存在诸多亟须解决的问题,如土地流转过程不够规范,流转纠纷较多;地方政府不当干预,损害农民利益;流转期限较短,流转速度较慢,流转范围较小,规模化经营程度不高;农村社保依然落后,土地仍担负着社保功能,农民不愿轻易放弃土地;农民观念难以改变,恋土情节严重等问题。针对上述问题,应稳步推进农村土地承包经营权确权登记颁证工作,不断创新土地流转形式,合理确定土地流转经营规模,加强土地流转管理和服务,完善农村社会保障制度,以稳步推进农村土地经营权有序流转。

第一,稳步推进农村土地承包经营权确权登记颁证工作。农村土地承包经营权流转客观上需要推动土地承包权和经营权"两权分离"。通过确权登记颁证,坚持农村土地承包经营权流转的"三不准"原则,即不准改变农用土地集体所有制的性质,不准改变原流转的农用土地的用途,不准在流转过程中损害到农民的合法权益,进一步明确土地承包经营权归属,强化物权登记管理,对承包权和经营权进行物权保护,可以真正保护农民利益,为土地流转、调处土地纠纷、进行农业补贴和征地补偿等提供法律依据,让农民土地流转得放心,让流入方经营得安心。

在土地确权中要注意引导土地相对集中,要鼓励农民自愿协商互换并地,减少单个农户经营的块地个数,使承包地相对集中连片;鼓励单户继承承包经营权,对原家庭中已经稳定转移到非农产业的单独立户成年子女尽量不再分割承包地,对分家不分地的农户给予适当补偿;支持以确权入股方式落实承包经营权,因势利导组建土地股份合作社;探索建立土地承包经营权有偿退出机制,对已经稳定转移到城镇居住和就业、自愿退出承包地的农户,比照征地补偿标准有偿收回其承包地,收回的承包地交由村集体重新发包给合法的规模经营主体。①

第二,不断创新土地流转形式。农村土地流转形式多样。目前,转包、转让、出租、互换、股份合作是农村土地流转的主要方式,其中转包和出租所占比重较大,股份合作和土地流转信托则是近年来新兴的土地流转方式。转包和出租两种流转方式虽然所占比重较大,但其流转过程耗时较长,流转期限较短,流转速度较慢,流转范围较小,流转效率较低。这就需要不断创新土地流转形式,解决土地流转中存在的问题。土地股份合作和土地流转信托作为新兴的土地流转方式,比较容易解决转包和出租存在的这些问题。此外,在当今互联网时代,土地流转电商化这一新型土地流转方式也正在全国多地发展。土地流转电商化主要涉及农户(流转土地、生产种植)、电子商务公司和消费者。电子商务公司流入原

---

① 郭振家. 全面推进农村土地经营权有序流转 [J]. 政协天地, 2015 (5): 8.

属于农民的土地使用权,并向其支付一定数额的土地租金,然后与当地村集体合作进行土地管理。消费者通过电子商务销售平台认购土地,定制农产品。当地村集体根据用户个性化需求,形成生产计划,雇用农户进行生产、种植。农作物成熟之后,消费者通过物流获得认购土地上定制化生产的农产品。土地流转电商化项目的实施为农户提供了产品销售新渠道和土地流转新平台,使消费者与农户沟通更加畅通,也为电子商务公司开辟了新市场,实现了三方共赢。①

第三,立足国情,因地制宜,合理确定土地流转经营规模。土地流转规模并不是越大越好,而是应该与我国农业资源条件和农村经济社会发展实际情况等相适应。在土地流转过程中,要把握好流转、集中、规模经营的度,要与城镇化进程和农村劳动力转移规模相适应,与农业科技进步和生产手段改进程度相适应,与农业社会化服务水平提高相适应。我国基本国情是农村人口人均适用农地较少,农村经济发展相对落后,城乡二元结构特征明显,大量农村劳动力无法在短时间内完全脱离土地成为城镇居民,现阶段部分有经营管理能力的农户可以实现大规模经营,而大部分农户仍然为小规模经营,大规模经营农户和小规模经营农户将会长期并存发展。由于存在一系列复杂制约因素,在推进土地流转过程中一定要根据实际情况,因地制宜,切不可拔苗助长。②

第四,加强土地流转管理和服务。近年来,中央要求各地建立健全农村土地流转服务平台,加强土地流转管理与服务。各类各级土地流转服务平台的建立,大大推进了土地流转的进程,其积极作用是显然可见的。但与此同时,许多地方也出现了一些需要解决的现实问题。例如,地方政府建立的土地流转服务平台在硬件设施方面非常完备,但在运行方面如经费、行业规范、专业人员等问题上存在困难,难以提供有效的土地流转服务。而市场上专业的土地流转服务平台至少可以部分解决这些问题。因此,对于土地流转,政府没有必要大包大揽,而应充分利用市场,处理好政府与市场关系,厘清政府与市场的界限,将政府与市场有机结合起来,市场机制可有效发挥作用的领域政府不介入,将财政资金主要用于市场机制难以发挥作用的关键和薄弱环节,推动农业土地有序流转。

在土地流转过程中,应尊重农民意愿和维护农民权益,把选择权交给农民,由农民选择而不是代替农民选择,可以示范和引导,但不搞强迫命令、不刮风、不一刀切。无论怎么流转,都不能改变农村土地集体所有制。此外,还应加强土地流转用途管理,防止土地"非农化"、耕地"非粮化"。逐步建立和完善农地使用情况动态监测监督机制,通过采取系列措施加强农地用途监管,保证土地经

---

① 李萌. "互联网+"背景下土地流转电商化方案初探——以"聚土地"为例 [J]. 农技服务, 2016(7): 15-17.

② 甘金龙, 张秀生. 推动农村土地承包经营权的有序流转 [N]. 光明日报, 2015-08-05.

营权流转能够切实有效地推动农业发展,实现粮食稳产增产,确保国家粮食安全。① 总之,无论怎么流转,都不能减少耕地面积,不能降低粮食生产能力,不能损害农民利益。

第五,完善农村社会保障制度。当前,在缺少其他有效保障的情况下,土地依然是提供农村就业和养老保障的主要途径。出于对土地流转后可能会影响生活保障的担心,许多农户不愿意将土地流转出去。② 虽然我国农村普遍实行了农村合作医疗和基本养老保险,但农村合作医疗中农民负担比例同比城镇医疗依然偏高,尤其是花费大的慢性病,农民仍需负担绝大部分,农村基本养老保险更是杯水车薪,许多地区60岁以上农村老人领取的基本养老金每月不足百元,远远满足不了生活需求。要解除农民这一后顾之忧,就需要加大国家对农村社会保险的投入,降低农民医疗负担比例,提高农村基本养老金标准。也有学者主张开展土地流转社保试点,对将土地流入农业龙头企业且流转期限在10年以上的流转农户,其养老保险、医疗保险等缴费问题依照政府、企业、农户按一定比例分摊的办法,消除"失地"农民的后顾之忧。此外,还需完善农民工社会保障制度,进城落户的农民应该享受与城市居民同等的就业、就医、子女入学等社会服务待遇。当农民获得较高水平的医疗和养老保障时,也就弱化了土地的保障功能,农民也就可以完全不依赖土地,从而有利于推动土地流转。

四、优化产业结构,推进新型城镇化

产业结构质量不高和城镇化进程相对滞后,是造成我国当前农业土地资源压力的重要原因。随着我国经济的不断发展,产业结构不断优化升级,我国三次产业结构比例由1978年的27.7∶47.7∶24.6优化到2017年的7.6∶40.5∶51.9。但是,同发达国家相比我国还存在较大差距。尤其是三次产业发展的科技含量还不够高,产业发展质量也不高,三次产业内部结构有待进一步优化,这样才能降低资源消耗量,降低对土地资源的依赖。随着产业结构的优化升级,我国城镇化水平也由1978年的17.9%发展到2017年的58.5%,城镇人口占比高于农村人口占比17个百分点。我国城镇化虽得到了快速发展,但城镇化水平明显滞后于经济发展水平。世界银行有关资料显示,我国城镇化水平明显低于世界同等收入国家平均水平。此外,我国城市化还落后于产业结构和就业结构的变化,农村人口占比(2017年为41.5%)高出第一产业产值占GDP比重(2017年为7.6%)33.9个百分点,高出第一产业就业人口比重(2017年这一比重为27%)14.5个百分点。在21世纪中叶,我国要基本实现现代化。从现代化与城市化的相关性考察,

---

①② 甘金龙,张秀生. 推动农村土地承包经营权的有序流转[N]光明日报,2015-08-05.

基本实现现代化时的城市化水平不应低于70%。因此，仍需优化我国产业结构，推进我国新型城镇化。唯有如此，才能从根本上降低整体经济活动对土地资源的依赖程度，降低土地资源对整体经济的约束程度。

第五节 小结

农业是国民经济的基础。土地是农业生产的一个基本要素。在国民经济三次产业中，土地资源对于农业的约束最大。农业土地资源的数量与质量直接约束着农业的产出。农业土地资源还约束着土地的经营规模，尤其是农业从业人口人均耕地对土地经营规模的约束更大，并对农业机械化和农业生产效率产生约束。研究表明，农业从业人口人均耕地与农业土地经营规模成正相关关系，农业从业人口人均耕地越多，土地经营规模越大；土地经营规模直接约束着农业机械化类型，土地经营规模较大的国家或地区一般倾向于选择大中型农业机械化类型，土地经营规模较小的国家或地区则更倾向于中小型农业机械化类型；土地经营规模还在很大程度上影响农业机械化水平，在其他条件相同的情况下，土地经营规模越大，越有利于促进机械化水平的提高；土地经营规模还约束着农业生产效率，在其他条件相同的情况下，土地经营规模与农业生产效率基本成正相关关系，且在农业新型投入要素日益重要的当今，这一关系日趋显著。此外，农业土地资源还对农产品成本以及农业种植结构产生约束，在其他条件相同的情况下，人均农业土地资源越少，农产品生产成本越高，土地密集型产品在农业种植结构中所占的比重相对就越小。要降低土地资源对农业的约束，实现农业的持续增长，需采取以下措施：提高农业劳动者素质，使之成为递增收益的农业增长源泉；改进土地质量，将土地改造为高效率资源；稳步推进农业土地有序流转，发展土地规模经营；推进产业结构优化升级和城市化进程。

第四章 土地资源对工业增长的约束

第一节 土地资源与工业

土地资源是人类赖以生存和发展的重要物质基础。在不同的产业领域,土地资源的约束程度表现得也不尽相同,土地资源在某一产业领域越重要,它对该产业的约束程度也就越大。在农业领域,土地资源是产业增长的核心生产要素之一,它对农业增长的约束程度也就相对较大。虽然在工业领域土地资源远不及在农业中那样重要,土地资源对工业增长的约束程度相对较小,但这并不意味着土地资源对于工业就不重要,土地资源对工业增长的约束就可以忽视。工业生产所必需的厂房不是建立在空中楼阁上的,而是建立在实实在在的土地上的;从事工业生产与管理的员工生活所需食品绝大部分源于土地;工业生产所需要的原材料有很大一部分也源于土地。《中华人民共和国国民经济和社会发展第十一个五年规划纲要》中曾指出,土地资源相对不足已经成为我国发展的长期制约因素之一,而工业又是国民经济中的重要产业。因此,研究土地资源对于工业增长的约束具有重要的现实意义。

土地是工业生产活动中一种重要的投入要素,为工业生产活动提供场地,可以将土地资源引入工业经济增长模型之中,进而分析土地资源对于工业增长的约束。对于工业经济增长模型,可以借鉴经济增长模型,从引入土地资源的经济增长模型出发,分析土地资源对于经济增长的约束,并对影响该约束的因素进行分析。这一过程同样适用于分析土地资源对于工业增长的约束。

在第二章分析影响土地资源约束程度的因素时,我们得出的结论是,土地资源对于经济增长的约束与土地资源的产出弹性(β)、劳动力增长率(n)以及资本的产出弹性(α)有关,且约束程度与土地资源产出弹性、劳动力增长率以及资本产出弹性呈同方向变动。并且指出,在影响土地资源对经济增长约束程度的上述三个因素中,土地资源的产出弹性是直接因素,另外两个因素劳动力增长率与资本产出弹性是间接因素,而且将因直接因素而引起的对经济增长的约束称为土地资源的直接约束;将因间接因素而引起的对经济增长的约束称为土地资源的间接约束。从第二章有关土地资源约束与产业特性的分析已知,工业受土地资源的约束程度较小,这也从另一个侧面说明,要降低土地资源对于经济增长的直接约束程度,就要不断优化产业结构,积极推进工业化进程。但是,无论如何推进工业化,都不可能完全摆脱土地资源的约束(包括直接约束与间接约束),因为工业化本身也受到土地资源的约束,只是程度较小而已,而且在产业发展的不同阶段和不同行业中土地资源的约束程度也不尽相同。在此,我们主要就中国在工业化过程中土地资源对于工业增长的约束进行分析。由于土地资源对工业增长的约束也可划分为间接约束与直接约束,因此,本书将分别对于这两类约束进行分析。

第二节 土地资源对工业的间接约束分析

在工业部门,土地资源的直接约束具体表现为工业用地对于工业增长的影响;间接约束则表现为"李嘉图陷阱",即源于土地资源的食品对于工业增长的影响,以及源于土地资源的工业原材料对于工业增长的影响。就直接约束而言,在工业化初期,对工业用地的需求还不是很大,工业用地一般不会出现紧张局面。因此,土地资源对于工业的直接约束在工业化初期通常并不明显。但是,随着工业化进程的不断推进,对于工业用地的需求不断增加,工业用地紧张的态势会逐渐显现出来。此时,土地资源对于工业的直接约束也将逐渐表现得明显起来。就间接约束而言,其通常在工业化初期表现得更为突出,这是因为无论是"李嘉图陷阱"还是以农产品为原料的原料成本问题,都与农业密切相关。在工业化初期,通常是以农产品为原料的轻工业迅速发展的时期,"李嘉图陷阱"则是诸多国家和地区工业化初期一个难以逃脱的问题。这些都使工业与植根于土地的农业之间的关系在工业化初期更为密切,土地资源对于工业的间接约束表现得较为明显。但是,随着工业的不断发展,工业结构的不断调整与优化,以农产品为原料的轻工业在工业中的比重不断下降,农业生产效率的不断提高,土地资源对于工业的间接约束表现得就相对不明显了。以下我们将首先分析土地资源对于工业的间接约束,其次侧重分析土地资源对于工业的直接约束。

第四章 土地资源对工业增长的约束

一、"李嘉图陷阱"——由食品价格上升所引发的劳动力工资成本问题

大卫·李嘉图较早深入地阐明了土地资源制约工业增长的机制。

由于李嘉图所处的时代正为工业革命时期，因此，当时十分注重工业的发展。在李嘉图看来，经济发展就等同于工业扩张。李嘉图采用马尔萨斯法则，假定长期劳动力供给具有充分弹性，即在生存工资水平上保持稳定状态。工业部门的扩张过程表现为：在工业化初始点上，工业企业家所拥有的一定的原始资本存量，对应着某一既定的劳动需求曲线和均衡的劳动就业量。在这种情况下，超过生存工资水平的生产者剩余成为工业企业家资本积累的来源。此时，资本存量增长，劳动需求曲线向右移。随着劳动投入的增加和生产规模的扩大，工业利润就会进一步增长。利润量的增加又会促使工业企业家雇佣更多劳动力。在资本和劳动使用量的累积性增长中，工业化进程得到不断推进。

工业中劳动力的生存工资水平依赖于食品价格的稳定。在仅使用最肥沃的优等土地生产就能满足食品需求的情形下，食品的边际成本和价格保持不变。李嘉图认为，当人口增长带来对食品的需求增加时，如果食品需求的增加超过了最优等土地的产出，就必须将次优的土地用于劳动和资本以增加农产品的供给。由于农产品受到各等级土地面积固定的土地资源禀赋的限制，而且农业生产无法摆脱报酬递减、土地肥力递减规律的约束，从而导致食品生产的边际成本上升，食品价格则会随着生产成本的提高而上升。在工业生产中，为保证工业生产工人的基本生活水平，就需要提高他们的名义工资。当工人的工资成本提高时，资本家的利润就不能继续随着资本的增加成比例地上升。随着食品需求对应于资本积累和就业增加而上升，食品价格最终将提高到某一水平，此时利润率极为低下，致使不能为进一步工业投资提供激励。李嘉图将资本积累看作经济增长的驱动力。当极低的利润率不能为进一步投资提供激励时，就不会再产生资本积累了，经济增长也就在这一点停滞。这种制约工业化初期经济增长的固定土地资源禀赋机制，通常被称为"李嘉图陷阱"。舒尔茨则称之为"食品问题"。李嘉图为这一陷阱所提供的解决办法是开放粮食进口。

"李嘉图陷阱"解释了低收入国家在农业停滞状态下发展工业必然会受到土地资源制约的问题。如果工业化初期的人口迅速增长和食品供给的增长不相匹配，食品价格会大幅度上扬，以恩格尔系数较高为特征的低收入居民的生产费用就会飞涨，之后就会通过有组织的讨价还价对工资上涨产生很大压力。结果是工资上升，工资成本提高，从而会严重打击工业化初期的劳动密集型工业。虽然李嘉图为这一陷阱所提供的解决办法是开放粮食进口，但依靠粮食进口不能解决根本问题，而且大量的粮食进口会涉及国家粮食安全问题。李嘉图并没有否认改进

农业技术的可能性，但认为它作用有限，不能克服长期的农业生产报酬递减。李嘉图的这一观点是在农业技术进步主要靠农民的经验和实验的情况下产生的。世界经济发展的经验表明，只有依靠科技进步与制度创新促进农业生产率提高，才能克服土地资源对粮食生产的制约，最终摆脱"李嘉图陷阱"，实现工业持续增长。

日本、韩国和中国台湾共同的特点是土地面积总量很少，人多地少，人均可利用土地面积很低。这些国家和地区在工业化的过程中，通过对农业技术的强化投资，提高了土地的质量，发展了集约用地技术，实现了土地资源的内含式扩大，大大提高了农业生产效率，从而弱化了土地资源对于工业的约束，逃脱了"李嘉图陷阱"，顺利实现了工业化。事实表明，一个国家或地区的经济在达到新兴工业化经济发展阶段前的工业化过程中，通过提高农业生产率来克服土地资源对粮食生产的制约十分必要。这一点对于正在迈向工业化的发展中国家尤为重要。刘易斯—纳尼斯—费景汉二元经济结构模型也表明，如果发展中国家不努力提高农业生产率，试图靠强行把资源从农业配置到工业实现经济现代化，就有可能掉入"李嘉图陷阱"。如果发展中国家没有在增加食品生产方面作出努力，避免掉入"李嘉图陷阱"，工业化就不会取得成功，也就难以实现工业的持续增长。而经济一旦实现了工业化，它对于土地资源的依赖性就会逐渐下降。中国在工业化初期主要是通过农工业产品剪刀差压低农产品价格，以及在农村实行家庭联产承包责任制解放农业生产力，大大提高了农业生产效率，从而避免了掉入"李嘉图陷阱"。

从长期看，科技与制度创新不失为解决逃脱"李嘉图陷阱"的最佳途径，但是，在一定时期内，在既定的科技水平与制度环境下，跳出这一陷阱的最好办法还是确保食品的主要来源——土地的数量，尤其是耕地的数量。我国已明确耕地保护的战略目标，即保持耕地总量动态平衡，确保18亿亩（约12000万公顷）耕地不减少。这是确保我国粮食安全的底线，也是避免掉入"李嘉图陷阱"的底线。

二、源于农业的轻工业原料成本问题

根据国家统计局释义，轻工业指主要提供生活消费品和制作手工工具的工业。按其所使用的原料不同，可分为两大类：①以农产品为原料的轻工业，是指直接或间接以农产品为基本原料的轻工业；②以非农产品为原料的轻工业，是指以工业品为原料的轻工业。

从上述轻工业所包括的经济部门可以看出，它涵盖了人们的衣、食、住、行、玩、乐等各个日常生活要素。轻工业是国民经济中的重要部门，其产值在整个工业产值中占有相当的比重。土地资源对于轻工业的间接约束主要是通过轻工业的原料体现出来的。源于土地的农产品是轻工业的重要原料,尤其是那些以农产品为直接原料的轻工业,如食品加工、饮料制造、烟草加工、纺织、缝纫、皮革和毛皮制作、造纸以及印刷等。以农产品为直接原料的轻工业在整个轻工业中一直占有绝对的比重,如表4-1所示。

表4-1 中国工业总产值中轻工业内部比例

单位:%

年份	以农产品为原料	以非农产品为原料	年份	以农产品为原料	以非农产品为原料
1978	68.40	31.60	1998	63.27	36.73
1980	68.50	31.50	1999	60.53	39.47
1985	70.70	29.30	2000	61.80	38.20
1990	70.10	29.90	2001	62.72	37.28
1995	65.40	34.60	2002	62.60	37.40
1997	66.19	33.81			

资料来源:《中国工业经济统计年鉴》(2003)。

虽然从整体来说,以农产品为原料的轻工业所占的比重呈现出下降的趋势,但是,其占比始终占据绝对地位。在以农产品为原料的轻工业在整个轻工业中占有绝对地位的情况下,农产品成本的高低将直接影响相关轻工业的原料成本,而农产品的生产成本在一定程度上受制于农业土地资源禀赋的状况。一个国家或地区土地资源的禀赋(包括数量与质量)在很大程度上决定着该国或地区农产品的生产成本,从而影响以这些农产品为原料的轻工业的生产成本以及区位分布。

由于土地资源对工业的间接约束在工业化初期表现得最为突出,且这些间接约束均与植根于土地的农业密不可分,而本书主要探讨目前工业化阶段土地资源对于工业的约束,且以工业为主题。因此,在这里对于间接约束就不详述了。

第三节 土地资源对工业的直接约束分析

——工业用地成本问题

土地资源对于工业增长的直接约束主要表现在工业用地成本上,而工业用地成本在很大程度上由工业用地价格决定。从这个意义上讲，土地资源对工业增长的直接约束就表现为工业用地价格的变动对工业增长的影响。

工业用地成本是工业生产要素投入的主要成本之一，这一成本的高低在一定程度上影响工业生产的成本，从而影响工业产品的价格和竞争力，最终影响工业投资的积极性与工业增长。在规范的市场中，工业用地成本的高低主要反映在工业用地价格上，而工业用地价格在很大程度上由工业用地供求关系决定。鉴于此，本书侧重分析工业用地的供求对于工业用地价格的影响。由于我国工业用地的供给由国家工业用地指标决定，供给变动幅度不大，但工业用地的需求变动相对较大。因此，本书将侧重对工业用地需求进行分析。但是，由于工业用地的需求量不易统计，本书在这里仅就中国经济发展的现状分析工业用地需求的基本趋势，以便进一步分析它对于工业用地价格的影响。需要指出的是，在土地市场不规范的情况下，工业用地成交价格并不能完全真实反映出工业用地的真实价格，也就不能完全真实反映出工业用地实际成本的高低。此外，还存在一些与宏观经济形势相关的土地政策问题，如地根紧缩政策，对工业用地审批进行严格控制，工业用地指标尚未放开等。这些无疑都会在一定程度上对工业投资产生直接影响。

一、我国工业用地需求状况

在工业化的不同阶段，在不同的地区，工业用地的需求存在着一定的差异。通常情况下，在工业化初期，工业用地需求相对较小，工业用地价格较低，工业用地成本较低；在工业化中期，工业用地需求相对较大，工业用地价格上涨较快，工业用地成本较高；在工业化后期阶段，工业增长速度下降，工业用地需求增速降低，工业用地价格上涨趋缓。

2018年中国统计年鉴数据显示，2017年我国人均国内生产总值为59201元；第一产业增加值所占比重进一步下降，达到7.6%；第一产业就业人员所占比重进一步下降，但仍高达27%；城镇人口比重进一步提高，达到58.5%。无论是按照钱纳里的人均收入6阶段理论，还是按照库兹涅茨的产值结构和就业结构5阶段理论，上述数据均表明，我国已走出工业化初期阶段，达到工业化中后期阶段。从理论上讲，在工业化中后期阶段，工业增长速度开始下降，工业用地需求增长也逐渐趋缓。事实上，我国工业用地需求增长减缓趋势并不明显（见表4-2），2014年工业用地一年内同比急剧增加了7.84万公顷。一部分原因在于我国工业化存在区域发展不平衡、总体发展不充分问题，工业用地需求仍在不断增加；另一部分原因在于我国工业用地存在粗放利用问题。

表4-2　1999~2017年工业用地面积与工业用地指数

年份	工业用地面积（万公顷）	工业用地指数（1999=100）	年份	工业用地面积（万公顷）	工业用地指数（1999=100）
1999	46.54	100	2009	86.27	185
2000	48.74	105	2010	86.89	187
2001	51.05	110	2011	87.21	187
2002	57.69	124	2012	87.12	187
2003	62.25	134	2013	91.5	197
2004	67.09	144	2014	99.34	213
2005	64.18	138	2015	102.99	221
2006	68.67	148	2016	105.25	226
2007	74.46	160	2017	110.84	238
2008	80.35	173			

资料来源：《中国城市建设统计年报》（1999~2004）、《中国城市建设统计年鉴》（2005~2017）。

从2017年全国各地区工业用地情况看（见图4-1），工业用地面积最大的地区按大小依次为广东、江苏、山东、辽宁、浙江、湖北、上海、四川、河南等，2017年全国工业产值最高的地区按高低依次为江苏、山东、广东、河南、浙江、

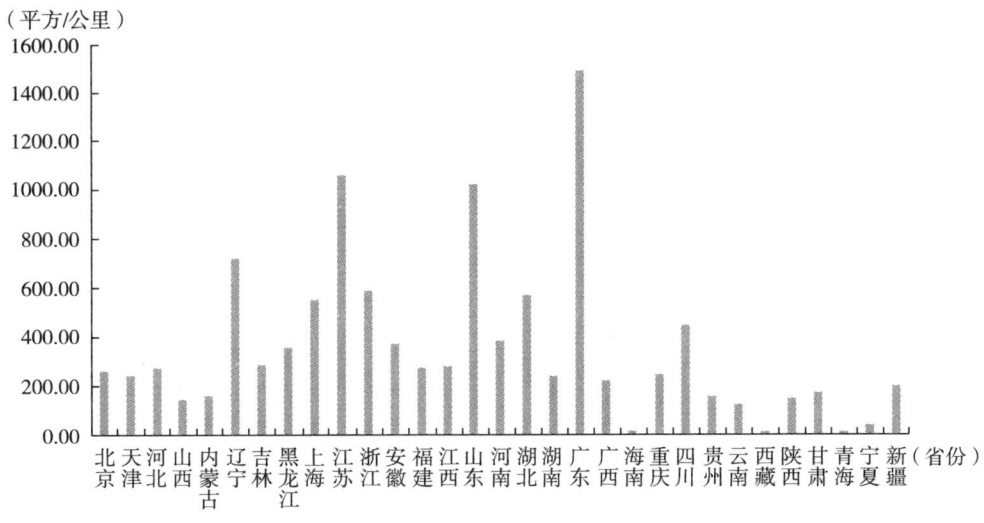

图4-1　2017年全国各地区工业用地面积

资料来源：《中国城市建设统计年鉴》（2017）。

河北、福建、湖北、安徽等。从实际情况看，工业产值较大的地区基本上工业用地面积也较大，需要指出的是，工业产值最大不一定工业用地面积最大，两者不是严格的正比例关系；工业用地面积较大，工业产值不一定较大，如辽宁省2017年工业用地面积排全国第四位，而工业产值排全国第十六位。这也从侧面说明了我国部分地区工业用地的确存在粗放低效利用问题。

目前，我国的工业化水平与城市化水平距实现真正的工业化和城市化（发达国家城市化水平一般为80%）还有相当长的时间，随着我国工业化、城市化的持续推进，工业用地、城市建设用地呈现出不断增加的态势，而我国城市建设用地很大部分来源于农业用地，尤其是耕地，很少一部分源自城市存量土地。在这种状况下，农地非农化就成为必然趋势。我国工业化发展阶段耗费大量土地资源的特征导致对于工业用地的需求不断增加。1999～2017年，城市建设用地中工业用地已增加1倍之多。我国耕地资源总量虽然位居世界第三，但可利用土地资源短缺，人均可利用土地资源更为短缺，粮食和生态安全等问题又要求最大限度地保护农地。现阶段对于工业用地的较大需求在一定程度上加剧了我国人均可利用土地面积较少、土地资源相对短缺的紧张局面。

总体来说，按照当前工业用地增长的情况，未来我国工业用地需求量仍然不小。解决工业用地需求的途径有两条：一是进行外延式扩张，不断增加工业用地供给。在城市建设用地面积既定的情况下，这就意味着提高工业用地占城市建设用地的比重。我国工业用地占城市建设用地的比重历年均在19%以上（见图4-2），已经远远超过发达国家，还超过许多发展中国家。1999～2017年，参照国外城

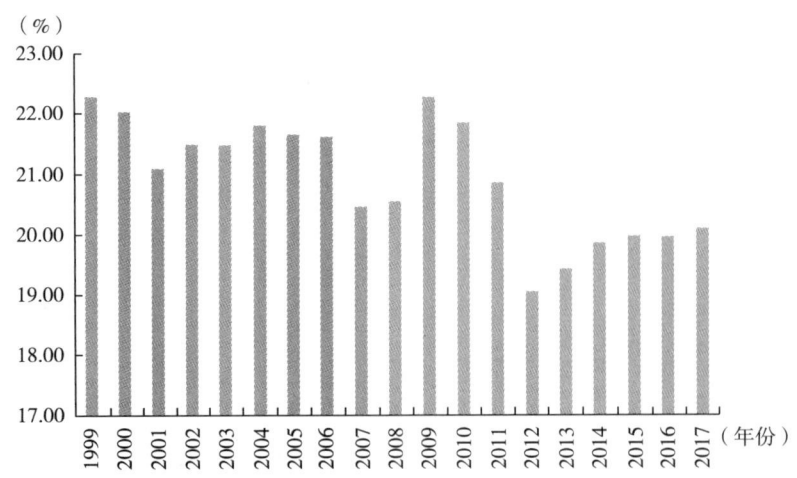

图4-2 我国工业用地占城市建设用地比例

资料来源：《中国城市建设统计年报》（1999～2004）、《中国城市建设统计年鉴》（2005～2017）。

市规划工作的经验，工业用地占城市用地的比重一般不宜超过15%。我国工业用地比率已然偏高，继续提高这一比值并不现实，也不可取。二是节约集约高效利用土地，盘活存量土地，提高单位土地面积的工业产值。目前，我国单位土地面积平均工业产值远远低于国际平均水平，工业用地低效粗放利用现象严重，盘活存量土地，在很大程度上可以减少工业增长对于外延式扩大工业用地的需求，从而减小对农业用地尤其是对耕地的压力。

二、我国工业用地价格分析

我国工业用地需求不断增加，工业用地的供给则受到城市建设用地规划、耕地保护、粮食安全问题等的制约。从理论上讲，在工业用地供给受制，工业用地需求不断增加的情况下，工业用地价格会被抬高，工业用地成本也会提高，从而影响工业投资的积极性，进而影响工业经济的增长。下面就我国工业用地价格的现实状况进行分析，以便进一步研究它对于工业增长的影响。

（一）工业用地价格相关基础理论

土地价格是土地地租的资本化。地租包含绝对地租和级差地租。绝对地租是国家土地所有权的实现形式，与农业地租来源不同，工业绝对地租来源于工业部门工人直接创造的剩余产品价值。绝对地租一般是随着社会经济发展水平的提高而提高。在这一点上，马克思说过："地租的量完全不是由地租获得者的参与所决定的，而是由他没有参与、和他无关的社会劳动的发展决定的。"① 工业绝对地租的增长来源于两个方面：一是随着工业的发展，社会劳动生产率相应提高，工业部门所获得的超额利润和平均利润提高，相应的土地要素所有者获得的超额利润或平均利润也提高，因而地租量也会提高；二是工业经济发展对有限土地的需求不断增加，土地价格上涨，导致绝对地租量增加。

工业级差地租主要是由地理位置和追加投资产生的，土地自然肥力一般不起作用。工业级差地租同样存在着级差地租Ⅰ和级差地租Ⅱ两种表现形式。对于工业级差地租Ⅰ，其主要影响因素是经济地理位置，这种影响主要表现在两个方面：一是流通过程运输费用的差别，处于优越地段位置的企业由于比其他企业节省运输费用而获得超额利润；二是资金流通速度的差别，位置优越的地段客流量较多，单个资金的周转速度较快，相应就会产生较高的利润率，获得超额利润。这种因位置差异而产生的超额利润，在一定的条件下就会转为级差地租归土地所有者所有。级差地租Ⅱ是以等量资本连续投在同一块土地上而产生不同的生产率形成的，在实际中表现为两个方面：在微观方面，主要通过高层建筑的容积率来

---

① 马克思. 资本论（第3卷）[M]. 北京：人民出版社，2004：717.

体现,一般来说,房屋建筑单位的利润随着容积率的提高而提高,不仅获得一般利润,还获得相应较高的超额利润,这种超额利润在租约期间归土地投资者占有,租约期满,则转化为级差地租Ⅱ,归土地所有者占有;在宏观方面,主要通过对原有城市基础设施的二次开发,提高工业用地的客观环境,改变原地段的级差等级,从而产生新的级差。这种对城市设施的投资分摊在城市的每一块土地上,起初表现为土地资本的折旧与利息,当整个基础设施投资完成后,就产生新的级差,即"一旦投入的资本分期偿还,这种可分解为利息的地租也就会变成纯粹的级差地租"。①

工业部门的利润与工业用地的供求关系决定了工业用地的绝对地租,工业用地的位置及追加投资所得利润决定了工业用地的级差地租。这也决定了工业地租与商业地租、居住用地地租的差异,即工业地租要大大低于商业地租和居住用地地租。就工业地租本身而言,在不同的时间和不同的区域,工业地租会不同,工业用地价格也会存在着一定的差异。通常情况下,工业部门利润越高,对于工业用地的需求越大,工业用地位置越优越,工业用地追加投资所得利润越高,工业地租越高,工业用地价格也就越高。反之,则相反。

从现实土地交易中所发生的费用来看,我国土地价格主要由三部分构成:一是取得成本,包括给予被征地农民的征地补偿安置费,以及给予城镇居民的拆迁费用;二是开发成本,即几通一平的费用;三是政府收益,包括新增建设用地土地有偿使用费、城镇土地使用税和耕地占用税等相关税费,以及政府以出让金形式获得的土地纯收益。我国工业用地价格一般仅为成本价格(取得成本+开发成本)。目前,我国工业用地出让最低价是按基准地价(含土地开发成本、级差地租和市政配套费)的70%确定的,各地工业用地实际出让价格还要更低。

(二)我国工业用地价格的特点

在工业发展水平最高的地区,如上海、北京、天津、广东、浙江、江苏等地,物流比较发达,地区基础设施较好,工业发展环境比较有利,工业用地地理位置相对优越,对于工业用地的需求量较大,故取得成本相对较高,工业用地价格就相对较高。以下是近几年来我国各地区、重点区域,以及几个主要城市地价的变动情况。为便于将工业用地价格与其他用途的地价进行比较,进一步分析工业用地价格的特点及其对工业增长的影响,本书也将商业用途地价、居住用途地价列出。首先看历年来全国主要城市地价平均值的状况以及全国不同区域城市地价存在的差异(见附录工业部分相关数据)。

1. 工业用地价格总体保持上升趋势,区域之间存在差异

由2009~2018年的数据可以看出,历年来全国主要城市以及各区域主要城

---

① 马克思. 资本论(第3卷)[M]. 北京:人民出版社,2004:844.

市工业用地平均地价处于不断上升趋势。这基本上反映出了全国及各区域对于工业用地的需求不断增长的态势。在不同的区域,工业用地价格呈现出一定的差异性。这反映出各区域对于工业用地的需求所决定的绝对地租以及工业用地位置的差异所决定的级差地租的差异。这具体表现为:工业发展水平较高、物流较发达的华东地区工业用地价格最高,东北地区工业用地价格最低,其他地区工业用地价格排名在不断变化中(见表4-3)。2009~2018年,华东地区工业用地价格一直居首位,且处于不断上升的态势。2009~2014年,华北地区工业用地价格一直处于第二位,中南地区工业用地价格一直处于第三位,但2015年之后,直到2018年,中南地区工业用地价格超过华北地区,跃居第二位,华北地区退居第三位。2009~2018年,西北地区工业用地价格大多年份高于西南地区。

表4-3 2009~2018年全国主要区域主要城市工业用地价格平均值状况

单位:元/平方米

年份	全国	东北区	华东区	华北区	西北区	西南区	中南区
2009	597	506	932	781	537	553	719
2010	629	521	1001	863	561	560	785
2011	652	535	1043	920	577	585	822
2012	670	543	1097	964	589	589	859
2013	700	553	1163	1038	604	603	929
2014	742	566	1262	1099	636	610	1081
2015	760	571	1319	1140	649	614	1147
2016	782	575	1387	1198	666	620	1217
2017	806	580	1445	1262	693	629	1293
2018	834	590	1491	1336	724	637	1402

资料来源:中国地价信息服务平台,http://www.landvalue.com.cn/Lvmonitor/Index。

地价在区域上的差异基本上反映了区域经济发展水平的差异。华东地区工业发展水平较高,工业发展环境较好,其工业用地价格也相对较高。这一点也证实了我们在前文的判断,即经济发展水平或工业发展水平较高的地区,工业用地价格通常也较高。这一点还可从环渤海、珠江三角洲、长江三角洲地区这些全国重点区域主要城市历年来平均地价的状况得到进一步证明。长江三角洲、珠江三角洲、环渤海地区是我国经济发展水平最高也是工业发展水平最高的地区,这三个地区的地价均高于全国平均水平。此外,从东、中、西部区域看,工业水平较高、经济发展水平较高的东部地区工业用地价格远高于中西部。

2. 工业用地价格上涨幅度远低于其他地价

2000~2006年（2006年工业占GDP的比重达到42%，此后开始下降）是工业化快速发展阶段，就全国主要城市地价平均值而言，2006年综合地价比2000年上涨了578元，上涨幅度为57.92%；商业用地价格上涨了866元，上涨幅度为53.62%；居住用地价格上涨了720元，上涨幅度为78.01%；工业用地价格上涨了41元，上涨幅度为9.23%。显然可见，虽然全国主要城市工业用地平均价格上涨了，但其上涨的幅度远远低于商业用地和居住用地。就全国重点区域主要城市地价平均值而言，长江三角洲2006年综合地价比2000年上涨了2337元，上涨幅度为157.37%；商业用地价格上涨了3628元，上涨幅度为156.31%；居住用地价格上涨了2171元，上涨幅度为170.27%；工业用地价格下降了61元，下降幅度为8.38%。珠江三角洲2006年综合地价比2000年上涨了666元，上涨幅度为49.55%；商业用地价格上涨了451元，上涨幅度为19.70%；居住用地价格上涨了1452元，上涨幅度为112.21%；工业用地价格上涨了50元，上涨幅度为10.14%。环渤海地区2006年综合地价比2000年上涨了1378元，上涨幅度为79.79%；商业用地价格上涨了1965元，上涨幅度为59.69%；居住用地价格上涨了2012元，上涨幅度为142.70%；工业用地价格上涨了158元，上涨幅度为32.99%。从2000~2006年全国三个重点区域主要城市地价平均值的变动情况可以清楚地看到，无论是上涨的绝对值还是相对值，工业用地价格上涨幅度都要远远低于商业用地与居住用地，长江三角洲地区的工业用地价格甚至还出现了下降的情况。

2009~2018年是工业化发展中后期阶段，就全国主要城市地价平均值而言，2018年综合地价比2009年上涨了1682元，上涨幅度为63.40%；商业用地价格上涨了2888元，上涨幅度为61.29%；居住用地价格上涨了3256元，上涨幅度为85.15%；工业用地价格上涨了237元，上涨幅度为39.70%。由数据可见，2009~2018年全国主要城市工业用地平均价格上涨的幅度均低于居住用地和商业用地，但同2000~2006年相比差距缩小。就全国重点区域主要城市地价平均值而言，长江三角洲2018年综合地价比2009年上涨了1864元，上涨幅度为45.18%；商业用地价格上涨了2370元，上涨幅度为33.56%；居住用地价格上涨了4110元，上涨幅度为60.44%；工业用地价格上涨了264元，上涨幅度为34.6%。珠江三角洲2018年综合地价比2009年上涨了4710元，上涨幅度为136.13%；商业用地价格上涨了13143元，上涨幅度为134.77%；居住用地价格上涨了9979元，上涨幅度为169.31%；工业用地价格上涨了784元，上涨幅度为112.32%。环渤海地区2018年综合地价比2009年上涨了1781元，上涨幅度为61.43%；商业用地价格上涨了3206元，上涨幅度为63.33%；居住用地价格上涨了3825元,上涨幅度为87.35%;工业用地价格上涨了212元,上涨幅度为34.47%。从2009~2018年全国三个重点区域主要城市地价平均值的变动情况可见,除长江三角洲工业用地价格上涨幅度稍高于商业用地外,其他地区无论是上涨的绝对值还是相对值,工业用地价格上涨幅度均低于商业用地与居住用地,但同2000~2006年相比差距缩小。工业用地同其他用地价格上涨幅度缩小的部分原因在于自2007年起工业用地出让全面实施招拍挂。

3. 工业用地价格水平总体偏低,部分未能反映出实际成本(低于实际成本)

总体上讲,我国工业用地价格及其上涨的幅度远低于商业用地和居住用地。在全国平均工业用地价格不断上升的大背景下,各个区域又表现出一定的差异性,较之工业发展水平较低的地区,工业发展水平较高的地区工业用地价格普遍较高。工业用地价格的这些特点究竟会对工业产生怎样的影响呢?从理论上讲,工业用地价格上涨会提高工业成本,弱化工业投资的积极性。但中国的工业用地价格是否上升到了对工业投资积极性产生影响的水平了呢?从全国主要城市地价平均值历年状况、全国各区域主要城市地价平均值历年状况、全国重点区域主要城市地价平均值历年状况看,虽然工业用地价格总体处于上升趋势,但是,同商业用地、居住用地价格相比,中国工业用地价格及其上涨速度基本远低于商业用地与居住用地,甚或低于实际成本,尤其是2007年工业用地出让实施招拍挂之前,在一些经济发展水平较高、工业发展水平较高的地区,这一情况更为明显。例如,在2004年以前,浙江省工业用地出让价格除温州、义乌等个别城市以外,绝大部分地方低于土地征用和开发成本,只有不到市场交易价格的2/3,甚至更低。而且一些区域在招商引资的激烈竞争中降低工业用地出让价格,返还出让金,甚至以零地价、负地价出让工业用地。

三、工业用地价格、工业用地面积与工业产值的关系

我国工业用地价格总体偏低,且上涨幅度不大。下面以北京、上海、天津为例,根据数据可得性,分两个时间段,即2000~2004年、2014~2017年,分析工业用地价格的变动对工业用地面积及工业产值(这里指增加值)的影响,如表4-4~表4-9所示。

表4-4 2000~2004年北京地价平均值、工业用地面积及工业产值历年情况

年份	综合 (元/平方米)	商业用途 (元/平方米)	居住用途 (元/平方米)	工业用途 (元/平方米)	工业用地 (平方公里)	工业产值 (亿元)
2000	2159	4111	1908	458	83.99	844.01

续表

年份	综合（元/平方米）	商业用途（元/平方米）	居住用途（元/平方米）	工业用途（元/平方米）	工业用地（平方公里）	工业产值（亿元）
2001	2208	4255	1961	460	116.55	938.81
2002	2271	4448	2011	467	162.8	1021.16
2003	2331	4591	2058	478	177.8	1224.48
2004	2383	4739	2127	479	196.8	1554.73

表4-5 2000~2004年上海地价平均值、工业用地面积及工业产值历年情况

年份	综合（元/平方米）	商业用途（元/平方米）	居住用途（元/平方米）	工业用途（元/平方米）	工业用地（平方公里）	工业产值（亿元）
2000	1834	3085	1468	458	384.65	1998.96
2001	1907	3270	1556	759	446.32	2166.74
2002	2054	3672	1732	759	470.29	2368.02
2003	2164	3887	1850	774	470.29	2941.24
2004	2223	4253	2077	780	470.29	3593.25

表4-6 2000~2004年天津地价平均值、工业用地面积及工业产值历年情况

年份	综合（元/平方米）	商业用途（元/平方米）	居住用途（元/平方米）	工业用途（元/平方米）	工业用地（平方公里）	工业产值（亿元）
2000	1295	2473	912	500	86.15	785.96
2001	1235	1978	930	520	95.86	869.15
2002	1274	2028	939	550	106.48	968.44
2003	1468	2696	1104	550	116.87	1217.88
2004	1603	2952	1297	562	114.90	1549.70

资料来源：笔者根据中国地价信息服务平台（http://www.landvalue.com.cn/Web_Public/State_Land-Price_Average.aspx）、《北京统计年鉴》（2006）、《上海统计年鉴》（2006）、《天津统计年鉴》（2006）、《中国城市建设统计年报》（2000~2004）计算整理。

表4-7 2014~2017年北京地价平均值、工业用地面积及工业产值历年情况

年份	综合（元/平方米）	商业用途（元/平方米）	居住用途（元/平方米）	工业用途（元/平方米）	工业用地（平方公里）	工业产值（亿元）
2014	28030	44946	46426	2256	240.03	3746.77

续表

年份	综合（元/平方米）	商业用途（元/平方米）	居住用途（元/平方米）	工业用途（元/平方米）	工业用地（平方公里）	工业产值（亿元）
2015	29330	46425	48751	2370	263.55	3710.88
2016	34515	50757	58767	2526	263.32	4026.68
2017	38673	54840	66579	2692	263.09	4274

表4-8 2014~2017年上海地价平均值、工业用地面积及工业产值历年情况

年份	综合（元/平方米）	商业用途（元/平方米）	居住用途（元/平方米）	工业用途（元/平方米）	工业用地（平方公里）	工业产值（亿元）
2014	17744	38551	30979	1936	733.11	7362.84
2015	20044	40018	35767	2145	733.11	7162.33
2016	24767	41834	46083	2360	555.75	7555.34
2017	27102	43749	50932	2506	550.59	8392.84

表4-9 2014~2017年天津地价平均值、工业用地面积及工业产值历年情况

年份	综合（元/平方米）	商业用途（元/平方米）	居住用途（元/平方米）	工业用途（元/平方米）	工业用地（平方公里）	工业产值（亿元）
2014	5630	8859	6073	822	185.93	7079.1
2015	5843	9233	6291	838	208.89	6982.66
2016	6411	9998	6972	889	231.21	6805.13
2017	7007	10744	7714	940	242.45	6863.98

资料来源：笔者根据中国地价信息服务平台（http://www.landvalue.com.cn/Lvmonitor/Index）、中国国家统计局网站（http://data.stats.gov.cn/easyquery.htm?cn=E0103）、《中国城乡建设统计年鉴》（2014~2017）计算整理。

由表4-4~表4-6可知，2000~2004年，北京、上海和天津工业用地价格及其上涨幅度远远低于商业用地和居住用地。北京2004年工业用地价格比2000年上涨了21元，上涨幅度为4.59%；工业用地面积比2000年增加了112.81平方公里，增长幅度为134.31%；工业产值比2000年增加了710.72亿元，增长幅度为84.21%。上海2004年工业用地价格比2000年上涨了322元，上涨幅度为70.31%；工业用地面积比2000年增加了85.64平方公里，增长幅度为22.26%；工业产值比2000年增加了1594.29亿元，增长幅度为79.76%。天津2004年工业用地价格比2000年上涨了62元，上涨幅度为12.4%；工业用地面积比2000

年增加了 28.75 平方公里，增长幅度为 33.37%；工业产值比 2000 年增加了 763.74 亿元，增长幅度为 97.17%。

由表 4-7～表 4-9 可知，2014～2017 年，北京、上海和天津工业用地价格依然远低于商业用地和居住用地，但工业用地价格上涨的幅度同商业用地和居住用地的价格上涨幅度的差距在缩小，上海工业用地价格上涨幅度甚至超过了商业用地。北京 2017 年工业用地价格比 2014 年上涨了 436 元，上涨幅度为 19.33%；工业用地面积比 2014 年增加了 23.06 平方公里，增长幅度为 9.61%；工业产值比 2014 年增加了 527.23 亿元，增长幅度为 14.07%。上海 2017 年工业用地价格比 2014 年上涨了 570 元，上涨幅度为 29.44%；工业用地面积比 2014 年减少了 182.52 平方公里，下降幅度为 24.9%；工业产值比 2014 年增加了 1030 亿元，增长幅度为 13.99%。天津 2017 年工业用地价格比 2014 年上涨了 118 元，上涨幅度为 14.36%；工业用地面积比 2014 年增加了 56.52 平方公里，增长幅度为 30.4%；工业产值比 2014 年减少了 215.12 亿元，下降幅度为 3.04%。

从京津沪三地区工业用地价格、工业用地面积、工业产值的变动情况看，上海工业用地价格上涨的幅度最大，工业用地面积增长的幅度最小（这与上海工业用地面积基数较大有一定关系），甚或工业用地面积减少，2000～2004 年工业产值增长幅度最小，2014～2017 年工业产值增长幅度居中但接近北京；2000～2004 年北京工业用地价格上涨的幅度最小，2014～2017 年天津工业用地价格上涨的幅度最小，两者工业用地面积增长幅度在相应期间均最大，2000～2004 年北京工业产值增长幅度居中，2014～2017 年天津工业产值下降；2000～2004 年天津工业用地价格上涨的幅度居京沪之间，2014～2017 年北京工业用地价格上涨的幅度居津沪之间，两者工业用地面积的增长幅度也居相应期间的两地之间，但工业产值增长幅度在相应期间均最大。从中我们初步看到这样一个规律：在工业用地价格与工业用地面积之间，工业用地价格上涨幅度越大，工业用地面积增长幅度就越小；工业用地价格上涨幅度越小，工业用地面积增长幅度就越大。在工业用地面积与工业产值之间，工业用地面积的绝对数值越大，工业产值的绝对数值就越大，两者存在较明显的正相关关系。在工业用地价格与工业产值之间，看不出显著的关系。

由上述分析可见，工业用地价格的变动对于工业用地面积的变动有较大影响，但对于工业产值的变动则没有什么明显影响。之所以出现这种情况，主要原因在于工业用地的市场价格较其影子价格偏低，涨幅较小。从京津沪的情况可以管窥全国的状况。一方面，工业用地价格偏低可以使工业用地成本较低，有利于工业经济的发展；另一方面，正是由于工业用地价格偏低，工业用地面积增长速度较快，工业用地严重粗放低效利用。

我国正处于工业化中后期发展阶段,加之工业存在区域发展不平衡和总体发展不充分问题,对于工业用地仍有较大需求,由于土地供给受多种因素的限制呈现相对稀缺性,工业用地的粗放低效利用必然会加剧已出现的或潜在的土地供求矛盾,从而对工业经济的长远发展造成不利影响。

四、工业用地价格偏低的原因及其引发的问题

我国工业用地价格主要问题是地价水平偏低,未能反映出实际成本。究其原因:一部分是由目前工业用地相对于商业用地、居住用地而言产业利润较后两者低,地理位置距离城市中心较远,建筑容积率较低,工业用地需求相对较小等合理因素造成的,但还有很大一部分是由以下一些不合理因素造成的:

首先,征地成本过低是工业用地价格偏低的深层次经济原因。在工业化快速发展时期,对工业用地新增需求很大。在许多地区,这种新增需求大多是通过征收城市周边的农地来解决的。农地征收中的征地成本不可避免地要对工业用地出让价格产生影响。从农地到待出让工业用地,政府需要土地平整、配套设施建设等投入,这形成土地开发成本,连同征地成本和政府收益,共同构成待出让工业用地的市场价值。在这三项构成中,征地成本本应占绝对比重,因为它不但包括土地补偿费、安置补助费等,还应包括用途转变带来的大部分土地增值(用途转变带来的土地增值对整个工业用地的市场价值起着举足轻重的作用),这部分土地增值理应归其先前的承包者——农民所有,但在现实中,农民并没有拿到这些增值部分,实际到农民手中的征地补偿款寥寥无几。由于土地用途转变带来的巨额增值,地方政府投入很少,甚或根本没有任何投入,这就导致了在出让工业用地时,如果不考虑或较少考虑土地用途转变带来的增值,对地方政府而言,并不会产生明显的直接损失。所以,地方政府就敢以大大低于市场价值的价格出让工业用地。虽然近年来这些现象有所减少,但仍存在不少。

其次,财政体制和政绩考核机制是工业用地价格偏低的制度原因。我国目前实行的是"分灶吃饭"的财政体制。在这种财政体制下,地方政府担负着发展地方经济、提高当地人民生活水平的重任,而这些必须以巨额且稳定的财政收入为支撑,这就迫使地方政府不得不竭力谋求财政收入的最大化。招商引资,借以带动本地经济发展是大多数地方政府的首选策略。于是各地政府各显其能,纷纷推出优惠政策招商引资,土地这一重要资源自然而然便成为吸引投资者的诱饵,于是一些地方政府竞相压低地价,甚至不惜以零地价或负地价出让土地。

最后,我国的政绩考核机制也对地方政府低价出让工业用地起了推波助澜的作用。当前我国许多地方政府都把GDP和招商引资成果作为衡量政府及官员政绩的重要指标,于是在一些地方就出现了把招商引资作为硬性指标分配给政府各

个部门甚至落实到人的不合理现象,为了完成任务,一些政府官员也就不惜以低价出让土地为代价了。

上述因素造成了我国工业用地出让价格普遍偏低。在一些工业发展水平较高的地区,还出现了工业用地供应紧张与工业用地出让价格不断降低共存的奇怪现象。在规范的土地市场条件下,土地价格是调节土地资源在各个用途之间配置的最基本的工具。在我国,这一工具在某种程度上失去了有效配置土地资源的功能。

工业用地出让价格偏低,甚至低于市场价值与实际成本,工业用地的低成本性是土地管理与调控中存在的一个突出问题,危害十分严重:一是工业用地低成本过度扩张,往往会造成低水平的重复投资建设,使工业用地被长期圈占、撂荒闲置,粗放式使用短缺的土地资源,影响中央宏观调控政策的有效实施;二是地区之间竞相压价搞恶性竞争,破坏了公开公平公正的市场环境,造成了新的区域不平衡,影响了区域协调发展;三是容易导致以工业用地的名义申请用地,暗地里搞房地产开发;四是由于土地出让的价格远低于实际成本,国有土地所有者权益没有得到应有体现,造成国有土地资产大量流失,滋生土地腐败;五是地方政府低价出让土地往往是以压低和拖欠征地补偿费,牺牲农民利益为代价的,其结果是直接侵犯了农民合法的土地财产权益。具体来讲:①许多地区的投资具有较强的外源性,在获取投资的竞争中,各个地区会竞相降低土地出让价格,以获取更多的外资。这必然会使许多地区的土地出让价格在今后一段时间内将处于下降趋势。②工业用地中的恶性竞争现象若不加以控制,工业用地投机行为将会加剧,从而对土地持续利用、区域工业经济健康发展造成不良影响。

我国工业用地的总体现状为:一方面,工业化和城市化对于工业用地的总需求在不断增加,而工业用地的供给则受到一定程度的制约,供求存在矛盾,在工业发展水平较高的地区表现得尤为突出;另一方面,工业用地价格低于实际成本,本应反映工业用地供求关系的工业用地价格却没有反映出供求的真实状况,导致工业用地低效利用乃至浪费。工业用地的粗放低效利用将对工业的长期发展产生不利影响。

我国偏低的工业用地价格是由诸多原因造成的。除上述诸因素之外,它还在一定程度上与中国长期以来实施的一些工业用地政策有着很大的关系。后文将对这一问题进行阐述。

第四节 我国工业用地政策评析

我国工业用地的状况是,就全国而言,工业用地需求不断增加,供给则受到耕地保护、粮食安全问题等因素的制约,工业用地供求存在矛盾;就地区而言,在工业化水平不同的地区供求状况不尽相同,目前来看,工业化水平较高的地区出现了程度不等的供求矛盾,虽然工业化水平较低的地区还未出现供求矛盾,但工业化水平的不断提高将会增大这一矛盾出现的可能性。与此同时,我国工业用地普遍存在着粗放低效利用的现象,这将加剧已有或潜在的供求矛盾,使土地资源对工业增长的约束增大,从而对工业发展造成不利的影响。工业化水平提高所带来的对于工业用地量的增加是不可避免的,但工业用地的粗放低效利用所造成的工业用地的外延式扩张则是可以避免的。因此,改变我国工业用地粗放低效利用的现象,提高我国工业用地的集约高效利用水平,对于降低土地资源对工业增长的约束程度,就变得十分重要。

我国工业用地的粗放低效利用,在很大程度上源于偏低的工业用地价格,而这种偏低的工业用地价格在很大程度上受历史上土地政策的影响。通过公共程序制定适当的土地政策以弥补市场本身带来的问题,对于发挥市场机制的作用、合理配置土地资源是有益的。但是,如果以政策替代市场,忽略市场规律,就会产生很多问题,土地资源就难以得到有效配置,也不利于解决土地资源对于经济增长的约束问题。下面以我国的工业用地政策为例,分析工业用地政策对于工业用地价格、土地资源配置效率、工业用地市场等的影响。

我国工业用地的使用方式有划拨、协议出让、"招拍挂"几种,不同的使用方式会对工业用地价格、工业用地成本、工业用地的使用效率等产生不同的影响。

一、工业用地行政划拨与协议出让

(一) 行政划拨

在计划经济时代,我国工业用地的使用方式以行政划拨为主,国家将工业用地无偿、无限期地提供给国家基本建设计划项目下的工业企业使用,并与征地过程合为一体。在当时,由于计划要优先保证国家建设用地的需要,加之工业用地以无偿使用为主,从而在很大程度上造成了工业建设用地的粗放低效利用。由于在工业化初期,工业用地需求相对较小,供给相对充裕,未曾出现工业用地供不应求的矛盾。因此,这种以行政划拨为主的工业用地使用方式所造成的工业用地粗放低效利用在当时对于工业增长没有产生出明显的不利影响。

(二) 协议出让

为了提高土地的利用效率,国家积极尝试探索土地有偿利用,通过价格机制调节土地的利用结构。1987年,深圳市政府以定向议标的方式出让了中国第一块商品土地的使用权,以后又以公开招标、拍卖的方式出让土地使用权。1990年,国务院颁布了《中华人民共和国城镇国有土地使用权出让和转让暂行条例》,对土地使用权的出让、转让、出租、抵押、终止等问题做了明确说明。1998年,全国人大通过了修订后的《中华人民共和国土地管理法》,规定建设单位使用国家土地,应当以出让等有偿方式取得。具体地说,土地使用权有偿出让又分为协议出让、招标出让、拍卖出让、挂牌出让等形式。

此后直到2006年,我国工业用地的出让方式以协议出让为主。协议出让是指国有土地的代表与有意受让人就某地块的出让方案、条件进行协商谈判,确定价格的一种出让方式。虽说协议出让属于有偿出让,与行政划拨工业土地使用制度相比,协议出让在一定程度上促进了土地的集约利用,但在政府的具体实施过程中,协议出让还是一种以行政审批配置土地资源的方式,再加上其他各方面的原因,工业用地协议出让在实际操作中产生了许多有违初衷的问题,存在诸多弊端。主要包括:工业地价偏低,国有土地资产流失严重;引发大量圈占土地行为,土地利用低效;干扰正常的土地市场秩序。

这些问题的出现,严重干扰了土地市场的供应秩序,不利于地价对土地资源的市场配置作用和对产业布局与产业结构的规划调整,降低了土地市场的灵活性,影响土地市场的规范化和良性发展。

在工业化加速发展的中期,工业用地需求相对较大,供给的有限性逐渐显现出来,在工业水平较高的地区,出现了工业用地供不应求的矛盾,土地资源对于工业增长的约束也逐渐凸现出来。工业用地协议出让存在的上述问题与弊端导致一些地区工业用地的供求矛盾加剧,对工业的发展造成了不良影响。

二、工业用地"招拍挂"

(一) 工业用地"招拍挂"的必要性

由于受到工业用地使用的行政性分配和划拨制度以及协议出让政策的长期影响,我国工业用地的使用并没有真正地反映出其价值。与发达国家相比,我国大城市工业用地占城市建设用地比例严重偏高。有关资料表明,我国工业用地占城市建设用地总量的比例一直高达19%以上,大大超过美国(7.3%)和中国香港特区(6%),也超过许多发展中国家。在工业化加速发展的中期阶段,由于城市工业用地所占比重大，城市内工业建筑项目容积率水平和建筑密度水平较低，功能分区不尽合理，城市中心区或高地价区被低效、耗能大、污染大的工业企业占据，导致土地大量闲置，效益不能得到充分发挥，土地产出效率较低，造成工业用地严重的粗放低效利用。

一方面是土地的粗放低效利用，另一方面却是土地的稀缺性。我国的一个重大国情就是人多地少，尤其是人均耕地更少。土地供给总量是有限的，虽然人们可以通过转换土地用途来改变某类土地的数量与供给，如工业用地的增加主要就是依靠改变城市周围农地的用途来实现的，但这种改变要受到诸多因素的制约，比如耕地保护、失地农民就业、生态平衡、经济发展、粮食安全等。因此，从长期来看，工业用地的供给是稀缺的。另外，近年来，政府不断加大整治清理开发区的力度，开发区的数量和面积已经明显减少，工业用地的供给已经受到严格控制。

在工业化发展的中后期阶段和城市化快速发展阶段，若按照这种粗放低效利用土地的态势发展下去，要实现工业化并达到发达国家平均城市化水平（80%），对于城市建设用地（包括工业用地）将有大量需求。与此同时，土地的供给却受到人均可利用土地面积较少的国情，以及耕地保护、粮食安全、生态保护等因素的限制，难以大量增加，这将对我国工业化、城市化造成较大的约束。而工业化、城市化又是我国经济发展的目标，在这一现实情况下，集约高效利用土地就成为必然的选择。要实现土地的集约高效利用，就必须从土地制度和政策入手。就工业用地而言，必须改革工业用地的行政划拨与协议出让制度，实行工业用地"招拍挂"，公开出让土地，运用竞争机制、公开机制，把土地配置给真正需要者，形成规范的土地市场，促使土地集约高效合理利用。这也是降低土地资源对于工业化、城市化约束的有效途径。

（二）工业用地"招拍挂"相关内容

针对工业用地存在的现实情况，为加强对工业用地的调控和管理，促进土地节约集约利用，国土资源部提出将工业用地纳入"招拍挂"范围。国土资源部根据土地等级、区域土地利用政策等，统一制定了《全国工业用地出让最低价标准》（以下简称《标准》），并于2006年颁布，2007年1月1日实施了该《标准》。《标准》规定："工业用地必须采用招标、拍卖、挂牌方式出让，其出让底价和成交价格均不得低于所在地土地等别相对应的最低价标准。各地国土资源管理部门在办理土地出让手续时必须严格执行本《标准》，不得以土地取得来源不同、土地开发程度不同等各种理由对规定的最低价标准进行减价修正。"《标准》如表4-10所示。

表4-10 全国工业用地出让最低价标准

单位：元/平方米

土地等别	一等	二等	三等	四等	五等	六等	七等	八等
最低价标准	840	720	600	480	384	336	288	252
土地等别	九等	十等	十一等	十二等	十三等	十四等	十五等	
最低价标准	204	168	144	120	96	84	60	

为了发挥地价对土地利用的调控作用，《标准》将最低价标准与土地等别进行了挂钩。根据土地等别制定的最低价标准，随土地等别的降低呈现明显的下降趋势，最高等别（一等）相对应的最低价标准（840元/平方米）是最低等别（十五等，60元/平方米）的14倍，体现了区域差别土地利用政策。

为解决前文所述的工业土地出让中存在的问题，该《标准》在测算过程中体现了成本控制原则，即工业用地出让最低价不低于其基本成本，并适当考虑征地补偿费用上涨等因素的影响。显然，与目前多数地区赔本卖地的现实相比，《标准》的出台必将显著提高工业用地出让价格，并成为执法监督、打击低价出让土地行为的重要判定标准。

（三）工业用地"招拍挂"的积极作用与不利影响

工业用地实行"招拍挂"及《标准》的发布实施，是工业用地管理制度和利用方式的重大变革，其积极作用是明显的，主要表现为有利于完善工业用地的市场配置机制，有利于促进土地资源合理配置和集约利用，有利于提高招商引资质量，有利于协调促进区域经济发展。但是，在具体的实施过程中，不可避免会存在一些问题，主要表现为"招拍挂"后工业用地成本大幅提高，"招拍挂"过程中存在暗箱操作、工业用地出让信息披露不充分等。因此，需要对工业用地"招拍挂"进一步完善。

第五节 小结

土地资源对于工业的约束分为直接约束与间接约束。间接约束表现为由食品价格上升所引发的劳动力工资成本问题与源于农业的轻工业原料成本问题。直接约束则主要表现为由工业用地价格所决定的工业用地成本问题。现阶段看，土地资源对于我国工业增长的约束并不十分明显。我国工业存在发展不平衡不充分问题，因此，今后我国工业用地仍会有较大需求。与此同时，我国工业用地普遍存在价格偏低的现象,造成工业用地粗放低效利用。这将加大工业用地供求矛盾,对我国工业增长产生一定约束。要降低土地资源对工业增长的约束程度,一方面要降低工业增长对于资本、土地和劳动力投入要素数量的依赖程度,积极推动技术与制度创新,提高劳动生产效率,促进工业增长,另一方面则需不断改革和完善工业用地制度,改变工业用地粗放低效利用的现状,立足内涵挖潜,盘活存量,提高工业用地节约集约高效利用的水平。

第五章 土地资源对城市化的约束

第一节 城市化与经济增长

一、城市化的涵义

关于城市化或城镇化的涵义,学界存在不同看法。一般认为,城市化是指随着产业经济向城镇的集中而发生的农村人口向城镇转移的过程。根据这一定义,城镇人口占总人口的比重就成为衡量城市化水平的一个最为重要的指标,如今国内外也大都采用这一指标来衡量一个国家或地区的城市化水平。城镇人口所占比重不断提高的过程,也就是城市化水平不断提高的过程。这一过程既表现为城镇人口数量的不断增长,也表现为城镇数量的不断增加。这一类观点强调人口居住地和职业的转变,以及城市空间的扩展。

另一类观点在强调人口转移、职业转变和产业集中的同时,突出了生活方式和都市文明的扩散过程。早在1993年,美国新版《世界城市》就认为"都市化是一个过程,包括两个方面的变化。一是人口从乡村向城市运动,并在都市中从事非农业的工作。二是乡村生活方式向都市生活方式的转变,这包括价值观、态度和行为等方面。第一方面是强调人口的密度和经济职能,第二方面则强调社会、心理和行为的因素。实质上,这两方面是互动的"。① 这一城市化定义强调了生产方式与生活方式的转化。在我国,根据《中华人民共和国国家标准——城市规划基本术语标准》中的定义,城市化是"人类生产与生活方式由农村型向城市型转化的历史过程,主要表现为农村人口转化为城市人口及城市不断发展完

---

① 周大鸣. 现代都市人类学 [M]. 广州:中山大学出版社,1997:27-28.

善的过程。又称城镇化、都市化"。显然,这一定义也强调了生产方式与生活方式的转化。我国学界很多人持这一观点,他们认为,城市化在本质上是一种经济社会结构变动过程,在这一过程中,除人口和产业向城市集聚以外,还包括生产方式和生活方式由乡村型向规模化、集约化、市场化和社会化的城市型方向的转换。有学者则将城市化归纳为数量过程与质量过程,"数量过程就是变农村人口为城市人口、变农村地域为城市地域的过程","城市文化、城市生活方式和价值观等城市文明在农村的地域扩散过程则是城市化的质量过程"。① 这种二元划分颇具新意,有助于挖掘城市化的深层内涵。

此外,还有一类观点更为强调生活方式的转变和都市文明的渗透这一深层内涵,甚至认为一般意义上城市化定义中所强调的人口、地域、生产要素等集中是没必要的。随着时代的发展,现代城市化可以在空间居落上表现出分散化的特征。这是因为,当代社会中传播、通信、交通的高度发达,大大缩短了人们之间的距离,居住地的差异对人们生活方式的影响在逐渐减弱,城乡文明和生活方式日趋融合。这样,人口和非农产业的聚集完全可以跨区域进行,居住地就不应再成为城市化的衡量指标,而应更多地从生活方式、价值观念等方面的变化来看待城市化。类似观点有:"都市化并非简单地指越来越多的人居住在城市和城镇,而应该是指社会中城市与非城市地区之间的来往和相互联系日益增多这种过程",② 以及"乡村都市化不一定是将农民迁移到大中城市的道路,而是生活方式的转化"③,等等。

综合上述三类观点,城市化的涵义从单纯地强调人口的空间转移(由农村向城市)、职业的转换(由农业向非农业)发展到注重生活方式、价值观等的转变。结合城市化发展现状,本书倾向于认为城市化既是农村人口转化为城市人口、农村地域转化为城市地域、城市人口增长、城市数量增加、城市规模扩大的过程,也是城市生产方式和生活方式、城市文明与城市文化向农村渗透的经济社会发展过程。本书把前者称为城市化数量过程,将后者称为城市化质量过程。城市化是城市化数量与城市化质量的统一。关于城市化水平的测度,本书仍采用国际上通行的城市人口占总人口的比重作为衡量城市化水平的主要指标。在具体分析城市化数量与城市化质量问题时,再结合其他相关指标。

---

① 仲小敏. 世纪之交中国城市化道路问题的讨论 [J]. 科学·经济·社会, 2000 (1): 38 – 42.
② 周大鸣, 郭正林. 论中国乡村都市化 [J]. 社会科学战线, 1996 (5): 100 – 108.
③ 郭正林, 周大鸣, 王金洪. 广东省万丰村的社会发展——中国乡村都市化的一个案例分析 [J]. 社会学研究, 1996 (4): 75 – 81.

二、城市化发展状况

(一) 世界城市化发展概况

人类社会进入大规模城市化阶段源自19世纪初期的工业革命。在工业革命浪潮中，城市发展之快、变化之巨，超过了以往任何时期。工业化带动城市化，是近代城市化的一大重要特点。工业化和城市化成为整个19世纪最为重要的经济现象之一。在此期间，欧美国家城市数目激增，城市规模快速增长。20世纪以来，世界主要发达国家相继进入工业化成熟期，大部分居民已生活在城市中。1900年英国城镇人口所占比重达到75%，成为世界上第一个城市化国家。"二战"以后，世界城市化进程大大加速，城市化开始形成世界规模。1950年，世界城市化水平上升到29.2%，1990年上升到47%。发达国家早在1950年城市化水平就已超过50%，1950~1980年城市化速度仍然较快，1990年发达国家平均城市化水平已达75%。而发展中国家的城市化仍以乡村向城市移民为主，1990年平均城市化水平仅为37%。目前，绝大多数发展中国家处于大规模工业化和城市化阶段，成为当今世界城市化的主体。

(二) 中国城市化发展状况

新中国成立伊始，我国就非常重视并大力推动工业化，并取得了相当大的进展，但是与工业化相比，城市化却始终得不到重视，甚至存在着否定城市化的倾向，使城市化长期滞后于工业化，对经济发展造成了不利影响。改革开放以来，我国对于城市化给予了较大的重视，城市化严重滞后的状况得到了较大改观。可以将新中国成立以来我国的城市化进程分为四个阶段，第一阶段为1949~1957年，这一阶段是经济恢复和城市化正常上升期。第二阶段为1958~1965年，这一阶段是城市化发展的剧烈波动期。第三阶段为1966~1977年，这一阶段是城市化基本停滞期。第四阶段为1978年至今，这一阶段是城市化快速发展期。

从严格意义上讲，我国城市化建设始于20世纪70年代末80年代初。改革开放四十年来，经济的发展推动了城市的迅速发展，我国城市化进入了快速发展时期（见附录3城市化部分）。从城镇人口方面看，1978年底，我国全国城市人口为96259万人，其中城镇人口17245万人，占总人口的17.92%，城市化率不到18%。经过22年的城市化，到20世纪末，即2000年11月第五次全国人口普查，全国城镇人口达到45906万人，占总人口的36.22%。进入21世纪，城市化水平进一步提高，国家统计局《2018年国民经济和社会发展统计公报》数据显示，到2018年底，全国城镇人口达83137万人，城市化水平已达59.58%。中国城市化水平与经济发达国家之间的差距正在逐步缩小。

在城市建设方面，1978年底，全国设市城市193个，其中人口超过100万的大城市13个。当时我国城市的总体情况是数量少、规模小、建设差、居民穷。到了2000年底，设市城市超过663个，城市数量22年增加了470个，平均每年增加大小城市20个以上，其中1990~1995年，5年增加了173个城市，平均每年增加约35个城市，最多的1993年和1994年，分别增加53个城市和52个城市（见附录3）。100万人口以上的大城市也相应增加到40个，增长了2倍多。与此同时，城市的经济实力明显增强。2017年，全国共有661个设市城市，贡献了大半的国内生产总值和税收。

（三）城市化发展的阶段性

美国城市地理学家雷·诺瑟姆对世界诸多国家城市化过程进行系统研究的结果表明，城市化进程近似于一个略微拉长的S型曲线，尽管世界各国城市化起步时间、发展速度和城市化水平存在很大差异，但城市化进程大体均可分为三个阶段：第一阶段为城市化初始阶段，即前工业化阶段，以劳动密集型家庭小生产为主，城市人口增长缓慢，城市化水平低于30%；第二阶段为城市化中期阶段，即工业化阶段，经济活动以企业化、集团化生产为主，工业活动集中性增强，城市化加速发展，城市人口占比加速增长并持续到70%时趋于平缓，城市化水平在30%~70%；第三阶段为城市化成熟阶段，即后工业化阶段，城市化发展趋缓，城市人口占比保持平缓，城市化水平在70%以上，产业结构以第三产业为主，交通网络、信息网络大力发展，城市的主要功能逐渐由产品加工向信息处理和高层次服务过渡。诺瑟姆的这一观点获得了学界的普遍认同。事实也证明，大部分发达国家的城市化历史进程基本符合这一趋势。

对于中国城市化所处的阶段性问题，虽然学界存在不少争议，但大部分学者认为中国已经进入了城市化高速发展的阶段。根据诺瑟姆的观点，结合中国城市化发展的现状，显然，中国城市化处于诺瑟姆所说的中期加速发展阶段。

如果以城市化发展的速度将中国1978年至今的城市化进程进行阶段性划分的话，可分为三个阶段：第一阶段为1978~1987年，城市化率增长了8.2%，平均每年增长0.82个百分点；第二阶段为1988~1995年，城市化率增长了3.72%，年均增长0.47个百分点；第三阶段为1996年至今，城市化率增长了29.1%，年均增长1.32个百分点。第三阶段的年均增长率是第二阶段年均增长率的近三倍，这一数据这充分说明了自1996年以来中国城市化呈加速发展态势。1996年我国城市化率达到了30.48%，正好处于诺瑟姆城市化中期阶段的起始临界点30%附近。中国城市化发展的事实也充分说明了中国城市化处于中期加速发展时期。

三、城市化与经济增长

许多国家和地区的经济发展经验表明，城市化和经济增长之间存在着密切的关系。大量文献研究显示，城市化和经济增长之间呈显著正相关性，经济发展水平越高，城市化水平也就越高。钱纳里等（1988）对 1950~1970 年 101 个国家的经济发展水平与城市化水平的数据研究表明，一定的人均 GNP 水平，与一定的城市化水平相对应。Moomaw 和 Shatter（1996）通过回归分析发现，城市化率随人均 GDP、工业化程度、出口及外国援助的增长而上升，随着农业生产水平的提高而下降。（Henderson（2000）利用不同国家的横截面数据得出城市化水平与人均 GDP（取对数）之间的相关系数为 0.85。）

我国学者对城市化与经济增长之间的关系也进行了大量的实证研究，研究结果大多表明两者呈显著正相关性。周一星（1982）对 1977 年世界 157 个国家和地区的统计分析表明，城市化与经济增长之间呈现一种十分明显的对数曲线关系，相关系数达 0.9079；成德宁（2004）根据世界银行公布的 2002 年 76 个国家人均 GNP 和城市化率的数据资料研究表明，城市化水平与人均 GNP 之间存在对数曲线关系，相关系数为 0.82；张宏霖（2003）利用我国各省 1978 年、1998 年的城市化水平及人均 GDP 数据，得到城市化与经济增长之间呈显著正相关性；高佩义（2004）通过对世界 168 个国家和地区的城市化水平及人均 GDP 数据的研究表明，城市化与经济发展为双向促进关系；管卫华等（2016）对 1978~2014 年中国（不包括港澳台地区）城市化水平及人均 GDP 省域面板数据的研究表明，1978~2014 年中国经济增长对城市化具有促进作用，从省域来看，呈现中东部较低，西南和东北部较高的区域格局，同时此阶段城市化对于经济增长的作用不显著；1978~1995 年中国城市化和经济增长之间的相互作用关系不显著；1996~2014 年中国城市化与经济增长相互促进，从省域看，城市化对经济增长的作用强度呈现出中东部低，周边内陆省区高的区域格局，而经济增长对城市化作用的区域格局与之相反。① 从我国 1978~2017 年城镇人口所占比重与人均 GDP 的数据及其图形来看，同样可以看到这种正相关关系（见表 5-1 和图 5-1）。

---

① 管卫华，姚云霞，彭鑫，等. 1978~2014 年中国城市化与经济增长关系研究——基于省域面板数据 [J]. 地理科学，2016，36（6）：813-819.

表 5-1　1978~2017 年中国城镇人口比重与人均 GDP

年份	城镇人口比重（%）	人均 GDP（元）	年份	城镇人口比重（%）	人均 GDP（元）
1978	17.92	385	1998	33.35	6860
1979	18.96	423	1999	34.78	7229
1980	19.39	468	2000	36.22	7942
1981	20.16	497	2001	37.66	8717
1982	21.13	533	2002	39.09	9506
1983	21.62	588	2003	40.53	10666
1984	23.01	702	2004	41.76	12487
1985	23.71	866	2005	42.99	14368
1986	24.52	973	2006	44.34	16738
1987	25.32	1123	2007	45.89	20494
1988	25.81	1378	2008	46.99	24100
1989	26.21	1536	2009	48.34	26180
1990	26.41	1663	2010	49.95	30808
1991	26.94	1912	2011	51.27	36302
1992	27.46	2334	2012	52.57	39874
1993	27.99	3027	2013	53.73	43684
1994	28.51	4081	2014	54.77	47005
1995	29.04	5091	2015	56.1	50028
1996	30.48	5898	2016	57.35	53680
1997	31.91	6481	2017	58.52	59201

资料来源：《中国统计年鉴》（2018）。

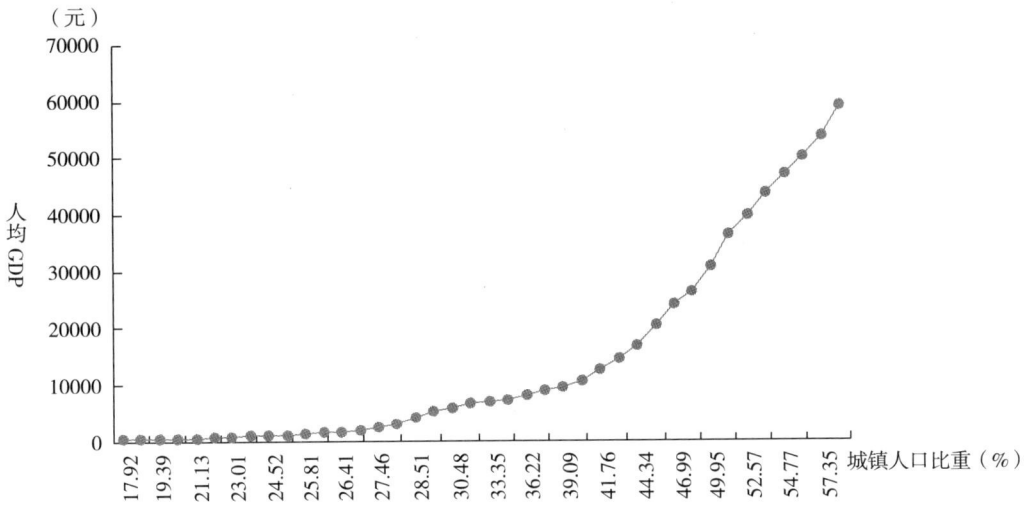

图 5-1　1978~2017 年中国城镇人口比重与人均 GDP

国内外大量文献研究表明，城市化与经济增长之间相互作用，经济增长引致城市化水平提高，城市化水平提高会促进经济增长。著名经济学家库兹列茨和钱纳里研究表明，伴随着经济增长，社会经济结构会发生一系列转变：一是工业化，即从以农业为基础的经济向以工业和服务业为基础的经济转变；二是城市化，即人口不断地从农村向城市迁移。工业化会提高工业和服务业产出，而工业和服务业直接占用的土地要远低于农业部门，于是大量企业向城市地区聚集。聚集带来规模经济，促使劳动者分工更加深化和专业化，生产效率提高，城市规模逐渐扩大。随着城市规模的扩大，交易成本会进一步降低，聚集经济有利于知识外溢、技术扩散和创新，从而促进生产效率提高，加速经济增长。许多学者也持类似观点。1999~2000 年世界发展报告在考察了诸多国家的经济发展和城市化进程后指出，城市化是经济增长的发动机，城市化和城市发展是促进经济增长和消除贫穷的重要途径。① 中国社会科学院经济增长前沿课题组 2003 年研究指出，中国的经济增长已经由工业化单引擎向工业化和城市化的双引擎推动转变。

需要指出的是，城市化与经济增长之间这种相互促进的关系，在不同时期不同国家和地区存在一定的差别。

---

① 李金昌，程开明. 中国城市化与经济增长的动态计量分析 [J]. 财经研究，2006（9）：19-30.

第二节 城市化与土地资源

一、城市化是数量与质量的统一

城市化是人类生产方式与生活方式由农村型向城市型转化的历史过程,主要表现为农村人口转化为城市人口及城市不断发展完善的过程。一方面,人类生产方式由农村型向城市型转化,农村人口转变为城市人口、农村地域转化为城市地域,反映了城市化数量不断增长的要求;另一方面,人类生活方式由农村型向城市型转化,城市文化、生活方式及价值观等城市文明在农村地域扩散,城市不断发展完善等,则反映了城市化质量不断提升的要求。城市化是城市化数量与城市化质量的统一。

(一)城市化数量

城市化数量主要表现为农村人口转化为城市人口、农村地域转化为城市地域,在地域空间上则表现为城市规模的扩大与城市数量的增加。为便于分析,需对城市化数量指标进行量化,本书使用城市人口占总人口比重(即城市化率)、城市规模和城市数量表示。

通常情况下,在城市化初始阶段,城市人口增长缓慢,城市规模扩展很慢,城市数量增加很少,城市化数量变动很小;在城市化中期阶段,城市人口增长迅速,城市规模扩展很快,城市数量大量增加,城市化数量变动较大;在城市化成熟阶段,城市人口增长趋缓,城市规模扩展趋慢,城市数量增加趋小,城市化数量变动较小。

(二)城市化质量

关于城市化质量的涵义,一直以来都存在争议,至今尚未形成一个公认的和权威的定义。中国科学院可持续发展战略研究组2001年将城市化质量定义为:"在某个特定的时空耦合系统中,在人口集聚、物质集聚、能量集聚、信息集聚和财富集聚的过程中,依照规定的目标和预设的时段,可以成功地表述为对于城市系统发展动力、城市系统公平行为和城市系统质量水平的三维集合的整体轨迹识别,以及表征该轨迹接近理想目标函数的概率。"[1]

衡量城市化质量水平,需要相应的指标体系。根据中国科学院可持续发展战

---

[1] 陈波翀,郝寿义. 自然资源对中国城市化水平的影响研究[J]. 自然资源学报,2005,20(3):394-399.

略研究组的研究成果,城市化质量评价指标体系主要从两方面来考虑:一是城市化核心载体——城市的发展质量,即城市现代化问题;二是城市化域面载体——区域的发展质量,即城乡一体化问题。城市现代化是城市化质量的核心内容,城乡一体化是提高城市化质量的终极目标。显然,城市化质量指标体系包括两个方面:一是城市现代化指标体系;二是城乡一体化指标体系。

城市现代化是城市素质的综合反映,包括城市经济现代化、基础设施现代化和人的现代化三个方面。据此,衡量城市现代化的指标体系又可分为三大类十二个指标。第一类是经济现代化水平指标。包括四个指标:人均GDP、第三产业就业比重、人均地方财政收入和居民年人均收入。第二类是基础设施现代化水平指标。包括四个指标:人均铺装道路面积、万人拥有医生数、百人拥有电话机数(包括移动电话)和百人拥有公共图书馆藏书,分别反映交通、医疗卫生、通信以及文化基础设施的发展水平。第三类是人的现代化水平指标。包括四个指标:万人拥有在校大学生数、人均绿地面积、人均居住面积以及每平方公里排放量,分别反映人的素质和人的居住环境状况。

反映城乡一体化的指标体系应该包括城乡间经济社会联系的指标,以及生产生活水平、方式城乡差异的指标,具体包括以下四个指标:第一产业与第二、第三产业平均利润(反映生产效率);城乡之间的物质流和信息流状况(反映社会经济联系);城乡居民收入差异(反映生活水平);城乡居民恩格尔系数的差异(反映生活质量)。

考虑到本书主要从土地资源视角来研究城市化,故本书主要选取与土地资源密切相关的三个指标,即人均居住面积、人均道路面积、人均公共绿地面积(替代人均绿地面积)来衡量城市化质量。

通常情况下,在城市化初始阶段,由于城市人口很少,城市人均居住面积、人均道路面积、人均公共绿地面积相对较大;在城市化中期阶段,城市人口增长迅速,城市人均居住面积、人均道路面积、人均公共绿地面积相对较小;在城市化成熟阶段,城市人口增长趋缓,城市居民收入水平较高,城市经济发展水平较高,人们更加关注自身的生活质量,相应会要求增加城市人均居住面积、人均道路面积、人均公共绿地面积。

城市化进程一方面表现为城市人口的增长、城市规模的扩大和城市数量的增加,另一方面则表现为城市人均居住面积、人均道路面积、人均公共绿地面积等的提高。城市化是两者的统一。在城市化的不同阶段,城市化数量与城市化质量有着不同的阶段性发展特征。

二、城市化与土地资源

（一）城市土地

城市土地有狭义和广义之分。从狭义上看，城市土地仅指城市市区的城市建设用地；从广义上看，城市土地则是指城市行政区内陆地资源、水资源以及地上、地下的空间的总称，即城市行政区域内的全部土地。从区域上看，城市土地包含三个层次：一是城市市区（建成区）的土地资源，即城市建设用地；二是城市规划区用地，即除去城市建成区的外延扩建区域，目前大部分仍为农副业生产和城镇占用的土地资源；三是城市行政区的土地资源，包括城市规划区和农村郊县的土地资源。本书所涉及的城市土地资源主要指前两类，在有关城市土地增量供给的内容部分则要涉及第三类土地。

（二）城市化水平与城市用地规模成正相关关系

城市化是城市化数量和城市化质量的统一。城市化水平的提高，一方面表现为城市人口的增长、城市规模的扩大和城市数量的增加，另一方面则表现为城市人均居住面积、人均道路面积、人均公共绿地面积等的提高。城市土地资源是城市各种经济活动的载体。无论是城市化数量增加所表现的城市规模的扩大与城市数量的增加，还是城市化质量提高所表现的城市人均道路面积、人均拥有公共绿地面积、人均居住面积等的提高，均与城市土地资源有着密切的关系。在建筑技术、建筑容积率和建筑密度等不发生较大改变的情况下，城市化水平越高，城市规模越大，城市数量越多，城市人均道路面积、人均拥有公共绿地面积、人均居住面积越大，城市用地面积自然也就越大，即城市化水平与城市用地面积成正相关关系。世界诸多国家城市化进程的实践也证实了这一点。即使是城市化水平已发展到成熟期的日本和美国，城市用地面积依然随着城市化水平的缓慢提高而不断增长（见表5-2和表5-3）。

表5-2 日本城市化率与城市用地面积

年份	城市化率（%）	城市用地面积（千公顷）	年份	城市化率（%）	城市用地面积（千公顷）
1920	18.04	137.54	1955	56.10	6797.97
1925	21.59	218.15	1960	63.28	8290.38
1930	23.96	295.07	1965	67.89	8857.33
1935	32.73	509.45	1970	72.07	9538.28
1940	37.72	885.20	1975	75.90	10240.98
1945	27.81	1454.79	1980	76.19	10265.06
1950	37.29	2003.13	1985	76.74	10305.21

续表

年份	城市化率（%）	城市用地面积（千公顷）	年份	城市化率（%）	城市用地面积（千公顷）
1990	77.37	10388.17	2005	86.30	18179.24
1995	78.05	10509.20	2010	89.68	21620.93
2000	78.68	10599.95			

注：1945年、1950年日本城市化率低于1940年，主要原因是受战争影响。

资料来源：《日本历史统计资料》、联合国粮农组织数据库。

表5-3 美国城市化率与城市用地面积

年份	城市化率（%）	城市用地面积（千公顷）	年份	城市化率（%）	城市用地面积（千公顷）
1954	66.22	7511.37	1987	75.23	22922.20
1959	69.28	11014.33	1992	76.75	23840.03
1964	71.43	11844.34	1997	78.72	26521.88
1969	73.42	12550.51	2002	80.17	24114.00
1974	73.73	14089.94	2007	81.12	24508.39
1978	73.78	18067.59	2012	82.19	28272.80
1982	74.24	20307.93			

资料来源：联合国粮农组织数据库、美国农业部经济研究局。

我国的城市化水平与城市建设用地面积①之间也成正相关关系，而且，目前我国正处于城市土地增长最快的城市化中期，这一关系更加显著（见表5-4和图5-2）。

表5-4 1981~2017年我国城镇人口比重与城市建设用地面积

年份	城镇人口比重（%）	城市用地面积（平方公里）	年份	城镇人口比重（%）	城市用地面积（平方公里）
1981	20.16	6720.0	1987	25.32	9787.9
1982	21.13	7150.5	1988	25.81	10821.6
1983	21.62	7365.6	1989	26.21	11170.7
1984	23.01	8480.4	1990	26.41	11608.3
1985	23.71	8578.6	1991	26.94	12907.9

---

① 城市建设用地面积是指城市用地面积中的各项建设用地面积，我国的城市建设用地包括：居住用地、公共管理与公共服务用地、商业服务业设施用地、工业用地、物流仓储用地、道路交通设施用地、公用设施用地、绿地与广场用地。

续表

年份	城镇人口比重（%）	城市用地面积（平方公里）	年份	城镇人口比重（%）	城市用地面积（平方公里）
1992	27.46	13918.1	2006	44.34	34166.7
1993	27.99	15429.8	2007	45.89	36351.7
1994	28.51	20796.2	2008	46.99	39140.5
1995	29.04	22064.0	2009	48.34	38726.9
1996	30.48	19001.6	2010	49.95	39758.4
1997	31.91	19504.6	2011	51.27	41805.3
1998	33.35	20507.6	2012	52.57	45750.7
1999	34.78	20877.0	2013	53.73	47108.5
2000	36.22	22113.7	2014	54.77	49982.7
2001	37.66	24192.7	2015	56.10	51584.1
2002	39.09	26832.6	2016	57.35	52761.3
2003	40.53	28971.9	2017	58.52	55155.5
2004	41.76	30781.3			

资料来源：《新中国五十五年统计资料汇编》、《中国统计年鉴》(2018)、《中国城市建设统计年报》(2017)。

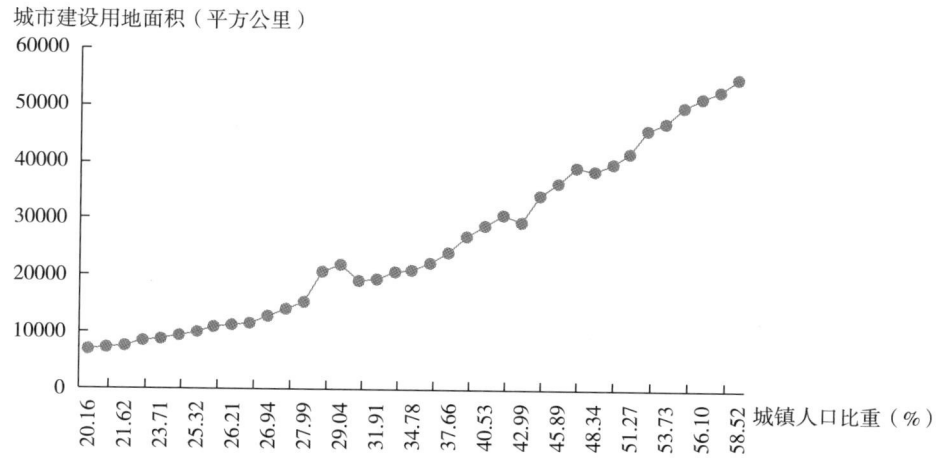

图 5-2　1981~2017 年我国城市化与城市建设用地面积

从以上图表中可以看出，城市化水平同城市用地面积成显著的正相关关系，城市建设用地面积随城市化水平提高而不断增长。

(三) 城市化进程中城市用地规模变动的阶段性特征

在城市化进程中，城市化水平与城市用地面积的正相关性在城市化的不同阶段具有不同的特征，具体表现为：城市化初始阶段，城市化速度较低，城市人口增长缓慢，城市规模扩展较小，城市数量增加较少，城市用地面积增长较慢；城市化中期，城市化速度加快，城市人口增长迅速，城市规模扩展较大，城市数量增加较多，城市用地面积也开始迅速增长；城市化后期，城市化速度逐渐放缓，城市人口增长放缓，城市用地面积增长的速度也逐步放慢。当然，在不同的国家或地区，由于土地资源状况和城市化模式等不尽相同，其城市化的各个阶段，城市用地规模变动的速度也不尽相同。

从城市化的整个进程看，在城市化初期和中期，城市用地规模的扩大主要是靠城市化数量的增加尤其是城市人口的增加引发的；而在城市化后期，城市用地规模的扩大则主要是靠城市化质量的提高引发的。

我国处于城市化中期阶段，这一特征决定了我国城市用地规模必将迅速扩张。事实也表明，我国城市化进程的一个重要特征就是城市用地规模的扩张。由表5-4可知，1981~2017年，我国城市化率年平均提高1%，年均增速为5.29%。我国要在21世纪中叶基本实现现代化，根据世界各国城市化的一般趋势，我国城市化水平到2050年至少要达到75%，按照我国目前的城市化速度，是可以达到这一目标的。与此同时，1981~2017年我国城市建设用地面积以年均20.02%的速度增长，增长速度约为城市化率增长速度的近4倍。显然，我国城市用地规模呈快速扩张态势。

1981~2017年我国城市用地扩张主要有以下特点：①城市建设用地总量总体上呈逐年上升的趋势，除1996年、2005年和2009年缩小外，其他年份均表现为用地扩张；②城市用地面积增长速度较快，城市用地的年平均增长速度为20%；③城市用地历年扩张速度快慢不一，分别在1.16%~34.78%，其中1991~1994年增长较快，1995年后基本趋于平稳，2000年后又开始出现加快增长态势。

第三节 土地资源对城市化的约束

从土地资源的角度讲，城市化过程就是城市用地规模扩大的过程。诸多国家和地区城市化实践也证明，城市化水平与城市用地规模基本成正相关关系。一定的城市化水平，必然要求相应的城市用地规模。如果城市用地规模满足不了城市化发展的需要，就会在一定程度上阻碍城市化水平的提高。从这个意义上讲，城市用地规模在很大程度上制约着城市化。而城市用地规模的形成受到诸多因素的影响，其中最主要的因素为城市土地的供求及其所决定的土地价格。因此，研究土地资源对城市化的约束，必然要对这些因素进行分析。

一、城市土地的供求分析

城市化是一种随社会经济变化而变化的地域空间过程，它表现为人口向城市的集中和非农产业在城市的发展。世界多个国家和地区城市化的经验表明，当一个国家或者地区人均GDP达到1000美元、城市化水平达到30%左右时，将会出现城市化加速发展的态势。2001年我国国内生产总值达到了人均1000美元的水平，而在1996年，我国的城市化水平就达到了30%。从我国城市化的现状看，显然，我国城市化已进入中期加速发展阶段。

城市化水平的不断提高，意味着城市人口规模与城市经济规模的扩大。无论是人口规模的扩大，还是城市经济规模的扩大，都意味着城市用地面积的增加，也就意味着对于城市土地需求的增加。从这一意义上讲，城市化进程实际上就是城市地域空间不断扩大的过程，也就是城市用地面积不断增加的过程。这一特征决定了我国对于城市土地需求的大量增加。

（一）城市土地需求分析

城市土地需求包括居住、公共管理与公共服务、商业服务业设施、工业、物流仓储、道路交通设施、公用设施、绿地与广场等各项建设用地的需求，具体表现为各种土地用途的需求。城市土地需求包括两个方面：一是经济增长和人口聚集引起土地需求总量增加；二是社会经济发展与产业结构变化引起土地需求结构变化。城市用地需求将随着城市化水平的提高而增加，也会随着社会经济发展发生需求结构的变化。此外，城市土地利用、规划政策的变化也直接影响城市土地的需求。因此，决定城市土地需求的因素包括经济、人口等诸多方面（见图5-3）。

1. 城市人口增长对于土地需求的影响

城市土地需求，究其本质，是城市人口增长对土地的需求。因此，研究城市土地需求，从根本上说就是研究城市人口与土地的关系。衡量城市化水平高低的一个重要指标是城市人口比重的提高，在一国或地区总人口不变或不断增加的情况下，城市人口比重的提高就意味着城市人口的增加。根据国家统计局、建设部、国土资源部发布的《中国统计年鉴》（2018）和《城市建设统计年鉴》（2017），截至2017年底，全国人口总数为139008万，其中城镇常住人口总数为81347万，城市化率为58.52%。2017年全国城镇人口比1981年增长了303%，

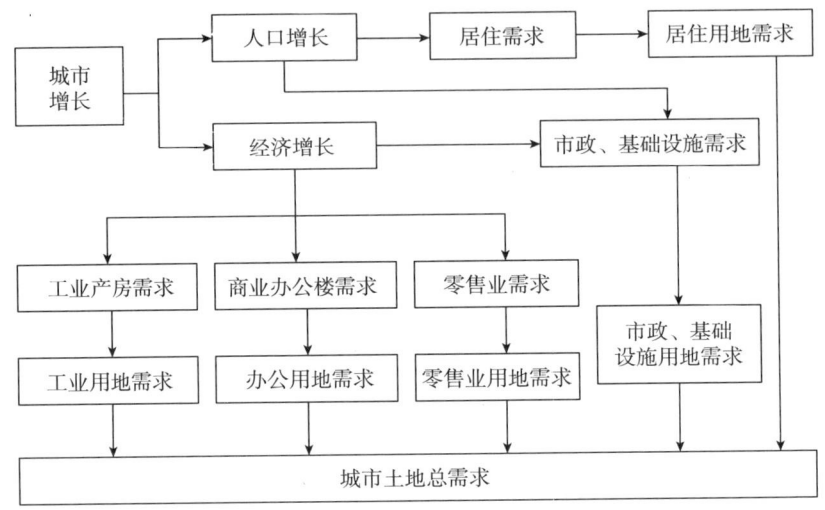

图 5-3 城市土地需求

资料来源：丁成日. 城市土地需求分析 [J]. 国外城市规划, 2005, 20 (4): 19-25.

城市化率比 1981 年提高了 38.36 个百分点，增长了 190%，城市建设用地面积增长了 720%。而据中国市长协会《中国城市发展报告 2005》提出的中国城市化发展目标，到 2050 年前后，中国的城市化水平将提高到 75% 以上，城市人口将达 10 亿之多。也就是在 33 年左右的时间内，城市人口数量至少将增加 2 亿多。

在城市化进程中，人口不断向城市集聚，城市人口不断增长，而城市人口的增长意味着对城市土地需求的增加。在城市规划中，要对城市用地规模即土地需求总量进行估算，首先需要对城市人口规模进行预测，其次按照国家《城市用地分类与建设规划用地标准》相关人均建设用地指标，估算城市用地面积。即城市用地规模等于预测的城市人口规模与规划人均建设用地标准的乘积。由于城市在长期发展过程中受不同因素的影响，且各种因素的影响程度又不尽相同，因此，在确立规划人均用地指标等级时，应根据当前人均建设用地水平，按照一定的标准进行适度调整。由此，不同城市在制订规划时，也应根据当地的实际情况采用合适的规划人均建设用地指标，并同时符合"规划人均用地的调整幅度"中"指标级别"和"允许调整幅度"的要求。事实上，由于全国城市千差万别，很难采用统一、简单的标准，对城市用地需求进行准确、合理的估算。

根据 2018 年住房城乡建设部关于《城乡用地分类与规划建设用地标准 GB 50137（修订）（征求意见稿）》，新建城市、镇的规划人均城乡居民的建设用地面积指标宜在（100.1~120.0）平方米/人内确定，其中规划人均城市建设用地面积指标宜在（85.1~105.0）平方米/人内确定。为便于分析，可对人均建设用地指标进行简化处理。如果按人均100平方米计算,到2050年,合计需增加城市建设用地约2万平方公里。

需要指出的是,设立人均建设用地指标,目的是要确定一个合理的城市人口密度。但是,任何一个城市,除了要有一个适度的人口规模和合理的人口密度外,还要有相应的城市设施水平,而这些又与社会生产力发展水平、技术水平、人口素质、生活水平、家庭分解、政策和生态环境等诸多因素密切相关。因此,要估算一个城市用地的需求总量,还应考虑到诸多其他因素。

2. 人口老龄化与家庭分解对于土地需求的影响

城市人口增长的同时,相应会带来一系列的社会演化,主要表现为人口老龄化、家庭分解等趋势。这些变化会对城市土地需求的结构产生影响。

目前,我国已经成为老龄化速度最快的国家之一。国际上通常把60岁以上人口占总人口的比重达到10%,或65岁以上人口占总人口的比重达到7%,作为一个国家或地区进入老龄化社会的标准。根据新标准,我国早在2001年就已开始步入老龄化社会。国家统计局公布的数据显示,2018年,我国65岁以上的人口占总人口的比重已达11.9%。今后这一比例还将进一步提高。日益庞大的老年群体具有特殊的生理和心理需求,老年社群的生活方式具有特殊的时间和空间分布规律,对城市居住、医疗等服务设施有特殊的需求,如他们的社会交往更多依赖于地缘关系,生活圈以邻里和社区为主。因此,需要相应地增加老年服务设施用地等,以满足其生活、医疗、保健、社交和文化等多方面的要求。

此外,城市化发展还带来一个重要社会趋势——家庭分解,即由父母与未婚子女组成的"核心家庭"成为城市家庭的主要结构。家庭分解使户均人口数量下降,在人均居住面积指标一定的情况下,每户住宅仍需配置一定的共用设施,这就需要更多的住宅建筑面积。在建筑容积率一定的条件下,住宅面积的增加必然会带来住宅用地需求的增加。

3. 产业结构变动对于工业用地和商业用地需求的影响

城市化发展初期,通常是由工业推动的。因此,这一阶段对于工业用地需求较大。随着城市化水平的不断提升,第三产业在城市经济中所占比重不断提高。在第三产业中,交通运输业、商业服务业、金融业以及科技和信息产业对土地需求的影响较大。这些产业不仅要占用城市建设用地,而且要占用位置较好的地段。发展交通运输,需要建设道路,再加上停车场、火车站、汽车站和其他枢纽设施,就需要占用大量土地;发展商业服务业,如建设大型购物中心等商业网点以及建设宾馆、酒店等,通常都需要占据市中心区的大片土地;发展金融业,设立银行、证券等金融机构网点,也需要占用市中心大量土地;发展科技和信息产业,要有集中成片的园区,从而需要占用大片土地。此外,教育的发展、学校的建设等也需要占用较多土地；随着人们物质文化水平的提高，对文化、娱乐、健身、休闲场所的需求将逐步增加，对土地的需求也将日益增加。

4. 消费结构变动对于土地需求的影响

随着人民生活水平的提高，消费结构正发生根本的变化，恩格尔系数逐渐下降，城市居民用于居住、教育、文化、娱乐和旅游等方面的费用所占比重逐渐增加，全社会的闲暇时间显著增加，城市居民对于居住区休闲服务设施和公共服务设施的需求日益增加，相应用途的土地需求也将日益增加。

5. 心理预期对于土地需求的影响

人们对于房地产价格涨落有自己的预期。如果预计未来一定时期房地产价格会上涨，购买量或承租量就会增加，以获得房地产价格上涨所带来的额外收益，从而会相应增加对土地的需求。若人们预期房地产价格会下降，从而会减少房地产的购买量或承租量，以避免将来造成不必要的损失，从而会相应减少对土地的需求。

6. 政策因素对于土地需求的影响

（1）城市规划。城市规划不仅要估算城市建设用地总规模，还要估算各类用途土地的数量和比例，并落实到具体的空间区位。城市规划还会对土地开发强度作一定控制，土地开发强度体现为人口及就业岗位的聚集数量。由于人口居住及就业是建立在一定数量的建筑空间基础上的，这种聚集数量在一定意义上可通过一定空间内分布的建筑量即建筑容积率表现出来。

不同的城市规划布局构成不同的城市形态，不同的城市形态必然会对城市用地需求产生不同的影响。例如，目前我国大多数城市以单中心形态发展，绝大多数大城市采取集中型发展模式，"高层空间"的城市概念基本得到社会的认可，很大一部分原因在于我国耕地不足，集中型的"高层空间"可以相对减少对城市土地的需求量，从而减轻对耕地的压力。近年来，我国城市规划开始遵循有机疏散理论，更注重城市的可持续发展，以缓解过分集中发展带来的一系列问题，将高度集中的单中心城市形态转换成分散的组团式结构，这种组团式结构有足够的空旷地间隔，对土地的需求量也会相对增加。

（2）住宅政策。前些年，许多地区把房地产业作为拉动城市经济增长的一大措施，积极鼓励居民住房消费。大量家庭要换购更为舒适宽敞的住宅，对住宅的需求总量大大增加。城市一般把提高人均居住面积指标作为社会经济发展和人民生活水平提高的一个重要指标，而人均居住面积的提高，势必会带来居住用地量的增加。

（3）土地供应政策。近年来，虽然我国城市土地集约利用程度有了较大提高，但是城市土地开发仍偏重于新区的外延式扩展，忽视旧城区的内涵式改造；

偏重于城市土地开发的当前成本,忽视城市土地内涵式立体开发所带来的综合社会效益。需要指出的是,我国城市建设用地往往是原城市郊区的优等地,尤其是优等耕地。土地供应政策对土地需求的影响主要表现在对存量土地和增量土地利用的引导上。① 例如,结合旧城区改造进行综合性再开发、提高土地容积率、有效使用空间等,同样面积的土地将会容纳更多的建筑面积,减少对土地面积的占用,减缓城市土地需求对耕地的压力。

在上述影响城市土地需求的因素中,在人均建设用地指标一定的情况下,人口增长在更大程度上影响城市土地需求的总量,人口老龄化、家庭分解、产业结构变动、消费结构变动虽然对土地需求量有一定的影响,但它们在更大程度上影响的是城市土地的需求结构。

此外,建筑技术水平等也会对城市土地需求产生一定的影响,在土地规模一定的条件下,建筑技术水平越高,越利于节约土地;反之,则相反。

需要指出的是,上述关于城市土地需求的分析是从实际需求的角度进行的,随着社会经济的发展,人们生活水平的提高,投资意识的增强,资产意义上的土地投资投机需求会不断增长。

综上所述,随着城市化水平的不断提高,城市人口的不断增长,对于城市用地的需求总量将不断增加,尤其是在城市化快速发展阶段,城市人口迅速膨胀,产业急剧扩大,城市化以城市规模外延扩大为主,土地的需求也以外延扩大为主,即以土地增量需求为主。随着城市化水平的进一步提高,人口增长趋缓,收入水平的提高和闲暇时间的增多带来城市居民消费结构的变化,城市居民对于居住、商业、教育、文化、娱乐、生态等设施环境会有更高的要求,城市现有的物质环境在数量、质量和结构上就不能满足经济和社会活动的要求了。所以,城市进入成熟期后,尽管新土地开发仍在发生,但现有物质环境的功能失调和物质老化问题将日益突出,这就需要加大对城市存量土地的再开发,更新城市物质环境。由于城市存量土地的再开发不会引起城市土地总量的变动,因此,在城市化成熟期,城市土地需求中存量需求所占的比重将日益提高,增量需求所占的比重将逐渐降低,城市用地规模增长速度趋缓。

(二) 城市土地供给分析

随着城市化水平的提高,城市土地的需求将不断增加,而要满足增加的城市土地需求,就要增加城市土地供给。城市土地供给分为存量供给与增量供给两类。

1. 城市存量土地供给

城市建设用地面积的增加表现在两个方面:城市数量的增加与现有城市建设

---

① 张凤和. 城市土地需求的四大决定因素 [J]. 中国房地产, 2003 (4): 26 – 28.

用地面积的扩大。城市数量的增加表现为新城镇的出现，新城镇会改变原有的土地资源利用状态，将耕地等农用地之类的非建设用地转化为城市建设用地。而现有城市建设用地面积的扩大一方面表现为城市边界的扩大，城乡边界逐渐向外拓展，如同新城镇一样，也需要将包含耕地等农用地在内的非建设用地转化为城市建设用地；另一方面表现为对存量土地的内涵式开发与利用，提高城市存量土地的综合利用效率，调整建设用地结构与利用方式，挖掘存量土地利用潜力，在土地绝对供应量不变的情况下提升城市建设用地综合效益，从而增加土地的相对供给量。

我国城市存量土地利用结构大多不够合理。主要表现为：一是工业用地比例偏高，挤占了作为城市主要功能的居住用地与提供良好生态环境的绿化用地。据统计，我国城市建设用地中工业用地所占比例高达19%以上，而日本全国工业用地的比例不超过13%。二是土地用途空间布局不合理，各类不同用途的土地交错布置，难以体现土地利用的区位特征与区位优势。

此外，我国城市存量土地集约化利用程度较低。主要表现为：一是城市建筑平均容积率较低，我国城市建筑容积率远低于我国香港特别行政区和日本政府规定的建筑容积率。二是城市中土地闲置浪费现象比较严重，例如一些企业的闲置土地、开发项目停建停产闲置土地、开发区征而未用的土地以及城中村土地等。

城市存量土地利用结构不合理，集约化利用程度低，导致的直接结果就是土地利用效率和土地产出效益比较低。在这种情况下，城市规模越小，人均建设用地面积就越大，单位面积土地的产出就越低。因此，在城市化进程中，必须加强城市建设规划与管理，优化配置土地资源，对城市存量土地进行高效开发利用。调整优化城市产业结构与用地结构；实施旧城内涵式改造与环境整治，提高土地利用效率；实施城中村改造，依法将村中集体土地征用为城市建设用地；注重利用城市地下空间，充分节约用地。

目前，我国城市存量土地具有较大的开发潜力。通过调整土地利用结构，提高土地集约化利用程度，增加土地产出效益，就可以提高土地环境容量，增加土地的相对供给。通过利用闲置土地，调整城市建设用地结构与提高建筑容积率等，可以大大节约城市建设用地。

2. 城市增量土地供给——主要为农用地转用供给

城市化是农村人口向城市聚集的过程。这一过程有一个潜在的前提，就是提高农业劳动生产率。农业劳动生产率的提高，可以解放大量农村劳动力，农村剩余人口就会不断增加。很多农村剩余人口将自己所承包的农地流转出去，和农地脱离，向城市第二、第三产业转移。这一过程在地域空间上表现为，农业用地在农业内部的流转与农业用地转变为城市用地。一方面，承包土地的农民将土地转让给其他农业经营主体,实现农业土地承包经营权的转移,使农业用地能够逐渐集中,从而为农业规模化经营提供条件;另一方面,农民向城市集中会产生新城镇,或者扩大已有城市规模,从而引起城市用地的外延式扩张。因此,在城市化进程中,农用地的流转与转用是同时进行的。农用地转用供给成为城市化进程中土地供应的主要方式。

农用地向城市建设用地的转用过程通常也就是城市化的过程。在社会主义市场经济条件下,城市化的推动力更多源于农村广大农民对于日益增长的美好生活的需求,源于广大农民对于改变自己生活方式、享受城市文明的不懈追求。在这种情况下,城市化表现出一种自发的倾向,离开土地的农民一部分离开家乡进入现有的城镇,另一部分就近进入乡镇企业,一些新兴城镇就此以乡镇企业为据点发展起来。农业用地尤其是城市边缘的耕地成为补充城市建设用地的重要来源。

农用地转用是通过国家征用的方式实现的(不考虑集体建设用地情况),国家征用是一种强制性、补偿性获取手段。《中国城乡建设统计年鉴》(2017)有关数据显示,2017年,全国城市建设征用土地面积为193437公顷,其中耕地为84127公顷,占征用总土地面积的43.49%。除耕地外,还有一部分征用土地是其他类型农地。也就是说,城市建设用地很大一部分来自对农用地的征用。国家征用土地虽说是补偿性的,但是在一些情况下,农村集体土地所有权的价值在经济上得不到全额实现,尤其是土地的社会保障功能得不到应有的重视。在社会主义市场经济条件下,改征用为征购,可以在很大程度上实现农村集体土地所有权的价值,保障农民的根本利益,有利于推动城市化进程。集体土地被征购所获得的资金,除用于支付农民土地承包经营权应得到的合理补偿外,剩余部分应该投入农村集体经济组织的农地再开发中,以提高农用地质量,提高农业产出,弥补农用地减少带来农业收益的降低。

在土地存量市场上,土地供给是完全无弹性的,而在增量市场上,土地供给是有一定弹性的。土地增量供给的弹性源于农用地与其他用地的转用,其中主要为农用地的转用,农用地中又有很大一部分是耕地。随着城市化的加速发展,更多的农用地,包括耕地、园地和其他用地会转化成城市建设用地,农用地,尤其是耕地面积处于逐渐下降的趋势。但是,农用地转用,尤其是耕地转用并不是无限制的,它不仅要受到耕地资源数量本身的限制,还要受到农业生产率的制约。耕地资源和农业生产率的约束程度在很大程度上决定了城市土地增量供给弹性的大小,也就决定了城市土地供给弹性的大小。下面,本书将以我国为例阐述农业用地,尤其是耕地以及农业生产率对城市土地供给的约束。

(三)城市土地供给约束分析

随着我国城市化的快速发展与城市外围空间的不断扩大,城市建设用地需求大幅增加，城市化进程中土地的供给除了少部分来自因集约利用所产生的城市存量土地的节约外，大部分来自农用地的转用，其中很大一部分来自对耕地的占用。在农业生产效率变动不大的情况下，要确保粮食安全，就必须确保一定的耕地数量。《中华人民共和国土地管理法》明确规定："十分珍惜、合理利用土地和切实保护耕地是我国的基本国策。""国家实行土地用途管制制度……严格限制农用地转为建设用地，控制建设用地总量，对耕地实行特殊保护。"保护好耕地，就是保护好我们的生命线。而对于耕地的保护在很大程度上就成为城市土地增量供给的约束。

一方面，基于粮食安全的考虑，要切实保护好耕地；另一方面，城市化对于土地需求的增加，要占用耕地以增加城市土地供给。因此，如何解决好耕地保护与建设用地之间的矛盾，保持耕地总量动态平衡，实现城市化的健康发展，就成为摆在我们面前的一个重要问题。

1. 城市化与耕地保护现状

人多地少，耕地资源（相对于人口与劳动力）相对不足，是我国的基本国情。目前我国正处于城市化快速发展阶段，在城市化过程中，居住、工商业、服务业、学校、医院及交通、绿地等公共设施建设必然会引起对土地的大量需求，占用耕地将不可避免。从1978～2016年我国耕地面积变动可以看出：1978～1995年耕地面积从99389千公顷减少到94971千公顷，17年间减少了4418千公顷；1996～2008年耕地面积从130039千公顷减少到121716千公顷，12年减少了8323千公顷；2009～2016年耕地面积从135385千公顷减少到134921千公顷，7年减少了464千公顷。由前文可知，到2050年，我国城市化用地至少需要增加2万平方公里，即2000千公顷，约0.3亿亩，而城市建设用地很大一部分来自耕地。2016年，我国耕地有20亿亩之多，以当前城市建设征用耕地的情况以及当前耕地减少的态势，在未来30年，耕地警戒线18亿亩不会受到太大威胁。但考虑到我国耕地质量比较低等因素，保护耕地仍然不容忽视。

土地是民生之本。保护耕地是我国的一项基本国策。而加速推进我国城市化进程对于加快我国经济发展的积极作用也毋庸置疑。如何协调耕地保护与城市化之间的关系，是我国城市化进程中始终要面临的一个重大问题。

2. 城市化与耕地保护的关系

从经济发展的实践看，耕地保护与城市化之间是一种既相互制约又相互促进的关系。

（1）城市化与耕地保护相互制约。一方面，如果过度强调耕地保护，就会限制城市化的正常发展，如果城市发展得不到适度的土地供给，城市就不能向外扩展，城市化就不能健康有序地进行。另一方面，城市化水平较低时，城市化的发展必然呈外延式扩展，向外扩展不可避免地要占用部分耕地，耕地与城市化（主要指城市建设用地面积向外扩展）存在一个此消彼长的过程，即负相关关系。世界多个国家和地区城市化发展的历史证明，城市化过程常常伴随着耕地减少，如1955~1994年，日本耕地减少了52%，平均每年递减速度为1.3%；1965~1994年，韩国耕地减少了46%，平均每年递减速度为1.4%；我国由于耕地基数较大，减少率比较低，但基本也是这样一种关系（见表5-5）。

表5-5 1978~2016年我国城市化水平与耕地面积变化状况

年份	城镇人口比重（%）	耕地面积（千公顷）	年份	城镇人口比重（%）	耕地面积（千公顷）
1978	17.92	99389	1998	33.35	129642
1979	18.96	99498	1999	34.78	129206
1980	19.39	99305	2000	36.22	128243
1981	20.16	99037	2001	37.66	127616
1982	21.13	98606	2002	39.09	125930
1983	21.62	98359	2003	40.53	123392
1984	23.01	97854	2004	41.76	122444
1985	23.71	96846	2005	42.99	122083
1986	24.52	96230	2006	44.34	121776
1987	25.32	95889	2007	45.89	121735
1988	25.81	95722	2008	46.99	121716
1989	26.21	95656	2009	48.34	135385
1990	26.41	95673	2010	49.95	135268
1991	26.94	95653	2011	51.27	135237
1992	27.46	95426	2012	52.57	135159
1993	27.99	95101	2013	53.73	135163
1994	28.51	94907	2014	54.77	135057
1995	29.04	94971	2015	56.1	134999
1996	30.48	130039	2016	57.35	134921
1997	31.91	129903			

资料来源：《新中国五十五年统计资料汇编》、《中国统计年鉴》（2018）、《中国土地矿产海洋资源统计公报》（2017）、《中国国土资源公报》（2013~2016）、《中国统计摘要》（2018）。

由表5-5可以得出，1978~1995年，17年间城市化水平提高了11.12%，年平均城市化提高0.65个百分点；耕地面积由99389千公顷减少到94971千公顷，年平均减少近260千公顷。1986~1995年，9年间城市化水平上升4.52%，平均每年提高0.5个百分点；耕地面积由96230千公顷减少到94971千公顷，共减少1259千公顷，平均每年耕地面积净减少140千公顷。

1996年，我国对耕地进行重新统计后，全国耕地面积为130039千公顷，截至2008年底，全国实有耕地面积为121716千公顷。期间，城市化水平由30.48%上升到46.99%，城市化进程进一步加快，平均每年提高1.38个百分点，耕地面积减少速度也随之加快。1996~2008年，12年间全国耕地面积进一步减少，平均每年净减少694千公顷，比1986~1995年平均每年多减少554千公顷。

2009年，我国对耕地进行重新统计后，全国耕地面积为135385千公顷，截至2016年底，全国实有耕地面积为134921千公顷。此间，城市化水平由48.34%上升到57.35%，平均每年提高1.29个百分点，耕地面积减少速度放缓。2009~2016年，7年间全国耕地面积不断减少，平均每年净减少66千公顷，比1996~2008年平均每年少减少628千公顷。

由上述分析可知，城市化发展与耕地面积存在着显著的负相关关系，即耕地面积随城市化水平的提高而逐步减少。当然，随着城市化的发展，土地集约利用程度的提高，耕地的减少幅度会呈现出一种先上升后下降的倒U型变化态势，这一规律是由城市化水平与土地集约利用程度之间的密切关系决定的。在这种情况下，城市化发展与耕地的负相关关系就会逐渐弱化。但就目前我国城市化发展的总体状况而言，我国城市化水平的提高在一定程度上还以数量（主要指城市建设用地面积向外扩展）的增加即外延扩张方式为主，没有上升到质量的层面。城市化水平还不是很高，占用耕地的面积还呈上升的趋势，且近年来我国其他方面建设所占用耕地、消耗的耕地面积也在增大。因此，在相当长的时期内，城市化与耕地还将保持此消彼长的关系。

（2）城市化与耕地保护相互促进。一方面，当城市化发展到一定阶段，城市土地利用方式将由粗放走向集约。城市化的发展有利于农业剩余劳动力向城市第二、第三产业转移，农业剩余人口转移必然会流转一部分土地，这有利于扩大农业土地经营规模，推动农业土地适度规模经营，提高农业生产效率，缓解农业生产效率较低对城市化进程的阻碍作用。另一方面，耕地的有效保护不仅有利于阻缓耕地数量的减少，而且有利于耕地质量的提高，耕地质量的提高有利于提高粮食单产，最终增加粮食总产，从而解放出更多农业劳动力。这些劳动力就可以转移到城市，在城市中从事第二、第三产业的工作，尤其是第三产业中的服务业，这不仅有利于提高城市化数量，还有利于提高城市化质量。

许多国家和地区的实践表明，一个国家或地区农业劳动力的有效转移率与该国或地区的人均耕地资源有着密切的正相关关系。人均耕地资源越是稀少，农业劳动力的有效转移率就越低，越不利于城市化；相反，人均耕地资源越是丰富，农业劳动力的有效转移率就越高，越有利于城市化。① 目前，我国城市化的发展造成耕地面积大量减少，特别是城市化过程中普遍存在的土地粗放利用使得人地矛盾日益突出，从而对城市化造成不利影响。

综上所述，在我国的城市化进程中，城市化与耕地之间既相互制约又相互促进，但就现有统计数据所表现出的特征而言，两者在更大程度上是彼消此长的关系，最突出的表现就是随着城市化水平的不断提高，耕地面积不断下降，且这一关系至少在现阶段和今后相当长一段时期内仍会如此。在保护耕地以确保粮食安全的基本国策之下，必然会对城市增量土地供给造成一定的约束。

所谓城市土地约束，实质就是城市土地供给约束，这是由土地供给的有限性决定的。在一定时期内，一国或地区可供给的土地总是有限的。当然，在不同国家和地区之间，这种有限性存在较大的差异，人均可利用土地资源丰富的国家可供给土地的有限数量较大，如美国；相反，人均可利用土地资源稀缺的国家可供给土地的有限数量就较小，如日本。因此，美国城市土地供给的约束就远远小于日本。我国人均可利用土地资源尤其是耕地资源远远小于美国，这就决定了我国城市土地供给约束将远远大于美国。在我国城市化水平进展十分缓慢的情况下，这一约束还不曾显现，随着我国城市化的快速发展，这一约束日益显现。

二、城市土地价格及其对城市化的约束

虽然说土地资源的约束在很大程度上是土地资源供给的约束，但是，供给约束总是相对需求而言的，没有需求，自然就谈不上供给约束。在土地供给相同的条件下，土地需求越大，土地供给所表现出的约束力就越强。因此，探讨土地资源的约束，必然要结合需求。而提到土地供给与需求，自然就会引出土地价格。在市场经济条件下，土地价格是土地供给与需求的合力表现，也是土地资源约束力的表现。土地价格越高，土地资源的约束力就越强。

城市土地需求随城市化水平的提高而增加，且在城市化的不同阶段，表现出不同的特征来。在城市化初期与中期，城市化以数量外延扩张为主，城市土地需求以增量需求为主，且在初期需求较小，中期需求迅速增加；在城市化后期，城市化以质量提升为主，城市土地需求以存量需求为主，增量需求增长速度减缓，城市用地规模扩大速度趋缓。与城市土地需求不同，城市土地供给（这里主要考

---

① 国务院农村发展研究中心联络室，农业部农业机械化管理司．土地规模经营论 [M]．北京：农业出版社，1990：74．

虑增量供给）主要由相关主管部门根据城市规划等提供，如果按年度计算，通常变化幅度不大，但就总的可供给量来说，它随城市化水平的提高而减少。

不同的国家或地区，城市土地供给弹性不同，在人均可利用土地资源丰富的国家或地区，城市土地供给弹性相对较大，在人均可利用土地资源稀缺的国家或地区，城市土地供给弹性相对较小。在需求发生相同变动时，供给弹性较小的区域其土地价格就较高，供给弹性较大的区域其土地价格就较低，这就是日本城市土地价格远远高于美国的一个重要原因。在供给不发生较大变动时，需求越大，土地价格就越高；需求越小，土地价格就越低，这也是在城市化迅速发展的中期城市土地价格上涨较快的重要原因（见表5-6和表5-7）。而城市土地价格的上涨必然提高城市化成本，强化土地资源对城市化的约束力。

表5-6 2000~2018年全国主要城市地价平均值状况

单位：元/平方米

年份	综合	商业用途	居住用途	工业用途
2000	993	1599	918	451
2001	1028	1650	961	461
2002	1074	1735	1015	465
2003	1129	1864	1070	472
2004	1198	1988	1166	481
2005	1468	2371	1582	469
2006	1544	2480	1681	485
2007	1751	2742	1941	561
2008	2526	4465	3543	588
2009	2653	4712	3824	597
2010	2882	5185	4245	629
2011	3049	5654	4518	652
2012	3129	5843	4620	670
2013	3349	6306	5033	700
2014	3522	6552	5277	742
2015	3633	6729	5484	760
2016	3826	6937	5918	782
2017	4083	7251	6522	806
2018	4335	7600	7080	834

资料来源：中国地价信息服务平台，http：//www.landvalue.com.cn/Lvmonitor/Index。

表 5-7　2000~2018 年我国主要城市地价指数历年状况（2000 年 = 100）

年份	综合	商业用途	居住用途	工业用途
2000	100	100	100	100
2001	104	103	105	102
2002	108	109	111	103
2003	114	117	117	105
2004	121	124	127	107
2005	148	148	172	104
2006	155	155	183	108
2007	176	171	211	124
2008	254	279	386	130
2009	267	295	417	132
2010	290	324	462	139
2011	307	354	492	145
2012	315	365	503	149
2013	337	394	548	155
2014	355	410	575	165
2015	366	421	597	169
2016	385	434	645	173
2017	411	453	710	179
2018	437	475	771	185

资料来源：中国地价信息服务平台，http://www.landvalue.com.cn/Lvmonitor/Index。

从表 5-6 和表 5-7 中可以看出，2000~2018 年，我国主要城市地价处于不断上涨的趋势，其中商业用地价格最高，工业用地价格最低，居住用地介于两者之间，但居住用地价格上涨速度最快，上涨速度最慢的为工业用地价格，商业用地价格居于两者之间。居住用地价格之所以上涨速度最快，从需求的角度讲，是由于城市化快速发展，大量人口向城市迅速聚集，城市人口的迅速增加必然对住宅产生大量需求，相应地，对于居住用地的需求就会快速增长。从供给的角度讲，相对于需求而言，由于受到土地供给自身特性及我国有关城市建设用地制度规定的影响，城市土地供给紧张，从而造成居住用地价格的快速上涨。如我国 2011 年颁布实施的《城市用地分类与规划建设用地标准》（GB 50137-2011）中，关于规划建设用地结构规定如表 5-8 所示。

表5-8 规划城市建设用地结构

类别名称	占建设用地的比例（%）
居住用地	25.0~40.0
公共管理与公共服务设施用地	5.0~8.0
工业用地	15.0~30.0
道路与交通设施用地	10.0~25.0
绿地与广场用地	10.0~15.0

由表5-8可知，在我国城市建设用地结构规划中，居住用地比例不超过40%，远低于日本，而日本的人均可利用土地资源远远小于我国。我国居住用地所占比例过低，造成城市用地中居住用地供给不足，价格高涨，从而对城市居民的居住水平造成很大影响。工业用地问题则相反。从需求的角度讲，我国处于工业发展的中后期阶段，对于工业用地有较大需求，但需求增加量逐渐缩小，如果工业工地比例过高，则会造成工业用地粗放利用，工业用地过度扩张。此外，由于工业用地与居住用地、商业用地之间存在很大的价差，容易滋生工业用地转作他用的违法现象，不利于维护土地市场秩序。关于我国城市土地利用结构的问题，将在后文进一步阐述。

三、土地资源对城市化数量的约束

由第二章可知，降低土地资源对于整个经济增长约束的一个重要途径就是城市化，通过城市化，提高单位土地面积的产值和土地的集约利用水平，从而降低经济增长对土地资源的依赖程度。但是，在城市化进程中，城市化本身除受到经济增长的影响外，在很大程度上还受制于土地资源。土地资源的丰缺程度会影响到城市化。中外城市建设的经验表明，城市建设所占用的一般都是宜农用地，即城市土地增量供给大部分来自农地，尤其是耕地。耕地特别是人均耕地在很大程度上决定了城市土地增量供给。一国或地区人均耕地多，意味着该国或地区城市土地供给量相对较大；反之，则相反。鉴于此，本书以人均耕地作为城市土地供给的参照来考察土地资源对于城市化的影响。本节试从国际比较的角度来对这一问题进行分析。

城市人口比重是城市化数量的一个重要指标，国际上一般用它来表示城市化率。在其他条件相同的情况下，人均耕地越少，人类生存压力就越大，就越要求集约节约利用土地，城市化率提高得就越快，即城市化速度就越快；反之，则相反。事实也证明了这一点（见表5-9和表5-10）。如果以城市化率75%表示实现城市化，那么，显而易见，人均耕地面积远远低于美国的日本，城市化率从

1950年的37.29%提高到1975年的75.90%，提高了38.61%，25年时间内年均提高1.5%之多；美国城市化率从1900年的39.6%提高到1990年的75.9%，提高了36.3%，90年时间内年均提高0.4%。从日美两国城市化进程看，人均耕地与城市化速度成负相关关系。

表5-9 日本人均耕地与城市化率

年份	人均耕地面积（公顷/人）	城市化率（%）	年份	人均耕地面积（公顷/人）	城市化率（%）
1935	0.09	32.73	1980	0.05	76.19
1940	0.08	37.72	1985	0.04	76.74
1947	0.07	33.11	1990	0.04	77.37
1950	0.06	37.29	1995	0.04	78.05
1955	0.06	56.33	2000	0.04	78.68
1960	0.06	63.51	2005	0.04	86.30
1965	0.06	68.09	2010	0.04	89.68
1970	0.06	72.17	2015	0.04	92.65
1975	0.05	75.90	2016	0.03	93.08

资料来源：1965年之前人均耕地面积与2010年城市化率数据来自日本国家统计局，其他数据来自世界粮农组织数据库。

表5-10 美国人均耕地与城市化率

年份	人均耕地面积（公顷/人）	城市化率（%）	年份	人均耕地面积（公顷/人）	城市化率（%）
1900	—	39.6	1970	0.91	73.7
1910	—	45.6	1980	0.83	73.9
1920	—	51.2	1990	0.74	75.9
1930	—	56.1	2000	0.63	79.8
1940	—	56.5	2010	0.51	81.7
1950	—	63.8	2016	0.48	83.2
1960	—	69.8			

资料来源：1940年之前城市化率数据来源于 *Agricultural Resources and Environmental Indicators*（2006年版），其他数据来自世界粮农组织数据库。

通常情况下，一国或地区在经济发展的初期阶段对土地的依赖程度较大，人均耕地面积越少，就越要求节约集约利用土地、降低对土地资源的依赖程度，而城市的集聚性使城市化成为节约集约利用土地、降低对土地资源依赖程度的最佳途径之一,经济一旦起飞,这种内在要求产生的发展城市化的迫切性也导致在实现城市化前的中期阶段城市化速度较高。人均耕地资源稀缺的韩国,也是一个快速城市化的典型。它仅用了30年的时间,城市化水平就从28%提高到了74%。①

四、土地资源对城市化质量的约束

由前文关于城市化质量的论述中可知,从土地资源的角度讲,代表城市化质量水平的三个主要指标为人均居住面积、人均道路面积与人均绿地面积。通常情况下,城市人均居住面积、人均道路面积与人均绿地面积越大,表明城市化质量就越高;反之,则相反。在城市化进程中,特别是在城市化发展的中后期,随着城市居民收入水平的提高,他们对于自身生活的环境就提出了更高的要求,希望拥有更大的居住空间和绿地空间以及交通更为顺畅等,这在很大程度上就需要扩大城市用地规模,增加居住用地、交通用地和绿化用地,提高城市化质量。但是,由于各个国家或地区适用土地资源供给的丰缺程度不同,会在一定程度上影响该国或地区城市的人均居住面积、人均道路面积与人均绿地面积水平。

(一) 土地资源对人均居住面积的约束

本质上说,住房消费是一种空间消费,而空间或土地资源的有限性决定了住房不可能无限供给。因此,总体上说,住房不同于一般商品,不是消费者只要有支付能力就能无限制地得到住房。基于这一理由,本书认为,住房面积的增长除受到经济水平的制约之外,更为关键的是受到土地资源条件的严格约束,并且土地资源条件对住房面积水平的约束具有极大的刚性。在人类开发利用土地资源的技术水平既定的条件下,土地资源丰裕,土地价格较低,住房面积水平就可能很高;反之,土地资源紧缺,土地价格较高,住房面积水平就可能很低。这一点已为国内外的经验所证明。

以国内情况为例,城镇居民的平均收入水平远远高于乡村居民的平均收入水平,从经济条件或支付能力来说,城镇居民有条件得到比乡村居民更多的住房,而事实上却是城镇居民的住房面积水平普遍低于乡村居民的住房面积水平(见表5-11)。导致这种现象的根本原因在于城镇与乡村在建设用地数量水平上的差异或者城乡土地资源供给条件的不同。

从国际比较来看,日本的人均收入水平很高,可是日本的人均住房面积水平却比较低;之所以如此,关键在于日本的人均耕地占有量很低,尚不及美国人均耕地占有量的1/15。尽管住房需求始终是日本人生活中追求的重点内容,而且日本人的收入水平居世界前列,不可谓没有支付能力,但因土地资源有限,土地

---

① 王旭,吴殿廷,叶大年. 江浙地区与韩国城市化水平对比分析 [J]. 世界地理研究,2004 (1):50-58.

价格很高,其住房面积水平远远低于美国。这充分说明土地资源对住房面积水平的严格约束①。

表 5-11 我国人均住宅建筑面积

单位:平方米

年份	城市	农村	年份	城市	农村
1978	6.7	8.1	2005	26.1	29.7
1980	7.2	9.4	2006	27.1	30.7
1985	10.0	14.7	2007	30.1	31.6
1990	13.7	17.8	2008	30.6	32.4
1995	16.3	21.0	2009	31.3	33.6
2000	20.3	24.8	2010	31.6	34.1
2001	20.8	25.7	2011	32.7	36.2
2002	22.8	26.5	2012	32.9	37.1
2003	23.7	27.2	2016	36.6	
2004	25.0	27.9			

资料来源:《新中国五十五年统计资料汇编》、《中国统计年鉴》(2013)、Wind 数据库。

北京大学中国社会科学调查中心发布的《中国民生发展报告 2012》相关数据显示,美国人均住房面积为 67 平方米,意大利为 43 平方米,荷兰为 40.82 平方米,德国为 39.4 平方米,韩国为 19.8 平方米,日本为 19.6 平方米。根据对不同收入国家居住水平的分析,低收入国家人均住房建筑面积为 8 平方米(居住面积要更低);中低收入国家为 17.6 平方米;中等收入国家为 20.1 平方米;中高收入国家为 29.3 平方米;高收入国家为 46.6 平方米。日本人均耕地面积远远小于美国,虽然两国经济发展水平相当,但是,由于土地资源的制约,收入水平位于世界前列的日本人均住房建筑面积却远远低于美国,仅仅略高于中高收入国家的平均水平(考虑到住房面积大于住房建筑面积)。土地资源对于人均住房面积的约束可见一斑。

(二)土地资源对人均道路面积与人均绿地面积的约束

城市人均道路面积与人均绿地面积是衡量城市化质量的另外两个指标。同住房类似,道路与绿地同样要占用空间或土地资源,但与住房不同的是,住房在很大程度上可以通过改变建筑高度降低对土地资源的使用量,而道路和绿地由地面

---

① 施梁. 由土地资源约束看未来我国城镇居民住房面积水平定位 [J]. 建筑学报, 2002 (8): 4-5.

向高层空间发展的难度及成本都要比住房大得多,因此,道路和绿地通过向高层空间发展所减少的土地资源使用量要比住房小得多。换句话说,增加相同的人均住房面积和道路或绿地面积,道路和绿地所占用的土地资源要比住房大得多。土地资源的有限性决定了道路与绿地不可能无限供给。随着一国或地区城市发展水平的提高,人们会要求增加人均道路和人均绿地面积。而人均道路和人均绿地面积的增长除受到经济水平的影响之外,还会受到该国或地区适用土地资源丰缺程度的约束。

随着城市化的发展,我国城市人均道路面积与人均绿地面积不断提高(见表5–12)。但是,同世界城市化发展水平较高的国家和地区相比,我国城市人均道路面积与人均绿地面积还有一定差距。

表5–12 我国城市人均道路面积与公共绿地面积

单位:平方米

年份	人均拥有道路面积	人均公园绿地面积	年份	人均拥有道路面积	人均公园绿地面积
1981	1.81	1.50	2007	11.43	8.98
1985	1.72	1.57	2008	12.21	9.71
1990	3.13	1.78	2009	12.79	10.66
1995	4.36	2.49	2010	13.21	11.18
2000	6.13	3.69	2011	13.75	11.80
2001	6.98	4.56	2012	14.39	12.26
2002	7.87	5.36	2013	14.87	12.64
2003	9.34	6.49	2014	15.34	13.08
2004	10.34	7.39	2015	15.60	13.35
2005	10.92	7.89	2016	15.80	13.70
2006	11.04	8.30	2017	16.05	14.01

资料来源:《新中国五十五年统计资料汇编》、《中国统计年鉴》(2018)。

我国城市人均道路与绿地面积低于一些国家和地区的部分原因在于适用土地资源供给条件,但还有很大一部分原因还在于不同经济发展水平的差异。而人均收入水平一度达到世界首位的日本,其首都东京的人均道路与绿地面积远低于英国的伦敦、瑞典的斯德哥尔摩、法国的巴黎、美国的纽约,甚至还远低于经济发展水平较低的波兰的华沙和俄罗斯的莫斯科,这就不能不归结于其适用土地资源供给条件的差异了。

日本适用土地资源短缺,城市土地资源供给与美英等国差距较大,从而对日本城市人均居住面积、人均道路面积和公共绿地面积水平造成了很大的影响，制约了日本城市化质量的提高。

我国是人口大国，人均耕地资源短缺，土地是关系国计民生的重要战略资源，事关粮食安全和国家安全，城市用于道路交通建设和绿地建设的土地资源在很大程度上受到制约，城市化质量受到一定影响。

五、土地资源对城市化模式的约束

一国或地区的土地资源状况还会影响到该国或地区的城市化模式。土地资源（尤其是人均耕地资源）越短缺，城市增量土地供给就越少，城市土地价格就越高，就越要求集约利用城市土地，而集中型城市化模式更有利于发挥城市的集聚效能，也更有利于集约利用土地，从而使人均耕地面积较少的国家或地区在城市化进程中更趋向于选择集中型的城市化模式，如日本与韩国。相反，土地资源比较丰富的国家或地区则更倾向于选择分散型的城市化模式，如美国。

同土地资源丰富的美国相比，土地资源短缺的日本就选择了不同于美国的高度集中的城市化模式。日本城市化是一种人口从农村及小城镇地区向太平洋沿岸城市移动的过程，日本三大都市圈分别是东京、大阪、名古屋。东京是最大的都市圈，2000年1.27亿日本人口中的27%生活在东京的23个行政区及其周围，三大都市区人口占全国人口的47.1%。[①] 日本城市化的集中性还表现在城市国土空间分布上的高度集中。日本的十大城市集中分布在太平洋沿岸工业地带，而且七个分布在从东京到大阪的东海道都市带内，形成了以都市圈为中心、以大城市为骨干的高度集中的城市化模式。

日本之所以形成这种高度集中的城市化模式，主要原因在于日本国土面积狭小，尤其是人均耕地很少。都市圈使周围一定范围内的城市与中心城市保持密切的社会经济联系，从而形成资源、环境、基础设施共享，产业活动紧密关联，减少重复建设对土地的占用。而且日本又在不同的都市圈内布局相对独立的产业结构，都市圈之间的产业结构接近，彼此间的交换需求就少，因此，可以大大减少运输网络对土地的需求。日本区域经济以大城市为核心。城市规模越大，单位土地的人口和产出密度越高，从而对土地的利用越集约。

日本的城市人口人均占地仅为115平方米，只有美国的1/9；全国人均道路占地90平方米，为美国的18%。这就保证了在城市化率与美国大体上一致的条件下，城市和道路占地只相当于日本国土面积的5.5%，加上农田占地，共相当于国土面积的20%，未超过日本平原面积所占比重（24%），为其他方面的发展

---

① Historical Statistics of Japan：Chapter 2 Population and Households.

留出余地。①

人均土地资源短缺的韩国也采用了高度集中的城市化模式,使人口高度集中于大城市,城市空间高度密集分布于首尔至釜山的高速公路沿线,土地得到了高度集约利用。

与日韩不同,土地资源丰富的美国,从20世纪20年代开始,就走上了由集中到分散的城市化模式。从20世纪20年代开始,特别是"二战"后,美国城市发展从原来的传统城市化,转入大规模的人口郊区化。经过大规模的人口郊区化和逆城市化运动,美国中心城市的人口比例不断下降,从1950年的32.8%,逐步下降到1960年的32.2%、1980年的30.0%;而郊区人口所占比重则从1950年的23.3%大幅度提高到1960年的31.0%,②1990年全美国人口为2.487亿人,其中居住在"中心城市"的人口只有7784万人,而居住在郊区的却有1.149亿人。③ 郊区已经成为都市居住区的主体。城市人口郊区化使原来的密集型中心城市不断向弥漫型都市发展,空间布局显得十分庞大且松散。经过大规模的人口郊区化运动,美国城市居住空间已从原来的少数人住郊区、大多数人住"中心城市"的社会阶层"两分法",转变成现在的"三分法",即中心城市的贫困阶层、郊区中产阶级以及远郊与城乡结合部的城市上层阶级。

与此同时,郊区化也经历了居住功能郊区化——部分商业服务功能郊区化——具有复合城市功能的郊区城市出现三个阶段。与之相随的是20世纪50~60年代郊区"卧城"的大量产生,70~80年代"边缘城市"的产生,以及90年代后"无边缘城市"等城市空间新类型的兴起。在地理位置上,"卧城"或"边缘城市"一般处于中心城市近郊,"无边缘城市"则经常位于城乡结合部甚至乡村地域,相对"卧城"或"边缘城市"来讲,它距离中心城市更远。根据城市土地价格原理,距离城市中心区越远,地价就越低,因而"卧城"至"边缘城市"再到"无边缘城市"各种建筑物高度依次降低、占地面积依次扩大,最终使"无边缘城市"以低层建筑为主,土地容积率很低,建筑物之间还隔有大片自然绿地,空间距离大,建筑密度不仅小于"中心城市",而且比郊区"卧城"和"边缘城市"也要小得多。

这种分散型的郊区化城市发展模式使城市不断向郊区蔓延,甚至向乡村蔓延。由于"卧城"或"边缘城市"、"无边缘城市"的建筑高度低、建筑容积率

---

① 贾绍凤,张军岩. 日本城市化中的耕地变动与经验 [J]. 中国人口·资源与环境, 2003, 13 (1): 31-34.

② U. S. Department of Commerce [R]. Demograpgic Trends in the 20th Century. Census 2000 Special Reports, 2002: 33-34.

③ U. S. Department of Commerce [R]. 1990 Census of Population and Housing Washing DC, 1990: 593-600, 655.

低,从而使城市的占地面积不断向外扩展。例如,大多数美国都市区的用地扩展速度大大超过人口扩展的速度。1982~1997年,美国城市用地规模增长了47%,而同期的城市人口增长率只有17%。[①] 美国之所以选择这一城市化模式很大程度上在于其丰富的土地资源,而不必像日本那样迫于土地资源的压力走高度集中的城市化发展道路。

我国宜居土地资源稀缺,人地矛盾尖锐,应该坚持集中型的城市发展模式,推行促进土地集约利用的土地政策。以日本为代表的集中型城市发展模式,在有限的城市空间布置较高密度的产业和人口,节约城市建设用地,提高土地的配置效率;以美国为代表的分散型城市发展模式,人口密度偏低,消耗的土地资源等要比集中型模式多很多。走集中型的城市发展模式,将给后代留有大量良田和发展空间,而如果走美国式的发展模式,大量耕地将被占用,粮食将不得不依赖进口。当然,我国走集中型的城市化模式,未必一定像日本那样高度集中,可根据我国国情因地制宜,采用集中与分散灵活结合的发展模式。

六、改革开放后,我国城市化进程中土地资源约束的阶段性

1978~1995年,17年间中国耕地减少了4%,但粮食产量却增长了53%,粮食单产水平大大提高,说明体制、投入和科技进步促进了主要农产品单产水平的不断提高,可以保障国内农产品供求的大体平衡。在这种情况下,虽然城市化的加速发展占用了大量的土地,但体制、投入和科技进步所保障的农产品供给,使从农业中释放大量的土地资源成为可能,这一阶段,我国并没有明显地感觉到土地对于城市化的约束。

但是,在1996~2008年这12年间,耕地面积减少了6.4%,粮食产量增长了5.9%;2009~2016年这7年间,耕地面积减少了0.3%,粮食产量增长了22.4%。这说明在现有条件下通过体制、投入和科技进步促进粮食单产水平提高的潜力逐渐弱化,耕地保有量直接成为粮食增产的保障。虽然中国有大量外汇储备,可以通过增加进口来保障国内粮食供给,但问题是中国这样的大国不能靠进口保吃饭。目前我国每年人均粮食(口粮加上饲料粮食)消费在500公斤(是在至少有5亿多农民自给自足条件下的消费水平)左右,随着人均收入水平的提高、膳食结构的改善、城市化率的提高,人均粮食消费水平进一步提高(美国每年人均粮食消费约1000公斤)。2018年,中国粮食总产量达到6.58亿吨,但与此同时,粮食进口量超过1亿吨,其中进口谷物及谷物粉2046万吨,进口大豆8803万吨。两者累计进口量约为1.08亿吨,粮食进口量

---

① 黄志宏. 战后美国城市发展的新特点[J]. 城市问题, 2007 (9): 79-84.

仍保持高位。目前，中国是世界最大的粮食生产国，同时也是最大的粮食进口国。对国际粮食市场的依赖尤其是对国际大豆市场的依赖无疑会增加中国的经济政治风险。

1978~2017年，我国城市化率从17.19%提高到58.52%，年均提高1个多百分点，城市化速度约为改革前的4倍。相应地，城市的规模和数量获得了空前的增长，城市数量由1978年的193个增加到2017年的661个。在城市规模和数量增加的背后，是耕地资源的减少，耕地质量的下降。当前中国进入工业化的中后期阶段。从国际经验看，工业化中后期阶段也是城市化的高潮阶段，城市化会进一步加快。城市化和工业化都是生产要素向非农领域转移的过程，不仅人口要进城，资金、土地等生产要素也继续向城市和工业转移。而我国土地资源较为稀缺，可利用的平原土地资源更为稀缺。目前，我国耕地数量不断减少，城市化的不断推进势必造成更多耕地减少。土地、粮食供给与工业化和城市化的矛盾，将成为我国未来经济发展的制约因素之一。

第四节 我国城市化进程中土地利用存在的问题

城市化的发展是一国社会经济发展的必然趋势，是人民实现生活富裕的根本途径。与此同时，城市化的发展，城市规模的扩大和城市数量的增加使城市化与土地资源的矛盾日益突出，土地利用中出现了一系列问题，主要表现为：

一、耕地数量减少严重，质量下降

20世纪90年代城镇用地动态变化的遥感数据表明，城镇扩展占用的主要是农地，尤其是耕地。城市化发展及其带来的城区面积的扩张必然要占用耕地，这是城市化发展的必然结果。但是，我国的城市化发展基本上为外延式扩张、粗放式发展，加之各地盲目兴起的开发区热、房地产热等，使本来就已稀缺的城市土地变得更为紧张，城市化与适用土地特别是急剧减少的耕地之间的矛盾更加突出，耕地数量不断减少，耕地质量不断下降。

国土资源部的土地变更调查结果显示，全国耕地面积由1996年的19.51亿亩减少为2008年的18.26亿亩，耕地净减少1.25亿亩，平均每年约减少1000多万亩；2017年全国耕地面积由2009年的20.31亿亩减少为20.23亿亩，耕地净减少0.08亿亩，在全国300多个省、区、市中，人均耕地低于0.8亩警戒线的有多个。同时，实现了耕地占补平衡的建设用地还没有包括在减少的耕地里面,数量上的占补平衡并不能代表质量上的占补平衡,如果从耕地的数量和质量两个方面来看,减少的耕地实际上更多。近年来,全国各项建设占用耕地总体实现了数量上的占补平衡,但却存在着占优补劣的问题。比较建设占用耕地质量与补充耕地质量,如各项建设占用的耕地中有灌溉设施的多,补充耕地中有灌溉设施的少;建设占用的耕地多数是居民点周边的优质高产良田,补充的耕地多来自未利用地的开发,造成耕地质量不断下降。此外,城镇工业"三废"的排放和城镇生活废水等的排放也使很大一部分耕地的土壤质量下降。

二、城市用地增长快于人口增长,土地利用效率不高

城市的集聚效能,客观上要求对土地进行高效合理集约利用。评判城市土地是否高效合理集约利用的一个重要标准,就是城市用地弹性系数,即城市用地增长率与人口增长率之比。世界发达国家城市化的历史经验表明,城市化的发展要求城市用地扩展速度与城市人口增长速度保持一个合理的比例,这不仅对于城市土地的合理利用具有重要的意义,而且对于保护珍贵有限的农业用地也具有重要的意义。

对于我国这样一个人均适用土地资源稀缺的发展中国家,在城市化发展过程中注重保护土地资源并提高其利用效率更具重要的现实意义。而事实是,近年来我国城市化建设基本上是通过建成区的外延扩张来实现的,忽略了城市质量的提升。有关资料显示,城市用地增长弹性系数为 1.46(而有关研究表明,同期我国城市用地增长弹性系数在 1.12 左右比较合理)。31 个特大城市 1991~1996 年城市用地弹性系数平均值高达 5.30,其中哈尔滨和兰州分别为 19.39 和 11.56。[①] 由我国 1982~2017 年城市用地弹性系数可知,在 35 年的时间中,绝大部分年份的弹性系数都在 1.2 以上(见表 5-13)。这也充分说明了我国城市用地存在较严重的粗放低效利用现象。据统计,目前全国人均城市建设用地远远超过发达国家和发展中国家城市建设用地水平,城市土地粗放低效利用现象比较严重。

表 5-13 1982~2017 年中国城市用地弹性系数

年份	城市人口增长率(%)	城市建设用地增长率(%)	城市建设用地弹性系数	年份	城市人口增长率(%)	城市建设用地增长率(%)	城市建设用地弹性系数
1982	6.49	6.41	0.99	1983	3.70	3.01	0.81

---

① 张木生. 我国城市化与土地的矛盾及对策[J]. 南方国土资源, 2005(10): 26-28.

续表

年份	城市人口增长率（%）	城市建设用地增长率（%）	城市建设用地弹性系数	年份	城市人口增长率（%）	城市建设用地增长率（%）	城市建设用地弹性系数
1984	7.83	15.14	1.93	2001	4.70	9.40	2.00
1985	4.48	1.16	0.26	2002	4.47	10.91	2.44
1986	5.07	7.26	1.43	2003	4.31	7.97	1.85
1987	4.96	6.37	1.28	2004	3.64	6.25	1.72
1988	3.57	10.56	2.96	2005	3.55	-3.72	-1.05
1989	3.07	3.23	1.05	2006	3.69	15.28	4.14
1990	2.22	3.92	1.77	2007	4.02	6.40	1.59
1991	3.34	11.20	3.35	2008	2.92	7.67	2.63
1992	3.12	7.83	2.51	2009	3.38	-1.06	-0.31
1993	3.10	10.86	3.50	2010	3.82	2.66	0.70
1994	3.00	34.78	11.58	2011	3.14	5.15	1.64
1995	2.94	6.10	2.07	2012	3.04	9.44	3.10
1996	6.06	-13.88	-2.29	2013	2.71	2.97	1.10
1997	5.75	2.65	0.46	2014	2.47	6.10	2.47
1998	5.47	5.14	0.94	2015	2.94	3.20	1.09
1999	5.14	1.80	0.35	2016	2.83	2.28	0.81
2000	4.93	5.92	1.20	2017	2.58	4.54	1.76

资料来源：笔者根据《中国城市建设统计年鉴》（2017）、历年《中国统计年鉴》计算整理。

三、工业用地占比偏高，城市用地结构不合理

土地是重要的稀缺资源。在市场经济条件下，城市土地的使用主要通过地租这一经济杠杆来调节配置。由产业结构、城市化水平和就业人口比例三者间的关系可知，通常情况下，一国产业结构水平越高，第三产业所占比重就越大，第三产业就业人口的比例也就越高，而第三产业发展水平越高，其成本节约的内在约束力必然要求其相应的城市化水平越高。与第一、第二产业，尤其是第一产业相比，第三产业具有土地利用效率高、利用强度大等特点，它的发展可有效促进土地高效合理集约利用。

同发达国家相比，我国城市工业用地占城市建设用地比例偏高（见表5-14~表5-16）。表中城市建设用地结构显然可见，我国工业用地占建设用地总量的比例高达19%以上。依照国外城市规划工作的经验，工业用地占城市总用地的

比重，一般不宜超过15%。我国工业用地占比超过日本、美国（7.3%），也超过许多发展中国家。虽然我国工业用地占城市建设用地比例较高与工业产值所占比例较高有较大关系，但总体来看，它更多与土地资源粗放利用相关。我国城市建设用地结构不合理，居住用地、交通用地和绿化用地面积偏小，也造成城市土地利用空间布局不合理，居民区过分集中，服务设施布局不均衡，这在很大程度上影响了城市化质量。

表5-14　1999~2011年中国城市建设用地利用结构

单位：%

年份	总计	居住用地	公共设施用地	工业用地	仓储用地	对外交通用地	道路广场用地	市政公用设施用地	绿地	特殊用地
1999	100	32.42	11.09	22.29	4.97	6.22	8.06	3.33	8.30	3.32
2000	100	32.21	11.36	22.04	4.73	6.40	8.21	3.41	8.36	3.28
2001	100	32.90	11.67	21.10	4.60	6.38	8.59	3.47	8.46	2.83
2002	100	32.28	11.59	21.50	4.18	6.28	8.83	3.71	8.60	3.03
2003	100	32.02	12.07	21.48	4.01	5.76	9.32	3.40	9.21	2.72
2004	100	31.61	12.25	21.79	3.87	5.58	9.71	3.42	9.28	2.49
2005	100	31.37	12.50	21.66	3.76	4.88	10.06	3.61	9.82	2.34
2006	100	30.76	13.31	21.62	3.56	4.43	10.63	3.53	9.93	2.23
2007	100	28.88	12.10	20.48	3.12	4.12	10.09	3.20	9.37	1.96
2008	100	28.85	11.95	20.53	3.14	4.13	10.30	3.20	9.67	2.03
2009	100	31.13	12.52	22.28	3.17	4.32	11.28	3.36	9.99	1.96
2010	100	31.20	12.15	21.86	2.99	4.39	11.77	3.49	10.21	1.95
2011	100	31.53	12.17	20.86	3.78	4.45	11.33	3.55	10.66	1.67

资料来源：笔者根据历年《中国城市建设统计年报》与《中国城市建设统计年鉴》计算整理。

表5-15　2012~2017年中国城市建设用地利用结构

单位：%

年份	总计	居住用地	公共管理与公共服务用地	商业服务业设施用地	工业用地	物流仓储用地	道路交通设施用地	公用设施用地	绿地与广场用地
2012	100	31.22	9.80	6.74	19.04	3.01	11.94	4.66	10.43
2013	100	31.19	9.44	6.28	19.42	3.00	12.28	4.44	10.75
2014	100	31.58	9.44	6.78	19.88	3.11	13.34	4.24	11.25
2015	100	31.56	9.40	7.05	19.96	3.07	14.45	3.68	10.82
2016	100	31.03	9.43	7.16	19.95	3.07	14.76	3.79	10.82
2017	100	30.78	9.24	6.97	20.10	3.02	15.17	3.57	11.16

资料来源：历年《中国城市建设统计年鉴》。

土地资源对经济增长的约束研究

表 5-16 美国城市用地结构

用地类型	工业用地	居住用地	交通用地	公共建筑用地	绿地	总计
比例（%）	7.3	44.5	24.8	15.9	7.5	100
人均用地（平方米/人）	18.2	110.5	61.5	93.7	18.6	248.5

资料来源：《美国城市规划手册》。

四、城市用地地区差别明显，经济发展水平高的地区矛盾突出

城市化水平是反映一国或地区经济发展水平的一个重要指标。一般情况下，经济发展水平越高，城市化水平就越高，城市占用土地面积就越大。我国东南沿海地区经济发展水平较高，城市化发展速度也快于中西部，因此，东南沿海地区城市占用土地和耕地的数量均明显高于内地。而我国东南沿海地区土地相对较少，适用土地特别是耕地数量极其有限，这就造成了东南沿海地区城市用地比较紧张，如上海、浙江、江苏等地区。

土地利用中存在的这些问题进一步加剧了城市化与土地资源的矛盾，加大了土地资源对城市化的约束程度。耕地数量和质量的不断下降，减少了城市增量土地的可供给量，加之城市存量土地的粗放低效利用，使城市土地的有效供给不能随城市化的快速发展作适度的增长，从而在一定程度上制约了城市化的进程。

第五节 对策建议

一、确保粮食安全与耕地总量动态平衡

土地资源对城市化的约束在很大程度上源于粮食安全及耕地保护问题，因此从长远来说，必须采取相关措施，如提高农业技术水平，提高农业单产水平，通过农村宅基地复垦与整理将其转变为农业用地等，确保粮食安全，并实现耕地总量的动态平衡。保证了粮食安全与耕地总量的动态平衡后，就可以释放出更多的耕地，增加城市建设用地的供给。

二、节约集约利用城市土地，完善城市土地管理制度

要减少土地资源对我国城市化水平的约束，就要解决城市化发展与土地的矛盾，解决城市土地粗放低效利用的问题，提高土地节约集约高效利用的水平。从根本上说，土地资源市场化是我国城市土地制度改革的基本方向，政府应逐步退

出土地征用和土地交易市场，把主要精力放在土地规划的制定及执行上。根据我国现有的土地制度和土地利用的实际情况，政府应主要做好以下几个方面的工作：科学合理编制城市土地利用总体规划，完善城市土地收购储备制度，完善土地征用、征购制度，优化城市用地结构，合理控制城市边界，提高农业地租，科学规划城市建设，合理布局城市建设，优化城市土地利用结构，适当增加住宅、基础设施建设、第三产业用地，尽量减少建成区外延扩张，加大旧城改造力度，让普通住宅、保障性住房在城市住宅建设中占据主要地位，等等。

总之，通过编制城市土地利用总体规划，优化城市用地结构，科学规划城市建设，合理布局城市建设，完善土地收购储备制度和土地征用征购制度，提高农村集体土地的征购价格，实现城市存量土地与新征集体土地价值的平衡，这将有利于完善土地资源的市场化配置机制，有利于盘活城市存量土地和控制城市的无序扩展，最大限度地避免土地闲置与低效利用，弱化城市化与耕地保护的矛盾，提高城市土地节约集约利用的水平，降低土地资源对城市化的约束。

第六节 小结

经济增长引致城市化水平提高，城市化水平的提高反过来又促进经济增长。城市土地是城市经济活动的载体。城市化是城市化数量与城市化质量的统一。无论是城市化数量的增加还是城市化质量的提高都与土地有着密切的关系。研究表明，城市化水平与城市用地规模成正相关关系。目前，我国正处于城市化快速发展的中期阶段。在这一阶段，一方面，城市土地需求量大且增长迅速，另一方面，城市存量土地利用粗放低效，城市增量土地又受到人均适用土地资源短缺的制约，城市土地供给受到较大限制，形成较大的城市土地供求缺口，提高了城市土地价格，对城市化造成了约束，且愈加明显。从国际比较的角度讲，土地资源对城市化的约束主要表现为适用土地资源供给条件对城市化速度、城市化质量以及城市化模式的约束。在其他条件相同的情况下，适用土地的供给量越小，城市化速度就越快，城市化质量所表现的城市人均居住面积、城市人均道路面积以及城市人均绿地面积就越小，就越趋向于选择集中型城市化模式。要降低这一约束，除提高农业生产效率，确保粮食安全，增加城市增量土地供给外，更为重要的是通过编制城市土地利用总体规划，优化城市产业结构，合理控制城市边界，科学规划城市建设，合理布局城市建设，完善土地收购储备制度和土地征用征购制度等，提高城市土地节约集约利用的水平，降低土地资源对城市化的约束。

第六章 结论与对策建议

第一节 结论

本书从土地资源约束这一视角出发,在经济增长理论中引入土地资源,并综合运用马克思主义经济理论、生产要素替代理论以及发展经济学理论等,系统分析了土地资源对经济增长的约束。在具体分析中,考虑到国民经济三次产业对于土地资源的依赖程度存在较大差异,本书按产业类别就土地资源对于农业、工业的约束分别进行了分析。此外,考虑到土地资源在城乡之间存在的功能性差异,本书还专门分析了土地资源对于城市化的约束。通过上述分析,得出了以下结论:

第一,土地资源对经济增长的约束程度与资本的产出弹性、土地的产出弹性以及劳动人口增长率成正相关关系。

无论是在索洛模型框架下还是在新经济增长模型框架下引入土地要素,分析结果均表明,土地资源对经济增长所产生的约束程度与资本的产出弹性、土地的产出弹性以及劳动人口增长率相关,并且随着资本的产出弹性、土地的产出弹性以及劳动人口增长率的增长而增长。中国的资本的产出弹性、土地的产出弹性以及劳动人口增长率均较高,从而造成土地资源的约束程度也较大。在现阶段,土地资源对于中国整体的经济增长仍具有较大的约束力。如果这种状况持续下去,将会在很大程度上影响中国经济的可持续增长。此外,对国民经济三次产业的数据分析表明,农业对土地资源的依赖性最强,其次是第二、第三产业。换句话说,农业是受土地资源约束最大的产业。

第二,农业土地资源的数量与质量直接约束着农业的产出;农业土地资源还约束土地的经营规模,最终影响农业机械化和农业生产率;农业土地资源还对农

第六章 结论与对策建议

产品成本以及农业种植结构产生约束。

农业是国民经济的基础。随着经济的发展，农业在国民经济中的比重虽然处于下降趋势，但是农业在国民经济中的基础性地位仍不可动摇。在三次产业中，土地资源对于农业的约束最大。农业土地资源的数量与质量直接约束着农业产出。在其他条件相同的情况下，农业土地资源的数量越大、质量越高，农业产出也就越大。农业土地资源还约束着土地的经营规模，尤其是农业从业人口人均耕地对土地经营规模的约束更大，并对农业机械化和农业生产效率产生约束。研究表明，农业从业人口人均耕地与农业土地经营规模成正相关关系，农业从业人口人均耕地越多，土地经营规模越大；土地经营规模直接约束着农业机械化类型，土地经营规模较大的国家或地区一般倾向于选择大中型农业机械化类型，土地经营规模较小的国家或地区则更倾向于中小型农业机械化类型；土地经营规模还在很大程度上影响农业机械化水平，在其他条件相同的情况下，土地经营规模越大，越有利于促进机械化水平的提高；土地经营规模还约束着农业生产效率，在其他条件相同的情况下，土地经营规模与农业生产效率基本成正相关关系，且当今农业新型投入要素日益重要，这一关系日趋显著。

土地资源还对农产品的生产成本有着直接的约束。土地资源对农产品生产成本的约束包括对农产品成本绝对量和成本结构的约束。一国或地区的土地资源越丰富，单位土地面积的价格就越低，在农产品的生产中就会加大土地要素的使用比重，减少其他相对稀缺要素的使用比重，在单位农产品的生产成本中，所使用的土地总成本绝对量就会增大，土地成本所占总成本的比重就较大。相反，一国或地区的土地资源越稀缺，单位土地面积的价格就越高，在农产品的生产中就会降低土地要素的使用比重，提高其他相对丰富的要素的使用比重，即以相对丰富的要素替代相对稀缺的要素。在单位农产品的生产成本中，所使用的土地总成本绝对量就会减少，土地成本所占总成本的比重就较小。随着农业技术水平的提高，农业技术等新型资源将不断提高对土地这一相对稀缺要素的替代程度。因此，从长期来看，土地在农产品成本结构中的比重将处于逐渐下降的趋势。

此外，土地资源还对农业种植结构产生很大影响。在其他条件相同的情况下，一国或地区的土地资源越丰富，土地密集型农产品生产成本就越低，在国际市场上就越具有竞争优势，所获利润就越大，该产品的种植面积相对就越大。相反，一国或地区的土地资源越稀缺，土地密集型农产品生产成本就越高，在国际市场上就越不具有竞争优势，所获利润就越低，农户就会缩小该产品的种植面积，从而影响农业的种植结构。

第三，土地资源对工业增长的约束远远小于对整个经济增长的约束。今后我国对工业用地仍有较大需求，与此同时，我国工业用地存在粗放低效利用现象，

· 159 ·

这将加大工业用地供需矛盾，对工业增长造成一定约束。

土地资源对工业的约束可分为直接约束和间接约束，间接约束主要表现为"李嘉图陷阱"所形成的劳动力成本约束以及农业所提供的轻工业原材料成本约束，直接约束主要表现为工业用地价格所形成的工业用地成本约束。从现阶段看，土地资源对于我国工业增长的约束并不十分明显。由于我国工业发展存在不平衡不充分问题，未来对工业用地的需求仍会比较大。虽然全国范围内没有出现普遍的工业用地供不应求的局面，但在一些地区，土地供应紧张的态势已开始显现，在个别地区还比较严重。与此同时，我国工业用地普遍存在着价格偏低的状况，造成工业用地粗放低效利用。这将加大工业用地供需矛盾，对工业增长造成一定约束。

第四，在城市化迅速发展而人均土地资源又较少的中国，土地资源对城市化的约束逐渐明显。从国际比较的角度讲，这一约束主要表现为土地资源对城市化速度、城市化质量以及城市化模式的约束。

从经济整体来看，城市化是降低土地资源对经济增长约束程度的重要途径，但城市化本身也受到土地资源的约束。目前，中国城市化正处于快速发展的中期阶段。城市化的迅速发展带来的是城市数量的增多和城市人口规模的扩张，这必然会引发对城市土地需求的增加。我国的城市土地供给主要以增量供给为主，而增量供给的土地很大一部分来源于耕地，在人均耕地资源本来就短缺的中国，城市化与耕地保护的矛盾不断加剧，国家实施严格保护耕地的法规政策，对城市化造成一定的约束。从国际比较的角度讲，土地资源对城市化的约束主要表现为对城市化速度、城市化质量以及城市化模式的约束。在其他条件相同的情况下，适用土地的供给量越小，城市化速度就越快，城市化质量所表现的城市人均居住面积、城市人均道路面积以及城市人均绿地面积就越小，就越趋向于选择集中型城市化模式。

第二节 对策与建议

根据本书的结论，要降低土地资源对经济增长的约束，实现经济的可持续增长，笔者提出以下对策建议：

第一，降低资本产出弹性、土地产出弹性与劳动力增长率，提高创造性劳动和科技进步在经济增长中的贡献比重。

降低资本产出弹性和土地产出弹性的内在经济含义就是降低经济增长对资

本、土地的依赖程度,即经济增长不可过分依赖资本与土地要素数量的投入。至于降低劳动力的增长率,主要途径就是要适当控制人口增长。既然经济增长不能过分依赖资本与土地,又不能过分依赖高的劳动力增长率,那么,从长期看,它只能依靠创造性劳动和科技进步了。而要提高创造性劳动和科技进步对经济增长贡献的比重,就必须提高劳动者素质。只有提高劳动者素质,才能提升创造性劳动所占的比重,促进技术进步,降低土地资源对经济增长的约束程度,推动经济持续健康发展。这也从侧面深刻说明了马克思主义经济学劳动创造价值论的正确性。

第二,降低土地资源对农业的约束,实现农业的可持续增长。

农业是受土地资源约束最大的产业,降低土地资源对农业的约束,在很大程度上就降低了土地资源对整个经济增长的约束。要降低土地资源对农业的约束,实现农业的可持续增长,需从以下几个方面入手:

首先是提高农业劳动者素质。同发达国家相比,我国农村就业人口的文化程度很低。在舒尔茨看来:"有能力的人民是现代经济丰裕的关键。"① "离开大量的人力投资,要取得现代化农业的成果和达到现代工业的富足程度是完全不可能的。"② 速水佑次郎和拉坦也认为,"以有知识和有创新精神的农民、称职的科学家和技术人员、有远见的公共行政管理人员和企业家的形式表现出来的人力资本的改善,是农业生产率能否持续增长的关键"。③ 据此,通过制定相关政策促使教育投入特别是基础教育和职业教育投入向农业部门倾斜,提高农业部门的劳动者素质,应是解决中国农业发展和土地资源约束问题的关键。④

其次是推进技术进步,改进土地质量,将土地改造为高效率资源。我国农业技术水平总体比较低,主要表现在:农业科技投入占农业总产值比重低;农业科技成果转化率低;科技进步对农业增长的贡献份额低;粮食单产水平虽位居世界中上水平,但却低于一些发达国家甚至发展中国家。通过科技进步,改进土地质量,可大大拓展我国土地资源的生产可能性边界。

此外,还应健全农村土地流转制度,扩大土地经营规模,提高农业生产效率,降低土地资源对农业的约束程度。

第三,优化产业结构,大力发展第二、第三产业,推进工业化和城市化进程。

---

① 西奥多·W. 舒尔茨. 经济增长与农业[M]. 北京:北京经济学院出版社,1992:92.
② 西奥多·W. 舒尔茨. 论人力资本投资[M]. 北京:北京经济学院出版社,1990:16.
③ 速水佑次郎,弗农·拉坦. 农业发展的国际分析[M]. 北京:中国社会科学出版社,2000:165.
④ 郭剑雄. 超越土地的农业发展[J]. 人文杂志,2004(4):94-98.

配第—克拉克定理和库兹涅茨对产业结构演变规律的研究表明,随着人均收入水平的提高,相对于传统农业部门来说,工业和服务业的产出所占的比重在不断提升。而工业化和城市化是实现经济结构转变的必然途径。"一旦……经济成功地实现了工业化,它们对自然资源的依赖性会迅速下降。"① 这是因为,初级产业和第二、第三产业对土地等自然资源的依赖程度不同。产业层次越低,对土地等自然资源的依赖度越高;反之,依赖度下降。正如舒尔茨所指出的:"在初级、次级和第三级这三个类别的产品中,初级产品最依赖于土地(自然资源),第三级服务对土地的依赖度最轻。"② 这一点已在本书第二章中得到证明。成功的工业化和城市化可以使经济增长在很大程度上摆脱土地资源的约束。产业结构层次高低与土地资源约束程度大小之间的负相关性,是一个可以经受事实检验的结论。

同土地改进等技术性突破措施相比,产业结构升级是缓解土地资源压力更为根本的途径。这一途径同时也是技术性措施实施的前提和保障。提高土地产出效率的资源,如农业机械、化肥和农药等,均不能由农业部门自己生产,而主要由城市工业部门来提供。在工业不断进步的条件下,工业部门生产的凝结着先进技术水平的资源,能够以日益低廉的价格供给农业部门,从而激发农民较多地使用这些资源。没有非农产业部门的高度发展,就不可能获得土地改进型技术进步所需要的大量的资本来源。这正是资本丰裕的发达国家土地资源约束程度较低的原因之一。

此外,随着产业结构优化升级,大量农村剩余劳动力将转移到城市,转移到第二、第三产业,农业人口将大量减少,农业从业人口人均耕地面积将会增加,农业土地经营规模将扩大,这将有利于提高农业机械化水平和农业生产效率,降低农产品的生产成本,增强其国际竞争力。

第四,转变经济增长方式,改革和完善土地制度,推进土地资源市场化配置,提高土地节约集约利用水平。

目前,我国经济增长基本呈粗放式,作为经济增长重要要素的土地普遍存在粗放低效利用的现象,这将在很大程度上影响经济的可持续增长。因此,必须转变粗放型的经济增长方式,走集约型的高质量发展之路,积极推动科技进步与制度创新,提高生产效率,降低经济增长对土地资源的依赖程度。

我国的基本国情是人多地少,解决"一要吃饭、二要建设、三要保护环境"的三难问题的必由之路就是实行土地节约和集约利用,把节约用地放在首位,立足内涵挖潜,盘活存量。如开展存量建设用地的普查并评价其利用潜力,对工业

---

① 速水佑次郎. 发展经济学——从贫困到富裕 [M]. 北京:社会科学文献出版社,2003:116.
② 西奥多·W. 舒尔茨. 报酬递增的源泉 [M]. 北京:北京大学出版社,2001:125.

项目用地必须有投资强度、占地额度、开发进度、建筑容积率等控制性指标要求，挖掘土地利用潜力，提高土地的节约集约利用水平。

不断改革和完善土地制度，推进土地资源市场化配置。扩大国有土地有偿使用范围，如积极推进和完善工业用地招标、拍卖、挂牌制度等。充分发挥市场机制的作用，强调土地资源的合理利用和优化配置，发挥市场的优胜劣汰作用，提高土地集约高效的利用水平。与此同时，必须更好发挥政府作用，优化土地利用布局和结构，例如，适当提高城市居住用地比重，尤其是普通住宅、保障性住房用地比例，降低工业用地比重等，严格土地供应标准，加强土地利用监管，以弥补市场机制的不足。

附录1 农业部分

附表1-1 1978~2016年中国各产业增长情况（1978年不变价格）

年份	国内生产总值（亿元）	第一产业增加值（亿元）	第二产业增加值（亿元）	第三产业增加值（亿元）
1978	3678.70	1018.50	1755.20	905.10
1979	3958.28	1080.63	1899.13	975.70
1980	4267.29	1065.35	2155.39	1035.43
1981	4488.01	1139.70	2195.76	1134.09
1982	4888.99	1271.09	2318.62	1278.00
1983	5418.73	1375.99	2559.08	1465.36
1984	6239.08	1554.23	2929.43	1749.56
1985	7077.82	1582.75	3468.28	2066.34
1986	7710.56	1634.69	3822.83	2320.68
1987	8611.84	1712.10	4342.36	2660.99
1988	9579.33	1754.88	4963.71	3011.27
1989	9980.31	1808.86	5149.76	3187.76
1990	10370.26	1942.28	5314.75	3272.84
1991	11334.07	1988.11	6046.66	3573.33
1992	12945.35	2079.78	7317.43	4024.07
1993	14740.55	2176.53	8763.71	4513.73
1994	16664.51	2263.11	10352.17	5026.93
1995	18489.15	2374.12	11784.41	5533.78
1996	20324.82	2494.31	13209.64	6043.35
1997	22200.95	2579.86	14592.73	6674.21
1998	23940.98	2668.47	15893.34	7234.46

续表

年份	国内生产总值（亿元）	第一产业增加值（亿元）	第二产业增加值（亿元）	第三产业增加值（亿元）
1999	25776.65	2741.80	17195.69	7904.24
2000	27965.48	2804.95	18826.28	8676.29
2001	30297.77	2879.30	20423.51	9566.91
2002	33064.16	2956.71	22445.50	10569.76
2003	36382.34	3026.98	25288.92	11578.04
2004	40061.04	3212.35	28106.02	12750.14
2005	44626.31	3375.31	31516.37	14325.92
2006	50302.54	3535.21	35755.18	16350.63
2007	57461.29	3659.47	41136.62	18978.14
2008	63008.77	3848.91	45184.11	20966.64
2009	68931.48	4002.71	49833.64	22976.87
2010	76263.13	4172.79	56154.11	25197.98
2011	83546.96	4346.96	62156.90	27589.26
2012	90113.44	4541.49	67355.80	29799.51
2013	97114.00	4713.62	72735.49	32273.15
2014	104202.86	4905.10	78113.42	34792.95
2015	111398.39	5096.57	82954.26	37644.01
2016	118902.94	5263.61	88149.65	40541.24

资料来源：《中国统计年鉴》（2018）。

附表1-2　1978~2016年日本各产业增长状况（现价）

年份	GDP（10亿日元）	第一产业（10亿日元）	第二产业（10亿日元）	第三产业（10亿日元）
1978	204404	9198	77469	117737
1979	221547	9305	83745	128497
1980	240969	8675	91086	141449
1981	259034	8807	97915	152312
1982	271888	8972	101142	161773
1983	282803	9050	102092	171379
1984	300941	9630	109843	181467

续表

年份	GDP （10亿日元）	第一产业 （10亿日元）	第二产业 （10亿日元）	第三产业 （10亿日元）
1985	323541	10030	117445	196389
1986	338674	9822	120568	208285
1987	352530	9518	125501	217511
1988	379250	9861	136909	232480
1989	410122	10253	143543	256736
1990	442781	10627	156744	275410
1991	469422	10327	164298	294328
1992	480783	10096	162985	307701
1993	483712	9191	157206	317315
1994	501538	9529	159489	332018
1995	512542	8713	161963	341866
1996	525807	8939	166681	350187
1997	534143	8546	165584	360012
1998	527877	8446	159947	359484
1999	519652	8314	153817	357521
2000	526706	7901	155378	363427
2001	523005	7322	146964	368719
2002	515986	7224	140864	367898
2003	515401	6700	140189	367996
2004	520965	6252	141702	373011
2005	524133	5765	142564	375803
2006	526880	5796	143311	377773
2007	531688	5849	145151	380689
2008	520716	5728	138510	376478
2009	489501	5385	119438	364678
2010	500354	5504	128591	365759
2011	491409	5405	121869	364625
2012	494957	5445	123244	366268
2013	503176	5535	125794	371847
2014	513876	5653	131038	377185
2015	531986	5852	140976	385158
2016	538446	6461	144303	387681

资料来源：笔者根据 Japan Statistical Yearbook（2006、2019）计算整理所得。

附表1-3 1978~2016年美国各产业增长状况（现价）

年份	GDP（百万美元）	私有部门（百万美元）	第一产业（百万美元）	第二产业（百万美元）	第三产业（百万美元）
1978	2356571	2013477	59530	722809	1231136
1979	2632143	2260182	70259	806558	1383367
1980	2862505	2452869	62195	869879	1520793
1981	3210956	2757343	75671	978845	1702827
1982	3344991	2852624	71702	975489	1805432
1983	3638137	3112239	57282	1035625	2019330
1984	4040693	3473731	77065	1152733	2243932
1985	4346734	3732168	76981	1203546	2451641
1986	4590155	3935988	74139	1219053	2642797
1987	4870217	4175653	79355	1291388	2804909
1988	5252629	4503891	78733	1390691	3034469
1989	5657693	4850471	91757	1476935	3281779
1990	5979589	5113378	96152	1518284	3498942
1991	6174043	5250519	88006	1509146	3653367
1992	6539299	5562544	98669	1556788	3907087
1993	6878718	5870850	90517	1619729	4160604
1994	7308755	6264713	105345	1727188	4432179
1995	7664060	6586148	90656	1815713	4679779
1996	8100201	6993550	113576	1895171	4984803
1997	8577552	7431992	108637	1988982	5334373
1998	9062817	7871500	99756	2055777	5715966
1999	9630663	8378315	92590	2170941	6114782
2000	10252347	8929320	98312	2302238	6528770
2001	10581822	9188887	99836	2265591	6823461
2002	10936418	9462020	95629	2252087	7114306
2003	11458246	9905899	113953	2372482	7419463
2004	12213730	10582459	142945	2558474	7881039
2005	13036637	11326369	128347	2769077	8428945
2006	13814609	12022614	125130	2991097	8906387
2007	14451860	12564794	144062	3105942	9314789

续表

年份	GDP（百万美元）	私有部门（百万美元）	第一产业（百万美元）	第二产业（百万美元）	第三产业（百万美元）
2008	14712845	12731237	147244	3083584	9500408
2009	14448932	12403880	129968	2801864	9472048
2010	14992052	12884089	146299	2906811	9830979
2011	15542582	13405520	180945	3035771	10188805
2012	16197007	14037519	179573	3118925	10739023
2013	16784851	14572341	215601	3252316	11104425
2014	17521747	15250030	200842	3394952	11654236
2015	18219297	15878808	181220	3374845	12322742
2016	18707189	16319357	164913	3349605	12804838

资料来源：笔者根据美国国家经济研究局有关数据计算整理所得。

附表1-4 1978~2016年中国农业集约化程度

年份	农业经济人口（千人）	耕地面积（千公顷）	总人口（千人）	农业经济人口人均耕地面积（公顷/人）	人均耕地面积（公顷/人）	平均每千公顷耕地拖拉机使用量（台/千公顷）	平均每千公顷耕地收割机使用量（台/千公顷）
1978	283180	99389	962590	0.35	0.10	5.61	0.19
1979	286340	99498	975420	0.35	0.10	6.70	0.23
1980	291220	99305	987050	0.34	0.10	7.50	0.27
1981	297770	99037	1000720	0.33	0.10	8.00	0.32
1982	308590	98606	1016540	0.32	0.10	8.24	0.34
1983	311510	98359	1030080	0.32	0.10	8.55	0.36
1984	308680	97854	1043570	0.32	0.09	8.73	0.37
1985	311300	96846	1058510	0.31	0.09	8.80	0.36
1986	312540	96230	1075070	0.31	0.09	9.00	0.32
1987	316630	95889	1093000	0.30	0.09	9.19	0.35
1988	322490	95722	1110260	0.30	0.09	9.09	0.37
1989	332250	95656	1127040	0.29	0.08	8.87	0.38
1990	389141	95673	1143330	0.25	0.08	8.50	0.40
1991	390981	95653	1158230	0.24	0.08	8.20	0.46
1992	386989	95426	1171710	0.25	0.08	7.95	0.54

续表

年份	农业经济人口（千人）	耕地面积（千公顷）	总人口（千人）	农业经济人口人均耕地面积（公顷/人）	人均耕地面积（公顷/人）	平均每千公顷耕地拖拉机使用量（台/千公顷）	平均每千公顷耕地收割机使用量（台/千公顷）
1993	376797	95101	1185170	0.25	0.08	7.58	0.59
1994	366281	94907	1198500	0.26	0.08	7.30	0.67
1995	355299	94971	1211210	0.27	0.08	7.07	0.79
1996	348198	130039	1223890	0.37	0.11	5.16	0.74
1997	348402	129903	1236260	0.37	0.11	5.30	1.09
1998	351772	129642	1247610	0.37	0.10	5.59	1.41
1999	357684	129206	1257860	0.36	0.10	6.07	1.75
2000	360425	128243	1267430	0.36	0.10	7.60	2.05
2001	363985	127616	1276270	0.35	0.10	8.78	2.22
2002	366400	125930	1284530	0.34	0.10	7.17	2.46
2003	362044	123392	1292270	0.34	0.10	7.88	2.96
2004	348298	122444	1299880	0.35	0.09	9.11	3.35
2005	334419	122083	1307560	0.37	0.09	11.43	3.93
2006	319406	121776	1314480	0.38	0.09	13.77	4.64
2007	307310	121735	1321290	0.40	0.09	16.82	5.21
2008	299233	121716	1328020	0.41	0.09	24.61	6.11
2009	288905	135385	1334500	0.47	0.10	25.97	6.34
2010	279305	135268	1340910	0.48	0.10	28.99	7.33
2011	265942	135237	1347350	0.51	0.10	32.58	8.24
2012	257730	135159	1354040	0.52	0.10	35.90	9.46
2013	241710	135163	1360720	0.56	0.10	38.99	10.51
2014	227900	135057	1367820	0.59	0.10	42.05	11.73
2015	219190	134999	1374620	0.62	0.10	44.98	12.88
2016	214960	134921	1382710	0.63	0.10	47.83	14.10

资料来源：笔者根据《中国农业统计资料汇编》（1949～2004）、《中国统计年鉴》（2018）、《中国农业统计年鉴》（2017）计算整理所得。

附表1-5　1961~2016年印度农业集约化程度

年份	耕地面积（千公顷）	总人口（千人）	平均每人耕地面积（公顷/人）	平均每千公顷耕地拖拉机使用量（台/千公顷）	平均每千公顷耕地收割机使用量（台/千公顷）
1961	160986	458495	0.35	0.19	0.04
1962	162400	467853	0.35	0.22	0.04
1963	162050	477528	0.34	0.25	0.04
1964	162118	487485	0.33	0.27	0.04
1965	162434	497702	0.33	0.30	0.04
1966	162720	508162	0.32	0.33	0.04
1967	163790	518890	0.32	0.40	0.04
1968	164569	529967	0.31	0.47	0.04
1969	164476	541505	0.30	0.55	0.04
1970	165060	553579	0.30	0.61	0.05
1971	164556	566225	0.29	0.87	0.05
1972	164986	579412	0.28	1.03	0.05
1973	166044	593059	0.28	1.11	0.05
1974	166501	607050	0.27	1.22	0.05
1975	166838	621302	0.27	1.36	0.05
1976	167057	635772	0.26	1.50	0.05
1977	167059	650485	0.26	1.76	0.05
1978	168239	665502	0.25	1.99	0.06
1979	168444	680916	0.25	2.25	0.07
1980	168154	696784	0.24	2.28	0.07
1981	168412	713118	0.24	2.48	0.08
1982	168746	729868	0.23	2.74	0.09
1983	168532	746949	0.23	2.98	0.10
1984	169418	764245	0.22	3.27	0.10
1985	169340	781667	0.22	3.59	0.11
1986	169409	799181	0.21	3.83	0.12
1987	169705	816793	0.21	4.11	0.13
1988	169368	834489	0.20	4.43	0.28
1989	169976	852270	0.20	5.44	0.42

续表

年份	耕地面积（千公顷）	总人口（千人）	平均每人耕地面积（公顷/人）	平均每千公顷耕地拖拉机使用量（台/千公顷）	平均每千公顷耕地收割机使用量（台/千公顷）
1990	170109	870133	0.20	5.81	0.57
1991	170182	888055	0.19	6.25	0.72
1992	170006	906021	0.19	6.68	0.87
1993	170286	924058	0.18	7.02	1.01
1994	170325	942204	0.18	7.38	1.16
1995	169911	960483	0.18	7.97	1.31
1996	169525	978893	0.17	8.86	1.46
1997	170101	997405	0.17	9.70	1.60
1998	170029	1015974	0.17	10.57	1.75
1999	170125	1034539	0.16	11.43	1.90
2000	170130	1053051	0.16	12.29	2.05
2001	169825	1071478	0.16	13.18	2.20
2002	170032	1089807	0.16	14.03	2.34
2003	169799	1108028	0.15	14.92	2.50
2004	169891	1126136	0.15	—	—
2005	169674	1144119	0.15	—	—
2006	169462	1161978	0.15	—	—
2007	169202	1179681	0.14	—	—
2008	169395	1197147	0.14	—	—
2009	169724	1214270	0.14	—	—
2010	169234	1230981	0.14	—	—
2011	169369	1247236	0.14	—	—
2012	169346	1263066	0.13	—	—
2013	169442	1278562	0.13	—	—
2014	169463	1293859	0.13	—	—
2015	169463	1309054	0.13	—	—
2016	169463	1324171	0.13	—	—

资料来源：笔者根据联合国粮农组织数据库计算整理所得。

附表1-6 1969~2016年日本农业集约化程度

年份	农业经济人口（千人）	耕地面积（千公顷）	总人口（千人）	农业经济人口人均耕地面积（公顷/人）	平均每人耕地面积（公顷/人）	平均每千公顷耕地拖拉机使用量（台/千公顷）	平均每千公顷耕地收割机使用量（台/千公顷）
1969	9460	5752	103492	0.61	0.06	48.33	7.82
1970	8860	5796	104926	0.65	0.06	47.96	14.53
1971	8150	5741	106425	0.70	0.05	48.45	20.38
1972	7550	5684	107977	0.75	0.05	51.17	27.92
1973	7050	5647	109533	0.80	0.05	60.44	38.45
1974	6750	5615	111030	0.83	0.05	97.95	61.28
1975	6610	5573	112423	0.84	0.05	129.39	76.80
1976	6430	5536	113690	0.86	0.05	150.29	94.83
1977	6340	5515	114839	0.87	0.05	172.62	115.68
1978	6330	5494	115890	0.87	0.05	199.46	116.20
1979	6130	5474	116878	0.89	0.05	200.18	136.48
1980	5770	5461	117827	0.95	0.05	269.44	161.86
1981	5570	5442	118743	0.98	0.05	259.63	168.38
1982	5480	5426	119616	0.99	0.05	281.24	179.54
1983	5310	5411	120438	1.02	0.04	292.79	187.01
1984	5120	5396	121200	1.05	0.04	305.84	193.07
1985	5090	5379	121894	1.06	0.04	344.60	206.27
1986	4950	5358	122520	1.08	0.04	342.27	214.64
1987	4890	5340	123083	1.09	0.04	356.57	224.93
1988	4740	5317	123595	1.12	0.04	373.25	233.89
1989	4630	5279	124069	1.14	0.04	388.16	238.32
1990	4510	5243	124516	1.16	0.04	408.58	231.72
1991	4270	5204	124940	1.22	0.04	377.79	224.63
1992	4110	5165	125341	1.26	0.04	387.80	224.20

续表

年份	农业经济人口（千人）	耕地面积（千公顷）	总人口（千人）	农业经济人口人均耕地面积（公顷/人）	平均每人耕地面积（公顷/人）	平均每千公顷耕地拖拉机使用量（台/千公顷）	平均每千公顷耕地收割机使用量（台/千公顷）
1993	3830	5124	125718	1.34	0.04	398.32	226.00
1994	3730	5083	126063	1.36	0.04	405.27	226.24
1995	3670	5038	126375	1.37	0.04	421.40	238.84
1996	3560	4994	126654	1.40	0.04	424.91	234.28
1997	3500	4949	126903	1.41	0.04	428.57	230.35
1998	3430	4905	127127	1.43	0.04	432.21	228.34
1999	3350	4866	127336	1.45	0.04	435.68	230.17
2000	3260	4830	127534	1.48	0.04	419.81	216.93
2001	3130	4793	127724	1.53	0.04	418.17	215.45
2002	2960	4763	127903	1.61	0.04	415.89	213.63
2003	2930	4736	128068	1.62	0.04	413.32	211.66
2004	2860	4714	128214	1.65	0.04	410.29	209.44
2005	2820	4692	128336	1.66	0.04	407.23	207.20
2006	2720	4671	128433	1.72	0.04	—	—
2007	2720	4650	128505	1.71	0.04	—	—
2008	2680	4628	128551	1.73	0.04	—	—
2009	2620	4609	128567	1.76	0.04	—	—
2010	2520	4593	128552	1.82	0.04	—	—
2011	2490	4561	128505	1.83	0.04	—	—
2012	2400	4549	128426	1.90	0.04	—	—
2013	2330	4538	128313	1.95	0.04	—	—
2014	2300	4518	128163	1.96	0.04	—	—
2015	2290	4496	127975	1.96	0.04	—	—
2016	2230	4471	127749	2.00	0.03	—	—

资料来源：笔者根据联合国粮农组织数据库计算整理所得。

附表1-7　1969～2014年韩国农业集约化程度

年份	农业经济人口（千人）	耕地面积（千公顷）	总人口（千人）	农业从业人口人均耕地面积（公顷/人）	平均每人耕地面积（公顷/人）	平均每千公顷耕地拖拉机使用量（台/千公顷）	平均每千公顷耕地收割机使用量（台/千公顷）
1969	4825	2311	31558	0.48	0.07	0.04	0.00
1970	4916	2298	32209	0.47	0.07	0.03	0.00
1971	4876	2271	32864	0.47	0.07	0.08	0.01
1972	5346	2242	33518	0.42	0.07	0.09	0.01
1973	5569	2241	34165	0.40	0.07	0.13	0.01
1974	5584	2238	34790	0.40	0.06	0.17	0.02
1975	5425	2240	35387	0.41	0.06	0.25	0.03
1976	5601	2238	35949	0.40	0.06	0.35	0.03
1977	5405	2231	36482	0.41	0.06	0.50	0.03
1978	5181	2222	36998	0.43	0.06	0.72	0.06
1979	4887	2207	37516	0.45	0.06	0.92	0.23
1980	4654	2196	38050	0.47	0.06	1.21	0.55
1981	4801	2188	38607	0.46	0.06	1.77	0.97
1982	4612	2180	39180	0.47	0.06	2.56	1.61
1983	4315	2167	39752	0.50	0.05	3.53	2.63
1984	3914	2153	40300	0.55	0.05	4.50	3.91
1985	3733	2144	40809	0.57	0.05	5.78	5.44
1986	3662	2141	41269	0.58	0.05	7.55	7.24
1987	3580	2143	41691	0.60	0.05	9.27	9.48
1988	3484	2138	42091	0.61	0.05	11.51	11.80
1989	3438	2127	42496	0.62	0.05	14.73	15.46
1990	3237	2109	42923	0.65	0.05	19.54	20.67
1991	3057	2091	43378	0.68	0.05	25.33	25.86
1992	2998	2070	43853	0.69	0.05	30.99	29.58
1993	2849	2055	44341	0.72	0.05	37.37	32.93
1994	2731	2033	44826	0.74	0.05	43.63	34.53
1995	2535	1985	45299	0.78	0.04	50.59	36.41
1996	2429	1945	45757	0.80	0.04	58.25	37.96

续表

年份	农业经济人口（千人）	耕地面积（千公顷）	总人口（千人）	农业从业人口人均耕地面积（公顷/人）	平均每人耕地面积（公顷/人）	平均每千公顷耕地拖拉机使用量（台/千公顷）	平均每千公顷耕地收割机使用量（台/千公顷）
1997	2385	1924	46203	0.81	0.04	68.27	38.60
1998	2481	1910	46627	0.77	0.04	82.66	40.89
1999	2349	1899	47024	0.81	0.04	92.76	44.23
2000	2243	1918	47386	0.86	0.04	99.91	45.35
2001	2148	1889	47713	0.88	0.04	106.45	46.48
2002	2069	1863	48005	0.90	0.04	110.77	46.94
2003	1950	1846	48265	0.95	0.04	114.61	47.05
2004	1825	1836	48498	1.01	0.04	119.64	47.63
2005	1815	1824	48708	1.00	0.04	124.93	47.60
2006	1785	1800	48896	1.01	0.04	131.50	48.05
2007	1779	1782	49062	1.00	0.04	136.74	47.49
2008	1686	1759	49219	1.04	0.04	144.13	48.52
2009	1648	1737	49379	1.05	0.035	—	—
2010	1566	1715	49553	1.09	0.035	—	—
2011	1542	1698	49745	1.10	0.034	—	—
2012	1528	1730	49952	1.13	0.035	—	—
2013	1520	1711	50169	1.13	0.034	—	—
2014	1452	1691	50386	1.16	0.034	—	—

资料来源：笔者根据联合国粮农组织数据库计算整理所得。

附表1-8　1961~2016年美国农业集约化程度

年份	农业经济人口（千人）	耕地面积（千公顷）	总人口（千人）	农业从业人口人均耕地面积（公顷/人）	平均每人耕地面积（公顷/人）	平均每千公顷耕地拖拉机使用量（台/千公顷）	平均每千公顷耕地收割机使用量（台/千公顷）
1961	4800	182509	189655	38.02	0.96	25.70	5.62
1962	4662	178991	192398	38.39	0.93	26.43	5.25
1963	4445	181443	195016	40.82	0.93	26.21	5.07

续表

年份	农业经济人口（千人）	耕地面积（千公顷）	总人口（千人）	农业从业人口人均耕地面积（公顷/人）	平均每人耕地面积（公顷/人）	平均每千公顷耕地拖拉机使用量（台/千公顷）	平均每千公顷耕地收割机使用量（台/千公顷）
1964	4189	179839	197492	42.93	0.91	26.60	5.06
1965	4012	178873	199816	44.58	0.90	26.83	5.00
1966	3712	177550	201975	47.83	0.88	30.81	4.96
1967	3592	176307	203982	49.08	0.86	30.91	4.93
1968	3550	182795	205880	51.49	0.89	29.49	4.49
1969	3449	191014	207733	55.38	0.92	27.77	4.14
1970	3383	190500	209588	56.31	0.91	27.66	3.99
1971	3324	189900	211462	57.13	0.90	27.57	3.82
1972	3374	189300	213352	56.11	0.89	27.50	3.70
1973	3450	188800	215269	54.72	0.88	27.44	3.70
1974	3535	188218	217218	53.24	0.87	27.39	3.60
1975	3462	188218	219205	54.37	0.86	27.20	3.60
1976	3493	188218	221239	53.88	0.85	27.04	3.59
1977	3375	188293	223324	55.79	0.84	26.82	3.59
1978	3425	190624	225450	55.66	0.85	26.17	3.54
1979	3453	190624	227600	55.21	0.84	25.60	3.53
1980	3547	190624	229763	53.74	0.83	24.79	3.53
1981	3522	190624	231939	54.12	0.82	24.64	3.53
1982	3395	189799	234133	55.91	0.81	24.60	3.54
1983	3432	189799	236344	55.30	0.80	24.61	3.53
1984	3333	189799	238574	56.95	0.80	24.64	3.53
1985	3127	189799	240824	60.70	0.79	24.60	3.52
1986	3099	189799	243099	61.25	0.78	24.92	3.52
1987	3148	187776	245403	59.65	0.77	25.50	3.55
1988	3203	187776	247740	58.63	0.76	24.22	3.47
1989	3157	187776	250113	59.48	0.75	23.90	3.38
1990	3176	187776	252530	59.12	0.74	23.57	3.29
1991	3214	187776	254975	58.42	0.74	23.25	3.20

续表

年份	农业经济人口（千人）	耕地面积（千公顷）	总人口（千人）	农业从业人口人均耕地面积（公顷/人）	平均每人耕地面积（公顷/人）	平均每千公顷耕地拖拉机使用量（台/千公顷）	平均每千公顷耕地收割机使用量（台/千公顷）
1992	3126	186180	257454	59.56	0.72	23.12	3.06
1993	3176	184948	260020	58.23	0.71	23.35	3.00
1994	3235	184139	262742	56.92	0.70	23.52	2.93
1995	3438	184139	265659	53.56	0.69	23.59	2.85
1996	3389	181306	268803	53.50	0.67	24.03	2.82
1997	3401	180092	272137	52.95	0.66	24.27	2.68
1998	2332	179282	275543	76.88	0.65	24.62	2.68
1999	2344	178068	278862	75.97	0.64	25.04	2.69
2000	2327	178068	281983	76.52	0.63	25.29	2.68
2001	2245	178100	284852	79.33	0.63	25.54	2.67
2002	2248	175707	287507	78.16	0.61	26.14	2.33
2003	2224	174364	290028	78.40	0.60	26.11	2.28
2004	2174	169756	292539	78.08	0.58	26.58	2.26
2005	2132	167815	295130	78.71	0.57	26.64	2.22
2006	2172	163041	297827	75.07	0.55	27.17	2.20
2007	2128	164480	300595	77.29	0.55	26.69	2.11
2008	2115	164413	303374	77.74	0.54	—	—
2009	2064	160561	306076	77.79	0.52	—	—
2010	2092	158526	308641	75.78	0.51	—	—
2011	2139	154269	311051	72.12	0.50	—	—
2012	2103	157708	313335	74.99	0.50	—	—
2013	2145	154842	315537	72.19	0.49	—	—
2014	2139	156866	317719	73.34	0.49	—	—
2015	2252	154863	319929	68.77	0.48	—	—
2016	2269	154863	322180	68.25	0.48	—	—

资料来源：笔者根据联合国粮农组织数据库计算整理所得。

附表1-9　1969~2014年法国农业集约化程度

年份	农业经济人口（千人）	耕地面积（千公顷）	总人口（千人）	农业从业人口人均耕地面积（公顷/人）	平均每人耕地面积（公顷/人）	平均每千公顷耕地拖拉机使用量（台/千公顷）	平均每千公顷耕地收割机使用量（台/千公顷）
1969	2902	19265	50466	6.64	0.38	62.76	6.82
1970	2751	19101	50844	6.94	0.38	64.41	6.98
1971	2612	18690	51273	7.15	0.36	68.37	7.52
1972	2470	18632	51740	7.54	0.36	70.15	7.92
1973	2345	18701	52212	7.97	0.36	70.64	8.07
1974	2242	18887	52646	8.42	0.36	70.80	8.26
1975	2156	18954	53011	8.79	0.36	71.91	8.08
1976	2082	18737	53296	9.00	0.35	73.25	8.22
1977	2013	18836	53516	9.36	0.35	74.30	7.70
1978	1955	18975	53696	9.71	0.35	74.47	7.79
1979	1880	18922	53872	10.06	0.35	75.28	7.92
1980	1821	18872	54071	10.36	0.35	78.08	7.55
1981	1754	18916	54298	10.79	0.35	78.48	7.64
1982	1691	19023	54548	11.25	0.35	78.52	7.73
1983	1640	19027	54818	11.60	0.35	78.57	7.79
1984	1586	19145	55103	12.07	0.35	77.90	7.80
1985	1530	19242	55397	12.58	0.35	77.50	6.82
1986	1480	19302	55704	13.04	0.35	76.93	7.80
1987	1423	19459	56025	13.67	0.35	76.11	7.78
1988	1367	19051	56348	13.93	0.34	77.44	6.72
1989	1309	18928	56663	14.46	0.33	77.03	6.66
1990	1248	18993.5	56961	15.21	0.33	75.82	6.54
1991	1196	19037.3	57238	15.91	0.33	74.07	6.42
1992	1150	19051.5	57497	16.57	0.33	72.96	6.32
1993	1101	19229.6	57745	17.47	0.33	70.72	6.16
1994	1048	19284.3	57991	18.39	0.33	68.97	6.05
1995	1071	19347.8	58242	18.07	0.33	67.80	5.93
1996	1062	19367.9	58500	18.24	0.33	66.61	5.82

续表

年份	农业经济人口（千人）	耕地面积（千公顷）	总人口（千人）	农业从业人口人均耕地面积（公顷/人）	平均每人耕地面积（公顷/人）	平均每千公顷耕地拖拉机使用量（台/千公顷）	平均每千公顷耕地收割机使用量（台/千公顷）
1997	1018	19420.9	58763	19.08	0.33	65.86	5.72
1998	981	19462	59035	19.84	0.33	65.46	5.50
1999	955	19497	59316	20.42	0.33	65.09	5.27
2000	958	19495	59608	20.36	0.33	64.84	4.67
2001	964	19481	59911	20.22	0.33	64.89	4.67
2002	987	19500	60225	19.76	0.32	64.82	4.67
2003	1044	19471	60550	18.64	0.32	63.41	4.48
2004	947	19479	60887	20.57	0.32	61.88	4.29
2005	903	19488	61234	21.58	0.32	60.37	4.11
2006	935	19436	61593	20.80	0.32	—	—
2007	881	19358	61961	21.98	0.31	—	—
2008	711	19320	62330	27.19	0.31	—	—
2009	753	19283	62688	25.63	0.31	—	—
2010	746	19312	63027	25.90	0.31	—	—
2011	750	19282	63344	25.70	0.30	—	—
2012	749	19286	63640	25.73	0.30	—	—
2013	786	19302	63920	24.55	0.30	—	—
2014	714	19328	64191	27.07	0.30	—	—

资料来源：笔者根据联合国粮农组织数据库数据计算整理所得。

附表1-10 1978~2017年中国人民币汇率（中间价）

单位：人民币（元）

年份	100美元	100日元	年份	100美元	100日元
1978	168.36	0.81	1998	827.91	6.35
1979	155.49	0.71	1999	827.83	7.29
1980	149.84	0.66	2000	827.84	7.69
1981	170.50	0.77	2001	827.70	6.81
1982	189.25	0.76	2002	827.70	6.62
1983	197.57	0.83	2003	827.70	7.15

续表

年份	100 美元	100 日元	年份	100 美元	100 日元
1984	232.70	0.98	2004	827.68	7.66
1985	293.66	1.25	2005	819.17	7.45
1986	345.28	2.07	2006	797.18	6.86
1987	372.21	2.58	2007	760.40	6.46
1988	372.21	2.91	2008	694.51	6.74
1989	376.51	2.74	2009	683.10	7.30
1990	478.32	3.32	2010	676.95	7.73
1991	532.33	3.96	2011	645.88	8.11
1992	551.46	4.36	2012	631.25	7.90
1993	576.20	5.20	2013	619.32	6.33
1994	861.87	8.44	2014	614.28	5.82
1995	835.10	8.92	2015	622.84	5.15
1996	831.42	7.64	2016	664.23	6.12
1997	828.98	6.86	2017	675.18	6.02

资料来源：《中国统计年鉴》（2007）、《中国金融年鉴》（1984）。

附表 1-11　2005~2016 年中国小麦成本

年份	成本构成（%）			每亩成本（元）	每50公斤成本（元）	亩产量（公斤）
	劳动力	资本与物质费用	土地			
2005	31.14	55.53	13.33	389.61	59.79	325.80
2006	29.55	56.96	13.49	404.77	57.53	351.80
2007	28.44	55.86	15.70	438.61	60.93	359.90
2008	26.72	55.90	17.38	498.55	64.20	388.30
2009	25.69	55.99	18.32	567.00	74.98	378.08
2010	28.91	51.46	19.63	618.63	83.59	370.02
2011	31.68	50.17	18.15	712.28	91.51	389.17
2012	35.09	47.77	17.14	830.44	108.48	382.76
2013	37.58	45.60	16.82	914.71	122.18	374.32
2014	37.79	43.42	18.79	965.13	112.75	428.01
2015	37.02	42.69	20.29	984.30	116.96	420.79
2016	36.64	42.92	20.44	1012.51	124.59	406.34

资料来源：笔者根据中国成本调查网数据计算整理所得。

附表1-12　2005~2016年中国稻谷成本

年份	成本构成（%）			每亩成本（元）	每50公斤成本（元）	亩产量（公斤）
	劳动力	资本与物质费用	土地			
2005	37.41	49.15	13.44	493.31	55.84	431.00
2006	35.96	49.25	14.80	518.23	57.99	436.30
2007	35.01	49.70	15.29	555.16	60.32	450.20
2008	32.27	51.33	16.39	665.10	70.23	464.20
2009	33.20	48.86	17.94	683.12	72.44	462.48
2010	34.77	46.78	18.45	766.63	84.04	447.75
2011	36.56	45.64	17.80	896.98	95.15	464.45
2012	40.43	42.98	16.58	1055.10	108.65	478.75
2013	42.51	40.70	16.79	1151.11	120.34	471.67
2014	42.55	39.93	17.52	1176.55	119.78	484.98
2015	42.31	39.82	17.87	1202.12	120.45	492.64
2016	41.22	40.32	18.47	1201.81	122.34	484.75

资料来源：笔者根据中国成本调查网数据计算整理所得。

附表1-13　2005~2016年中国玉米成本

年份	成本构成（%）			每亩成本（元）	每50公斤成本（元）	亩产量（公斤）
	劳动力	资本与物质费用	土地			
2005	37.83	44.89	17.29	392.28	44.65	422.60
2006	36.41	45.75	17.84	411.77	46.90	423.50
2007	35.53	44.19	20.28	449.70	51.68	422.40
2008	33.81	46.48	19.71	523.45	55.58	457.20
2009	34.95	43.74	21.31	551.10	62.21	429.94
2010	37.16	41.19	21.65	632.59	67.89	452.74
2011	38.67	40.36	20.97	764.23	78.91	472.24
2012	43.11	37.28	19.61	924.22	91.55	492.55
2013	45.00	35.54	19.46	1012.04	101.07	488.01
2014	44.62	34.29	21.09	1063.89	103.86	499.79
2015	43.25	34.72	22.03	1083.72	107.55	488.81
2016	42.99	34.68	22.33	1065.59	107.12	480.29

资料来源：笔者根据中国成本调查网数据计算整理所得。

附表 1-14 2005~2016 年中国大豆成本

年份	成本构成（%）			每亩成本（元）	每50公斤成本（元）	亩产量（公斤）
	劳动力	资本与物质费用	土地			
2005	30.14	42.06	27.80	270.54	98.66	132.20
2006	30.60	41.01	28.39	267.53	100.32	128.40
2007	30.06	40.01	29.93	291.75	129.36	110.10
2008	25.38	44.17	30.45	347.99	121.80	139.70
2009	27.38	38.29	34.33	378.19	143.40	128.79
2010	26.74	38.28	34.97	431.20	142.38	148.03
2011	27.90	36.71	35.39	488.77	163.40	146.32
2012	30.70	35.41	33.89	578.20	193.37	146.68
2013	32.11	32.64	35.26	625.90	222.39	138.04
2014	32.48	30.41	37.12	667.34	228.21	143.60
2015	31.89	29.91	38.20	674.71	238.86	138.35
2016	32.15	29.68	38.18	678.44	275.36	120.20

资料来源：笔者根据中国成本调查网数据计算整理所得。

附表 1-15 2005~2016 年中国棉花成本

年份	成本构成（%）			每亩成本（元）	每50公斤成本（元）	亩产量（公斤）
	劳动力	资本与物质费用	土地			
2005	50.21	37.33	12.45	791.50	460.68	74.80
2006	50.85	37.11	12.03	870.35	437.70	85.10
2007	50.82	35.85	13.33	965.56	467.42	82.20
2008	48.81	37.35	13.84	1079.97	530.74	83.30
2009	50.22	34.79	14.99	1131.44	522.26	84.24
2010	55.01	31.72	13.27	1323.85	710.31	77.43
2011	54.40	33.10	12.50	1577.45	799.87	84.02
2012	60.35	27.92	11.73	1939.73	900.38	91.53
2013	62.45	25.96	11.59	2177.50	1035.89	88.24
2014	61.81	26.13	12.06	2278.56	953.70	98.08
2015	60.64	27.11	12.25	2288.44	996.40	92.82
2016	60.42	26.48	13.10	2306.61	936.34	98.55

资料来源：笔者根据中国成本调查网数据计算整理所得。

附表1-16　2005~2016年中国蔬菜成本

年份	成本构成（%）			每亩成本（元）	每50公斤成本（元）	亩产量（公斤）
	劳动力	资本与物质费用	土地			
2005	43.15	50.31	6.54	1743.86	25.55	3412.20
2006	40.34	50.59	9.07	1973.90	28.18	3501.90
2007	40.56	51.19	8.25	2102.50	29.46	3567.50
2008	40.73	50.63	8.64	2216.08	31.05	3568.40
2009	43.57	46.67	9.76	2310.46	32.35	3570.52
2010	49.45	41.99	8.57	2698.52	38.51	3503.54
2011	50.25	41.33	8.43	2979.48	39.39	3781.67
2012	53.97	37.46	8.56	3644.72	46.93	3883.15
2013	56.20	35.09	8.71	4050.94	52.82	3834.52
2014	57.70	33.95	8.35	4133.88	54.34	3803.86
2015	59.76	32.28	7.96	4345.30	57.00	3811.45
2016	55.44	37.15	7.41	5084.54	70.10	3626.58

资料来源：笔者根据中国成本调查网数据计算整理所得。

附表1-17　1998~2017年美国小麦成本

年份	成本构成（%）			每亩成本（元）	每50公斤成本（元）	亩产量（公斤）
	劳动力	资本与物质费用	土地			
1998	10.27	67.01	22.71	225.30	61.28	183.82
1999	10.53	66.67	22.80	226.59	64.79	174.86
2000	10.38	67.46	22.16	237.10	69.58	170.37
2001	10.06	68.37	21.57	249.99	79.65	156.92
2002	10.96	66.73	22.31	239.48	95.38	125.54
2003	10.39	68.72	20.89	260.60	70.88	183.82
2004	11.90	68.26	19.83	259.88	72.46	179.34
2005	11.28	68.92	19.80	279.95	78.05	179.34
2006	11.15	70.00	18.85	284.69	96.21	147.95
2007	10.82	70.42	18.77	290.60	87.59	165.89
2008	9.26	73.11	17.63	317.38	86.33	183.82
2009	6.78	75.67	17.55	296.23	82.59	179.34
2010	7.00	74.81	18.19	287.05	71.14	201.76

续表

年份	成本构成（%）			每亩成本（元）	每50公斤成本（元）	亩产量（公斤）
	劳动力	资本与物质费用	土地			
2011	6.42	75.27	18.31	305.98	89.80	170.37
2012	6.31	74.62	19.07	314.05	79.60	197.27
2013	6.27	73.31	20.41	318.35	91.03	174.86
2014	6.25	73.18	20.57	320.06	96.47	165.89
2015	6.59	72.15	21.25	318.59	88.82	179.34
2016	7.06	72.04	20.90	329.30	72.01	228.66
2017	7.25	71.90	20.85	336.42	91.51	183.82

资料来源：Commodity Costs and Returns：U. S. and Regional Cost and Return Data，https：//www.ers.usda.gov/data-products/commodity-costs-and-returns/。

附表 1-18　2000~2017 年美国稻谷成本

年份	成本构成（%）			每亩成本（元）	每50公斤成本（元）	亩产量（公斤）
	劳动力	资本与物质费用	土地			
2000	12.06	69.27	18.66	789.47	77.69	508.12
2001	11.79	70.66	17.55	810.10	78.56	515.59
2002	12.72	68.99	18.29	799.46	75.34	530.54
2003	12.24	70.66	17.10	837.71	78.95	530.54
2004	11.95	70.69	17.35	888.74	80.36	552.95
2005	11.07	72.82	16.11	949.54	89.49	530.54
2006	8.76	73.87	17.37	894.28	83.11	538.01
2007	8.69	75.03	16.28	901.59	79.38	567.90
2008	7.74	76.94	15.33	945.13	87.84	538.01
2009	7.97	74.11	17.92	925.12	83.65	552.95
2010	7.90	74.30	17.80	920.30	87.97	523.06
2011	7.25	74.37	18.38	1005.77	93.47	538.01
2012	7.19	73.19	19.62	1021.58	87.64	582.84
2013	9.19	75.21	15.60	1036.96	83.60	620.20
2014	9.18	76.01	14.81	1025.71	83.70	612.73
2015	9.98	73.94	16.08	996.91	82.35	605.26
2016	10.69	73.43	15.89	1029.07	88.28	582.84
2017	11.01	73.17	15.82	1052.89	88.07	597.79

资料来源：Commodity Costs and Returns：U. S. and Regional Cost and Return Data，https：//www.ers.usda.gov/data-products/commodity-costs-and-returns/。

附表1-19　1997~2017年美国玉米成本

年份	成本构成（%）			每亩成本（元）	每50公斤成本（元）	亩产量（公斤）
	劳动力	资本与物质费用	土地			
1997	9.06	67.62	23.32	496.72	45.66	543.98
1998	9.32	66.88	23.80	494.90	43.48	569.09
1999	9.52	66.69	23.79	497.40	44.02	564.91
2000	9.40	66.98	23.62	515.94	44.67	577.46
2001	8.00	67.18	24.82	475.23	39.43	602.57
2002	8.61	65.23	26.16	455.84	40.65	560.72
2003	8.37	66.46	25.17	483.25	38.75	623.49
2004	7.99	67.60	24.41	514.72	36.39	707.18
2005	6.23	69.66	24.11	522.09	41.87	623.49
2006	6.28	71.55	22.17	538.09	46.59	577.46
2007	5.99	72.11	21.90	556.14	46.47	598.38
2008	5.19	74.52	20.28	605.67	50.26	602.57
2009	5.10	72.41	22.49	619.71	47.47	652.78
2010	4.63	72.22	23.14	613.58	46.11	665.33
2011	4.19	73.28	22.53	652.72	53.42	610.93
2012	4.08	72.21	23.71	679.65	68.82	493.77
2013	4.07	71.13	24.80	690.15	52.86	652.78
2014	4.05	70.50	25.46	698.04	49.06	711.36
2015	4.28	69.19	26.53	692.92	49.58	698.81
2016	3.70	71.47	24.83	757.26	48.13	786.68
2017	3.85	71.23	24.91	758.61	47.71	795.05

资料来源：Commodity Costs and Returns：U.S. and Regional Cost and Return Data，https：//www.ers.usda.gov/data-products/commodity-costs-and-returns/。

附表1-20　1997~2017年美国大豆成本

年份	成本构成（%）			每亩成本（元）	每50公斤成本（元）	亩产量（公斤）
	劳动力	资本与物质费用	土地			
1997	7.96	60.82	31.22	335.71	87.07	192.79
1998	8.12	60.51	31.37	337.64	87.57	192.79
1999	8.22	59.76	32.02	339.60	94.68	179.34
2000	8.47	60.00	31.53	346.53	94.26	183.82

续表

年份	成本构成（%）			每亩成本（元）	每50公斤成本（元）	亩产量（公斤）
	劳动力	资本与物质费用	土地			
2001	8.41	60.55	31.04	360.08	93.39	192.79
2002	7.51	57.69	34.80	316.34	88.20	179.34
2003	7.55	58.09	34.35	325.19	100.74	161.41
2004	7.29	59.02	33.69	339.52	84.14	201.76
2005	7.11	60.10	32.78	356.79	84.66	210.72
2006	6.11	62.91	30.99	365.20	88.54	206.24
2007	6.09	65.25	28.66	372.10	92.22	201.76
2008	5.63	66.54	27.83	382.92	99.31	192.79
2009	5.40	64.60	30.01	403.17	95.66	210.72
2010	5.34	64.36	30.29	406.03	96.34	210.72
2011	5.00	63.50	31.50	407.56	103.30	197.27
2012	4.47	64.09	31.43	455.05	120.83	188.31
2013	4.44	62.62	32.94	467.59	121.27	192.79
2014	4.44	62.34	33.22	472.30	109.73	215.21
2015	4.65	61.26	34.08	475.37	110.44	215.21
2016	4.98	62.61	32.41	485.25	104.07	233.14
2017	5.11	62.68	32.21	493.29	112.27	219.69

资料来源：Commodity Costs and Returns：U. S. and Regional Cost and Return Data，https：//www.ers.usda.gov/data-products/commodity-costs-and-returns/。

附表1-21　1997～2017年美国棉花成本

年份	成本构成（%）			每亩成本（元）	每50公斤成本（元）	亩产量（公斤）
	劳动力	资本与物质费用	土地			
1997	11.96	76.74	11.30	705.04	681.69	51.71
1998	13.59	76.42	9.98	628.96	876.73	35.87
1999	13.27	76.11	10.62	665.60	762.58	43.64
2000	12.92	77.10	9.98	705.96	830.14	42.52
2001	12.85	78.89	8.26	723.38	761.01	47.53
2002	13.40	77.76	8.84	721.33	786.05	45.88
2003	10.13	79.26	10.61	677.32	610.76	55.45
2004	9.76	80.73	9.51	683.81	563.46	60.68

续表

年份	成本构成（%）			每亩成本（元）	每50公斤成本（元）	亩产量（公斤）
	劳动力	资本与物质费用	土地			
2005	9.17	81.56	9.26	734.43	601.46	61.05
2006	9.22	81.97	8.82	728.95	710.97	51.26
2007	5.76	86.02	8.22	834.76	613.09	68.08
2008	5.81	85.89	8.30	784.51	830.54	47.23
2009	5.91	84.73	9.36	774.27	838.28	46.18
2010	5.60	85.10	9.30	814.87	699.00	58.29
2011	5.55	84.60	9.85	794.61	1071.90	37.07
2012	5.31	84.51	10.18	838.05	840.67	49.84
2013	5.47	83.76	10.77	820.10	944.43	43.42
2014	5.36	83.90	10.74	843.61	824.01	51.19
2015	7.12	83.16	9.72	749.24	632.96	59.19
2016	7.46	82.93	9.62	791.12	658.37	60.08
2017	7.64	82.65	9.71	804.64	678.05	59.33

资料来源：Commodity Costs and Returns：U.S. and Regional Cost and Return Data，https：//www.ers.usda.gov/data-products/commodity-costs-and-returns/。

附表1-22　1985~2005年日本小麦成本结构

单位：%

年份	总成本	劳动力	资本与物质费用	土地
1985	100.00	18.70	60.70	20.60
1990	100.00	16.16	63.80	20.04
1995	100.00	17.37	63.53	19.10
2000	100.00	16.03	65.53	18.44
2004	100.00	14.14	68.68	17.18
2005	100.00	14.14	68.64	17.22

资料来源：笔者根据http://www.maff.go.jp/toukei/abstract/1_6index.htm整理计算所得。

附表1-23　1985~2005年日本稻谷成本结构

单位：%

年份	总成本	劳动力	资本与物质费用	土地
1985	100.00	30.59	51.44	17.97
1990	100.00	29.39	53.21	17.40
1995	100.00	32.74	50.64	16.62

续表

年份	总成本	劳动力	资本与物质费用	土地
2000	100.00	32.96	52.63	14.41
2004	100.00	30.65	55.44	13.91
2005	100.00	29.92	56.42	13.66

资料来源：笔者根据http：//www.maff.go.jp/toukei/abstract/1_6index.htm整理计算所得。

附表1-24　2012~2016年日本稻谷成本

年份	成本构成（%）			每亩成本（元）	每50公斤成本（元）	亩产量（公斤）
	劳动力	资本与物质费用	土地			
2012	25.22	63.60	11.18	7575.15	1073.98	352.67
2013	26.31	62.11	11.59	5756.67	817.71	352.00
2014	25.98	62.80	11.22	5286.38	753.76	350.67
2015	25.80	62.98	11.22	4621.85	667.90	346.00
2016	26.20	62.54	11.26	5376.05	756.48	355.33

资料来源：Production Cost of Agricultural Products, http：//www.maff.go.jp/e/data/stat/91th/index.html#6。

附表1-25　2014~2016年日本小麦成本

年份	成本构成（%）			每亩成本（元）	每50公斤成本（元）	亩产量（公斤）
	劳动力	资本与物质费用	土地			
2014	1.25	96.82	1.93	2433.54	412.00	295.33
2015	0.99	97.54	1.46	2198.64	302.56	363.33
2016	1.37	96.57	2.06	2572.60	472.91	272.00

资料来源：Production Cost of Agricultural Products, http：//www.maff.go.jp/e/data/stat/91th/index.html#6。

附录 2　工业部分

附表 2－1　2009～2018 年全国主要城市地价平均值状况

单位：元/平方米

年份	综合	商业用途	居住用途	工业用途
2009	2653	4712	3824	597
2010	2882	5185	4245	629
2011	3049	5654	4518	652
2012	3129	5843	4620	670
2013	3349	6306	5033	700
2014	3522	6552	5277	742
2015	3633	6729	5484	760
2016	3826	6937	5918	782
2017	4083	7251	6522	806
2018	4335	7600	7080	834

资料来源：中国地价信息服务平台，http://www.landvalue.com.cn/Lvmonitor/Index。

附表 2－2　2009～2018 年环渤海地区主要城市地价平均值状况

单位：元/平方米

年份	综合	商业用途	居住用途	工业用途
2009	2899	5062	4379	615
2010	3182	5619	4982	645
2011	3329	6001	5223	669
2012	3395	6135	5327	682
2013	3553	6582	5639	699
2014	3703	6865	5933	721
2015	3823	7078	6178	737

续表

年份	综合	商业用途	居住用途	工业用途
2016	4091	7470	6804	764
2017	4380	7913	7509	790
2018	4680	8268	8204	827

资料来源：中国地价信息服务平台，http：//www.landvalue.com.cn/Lvmonitor/Index。

附表2－3 2009～2018年珠江三角洲地区主要城市地价平均值状况

单位：元/平方米

年份	综合	商业用途	居住用途	工业用途
2009	3460	9752	5894	698
2010	3830	12247	6397	762
2011	4171	14822	7172	795
2012	4314	15144	7336	831
2013	4864	17214	8633	906
2014	5548	18311	9678	1060
2015	6023	19576	10644	1141
2016	6640	20874	12071	1234
2017	7386	21924	13985	1341
2018	8170	22895	15873	1482

资料来源：中国地价信息服务平台，http：//www.landvalue.com.cn/Lvmonitor/Index。

附表2－4 2009～2018年长江三角洲地区主要城市地价平均值状况

单位：元/平方米

年份	综合	商业用途	居住用途	工业用途
2009	4126	7063	6800	763
2010	4403	7592	7334	803
2011	4582	8245	7499	830
2012	4661	8383	7505	858
2013	4901	8817	8054	884
2014	5042	8879	8205	928
2015	5209	9007	8642	948
2016	5563	9112	9746	979
2017	5829	9299	10569	1002
2018	5990	9433	10910	1027

资料来源：中国地价信息服务平台，http：//www.landvalue.com.cn/Lvmonitor/Index。

附表2-5　2009~2018年东北地区主要城市地价平均值状况

单位：元/平方米

年份	综合	商业用途	居住用途	工业用途
2009	1981	3926	2144	506
2010	2113	4176	2337	521
2011	2209	4377	2469	535
2012	2256	4451	2535	543
2013	2360	4667	2689	553
2014	2430	4767	2786	566
2015	2481	4848	2873	571
2016	2558	4971	3019	575
2017	2685	5230	3257	580
2018	2904	5633	3681	590

资料来源：中国地价信息服务平台，http://www.landvalue.com.cn/Lvmonitor/Index。

附表2-6　2009~2018年华东地区主要城市地价平均值状况

单位：元/平方米

年份	综合	商业用途	居住用途	工业用途
2009	6604	14546	9399	932
2010	7156	15876	10238	1001
2011	7415	16960	10467	1043
2012	7700	17504	10782	1097
2013	8424	18579	12187	1163
2014	8908	19069	12738	1262
2015	9383	19550	13544	1319
2016	10537	20164	16069	1387
2017	11245	20956	17494	1445
2018	11597	21583	18042	1491

资料来源：中国地价信息服务平台，http://www.landvalue.com.cn/Lvmonitor/Index。

附表 2-7　2009~2018 年华北地区主要城市地价平均值状况

单位：元/平方米

年份	综合	商业用途	居住用途	工业用途
2009	2978	3168	4592	781
2010	3361	3463	5380	863
2011	3562	3681	5660	920
2012	3763	3917	5989	964
2013	4251	4637	6856	1038
2014	4687	5188	7734	1099
2015	4874	5397	8056	1140
2016	5334	5843	9078	1198
2017	5919	6563	10371	1262
2018	6263	6885	11007	1336

资料来源：中国地价信息服务平台，http://www.landvalue.com.cn/Lvmonitor/Index。

附表 2-8　2009~2018 年西北地区主要城市地价平均值状况

单位：元/平方米

年份	综合	商业用途	居住用途	工业用途
2009	1485	2452	1779	537
2010	1612	2717	1963	561
2011	1705	2910	2109	577
2012	1747	3032	2154	589
2013	1825	3211	2266	604
2014	1907	3369	2352	636
2015	1939	3436	2383	649
2016	1980	3498	2428	666
2017	2123	3704	2656	693
2018	2330	4093	2988	724

资料来源：中国地价信息服务平台，http://www.landvalue.com.cn/Lvmonitor/Index。

附表 2-9　2009~2018 年西南地区主要城市地价平均值状况

单位：元/平方米

年份	综合	商业用途	居住用途	工业用途
2009	3189	6944	3824	553
2010	3601	7645	4548	560

续表

年份	综合	商业用途	居住用途	工业用途
2011	3870	8811	4883	585
2012	3908	9177	4910	589
2013	4133	9762	5266	603
2014	4165	9998	5281	610
2015	4226	10085	5378	614
2016	4316	10182	5523	620
2017	4654	10495	6119	629
2018	4870	10986	6465	637

资料来源：中国地价信息服务平台，http://www.landvalue.com.cn/Lvmonitor/Index。

附表 2-10　2009~2018 年中南地区主要城市地价平均值状况

单位：元/平方米

年份	综合	商业用途	居住用途	工业用途
2009	3346	7291	5255	719
2010	3742	8785	5870	785
2011	4095	10312	6579	822
2012	4250	10634	6791	859
2013	4723	11799	7794	929
2014	5294	12409	8543	1081
2015	5686	13167	9320	1147
2016	6153	13979	10341	1217
2017	6624	14643	11407	1293
2018	7149	15293	12468	1402

资料来源：中国地价信息服务平台，http://www.landvalue.com.cn/Lvmonitor/Index。

附表 2-11　2009~2018 年东部地区主要城市地价平均值状况

单位：元/平方米

年份	综合	商业用途	居住用途	工业用途
2009	5147	10549	8382	848
2010	5735	12349	9374	926
2011	6129	13900	10026	973
2012	6364	14281	10338	1020

续表

年份	综合	商业用途	居住用途	工业用途
2013	6998	15496	11706	1095
2014	7686	16145	12594	1245
2015	8163	16955	13507	1311
2016	9038	18028	15584	1392
2017	9794	19020	17309	1474
2018	10428	19845	18519	1573

资料来源：中国地价信息服务平台，http://www.landvalue.com.cn/Lvmonitor/Index。

附表2-13 2009~2018年中部地区主要城市地价平均值状况

单位：元/平方米

年份	综合	商业用途	居住用途	工业用途
2009	1800	2787	2073	534
2010	1949	2979	2296	563
2011	2052	3149	2439	583
2012	2131	3294	2541	599
2013	2336	3688	2839	625
2014	2474	3941	3049	642
2015	2542	4054	3158	652
2016	2670	4228	3421	659
2017	2843	4617	3738	667
2018	3001	4915	4036	679

资料来源：中国地价信息服务平台，http://www.landvalue.com.cn/Lvmonitor/Index。

附表2-13 2009~2018年西部地区主要城市地价平均值状况

单位：元/平方米

年份	综合	商业用途	居住用途	工业用途
2009	2426	4334	2978	533
2010	2705	4815	3455	551
2011	2902	5392	3714	576
2012	2967	5701	3770	586
2013	3139	6137	4029	603
2014	3216	6389	4097	621

续表

年份	综合	商业用途	居住用途	工业用途
2015	3266	6478	4167	629
2016	3336	6577	4270	640
2017	3580	6828	4695	657
2018	3798	7229	5046	674

资料来源：中国地价信息服务平台，http://www.landvalue.com.cn/Lvmonitor/Index。

附表2-14 2006年全国重点区域主要城市地价平均值状况

单位：元/平方米

区域	综合	商业用途	居住用途	工业用途
长江三角洲	3722	5949	3446	667
珠江三角洲	2010	2740	2746	543
环渤海地区	3105	5257	3422	637
全国平均	1576	2481	1643	485

资料来源：http://www.landvalue.com.cn/Web_Public/State_LandPrice_Average.aspx。

附表2-15 2005年全国重点区域主要城市地价平均值状况

单位：元/平方米

区域	综合	商业用途	居住用途	工业用途
长江三角洲	2018	3459	1968	734
珠江三角洲	1424	2352	1375	529
环渤海地区	2019	3892	1757	522
全国平均	1212	2006	1184	481

资料来源：http://www.landvalue.com.cn/Web_Public/State_LandPrice_Average.aspx。

附表2-16 2004年全国重点区域主要城市地价平均值状况

单位：元/平方米

区域	综合	商业用途	居住用途	工业用途
长江三角洲	1948	3277	1836	732
珠江三角洲	1383	2295	1333	513
环渤海地区	1065	1719	944	512
全国平均	1182	1946	1131	495

资料来源：http://www.landvalue.com.cn/Web_Public/State_LandPrice_Average.aspx。

附表2-17　2003年全国重点区域主要城市地价平均值状况

单位：元/平方米

区域	综合	商业用途	居住用途	工业用途
长江三角洲	1818	3013	1693	700
珠江三角洲	1359	2261	1321	503
环渤海地区	1907	3259	1693	532
全国平均	1090	1778	1032	463

资料来源：http://www.landvalue.com.cn/Web_Public/State_LandPrice_Average.aspx。

附表2-18　2002年全国重点区域主要城市地价平均值状况

单位：元/平方米

区域	综合	商业用途	居住用途	工业用途
长江三角洲	1695	2718	1533	746
珠江三角洲	1343	2305	1275	493
环渤海地区	1734	3147	1453	495
全国平均	1044	1687	979	456

资料来源：http://www.landvalue.com.cn/Web_Public/State_LandPrice_Average.aspx。

附表2-19　2001年全国重点区域主要城市地价平均值状况

单位：元/平方米

区域	综合	商业用途	居住用途	工业用途
长江三角洲	1530	2400	1328	737
珠江三角洲	1343	2298	1286	493
环渤海地区	1726	3248	1419	482
全国平均	1007	1628	934	447

资料来源：http://www.landvalue.com.cn/Web_Public/State_LandPrice_Average.aspx。

附表2-20　2000年全国重点区域主要城市地价平均值状况

单位：元/平方米

区域	综合	商业用途	居住用途	工业用途
长江三角洲	1485	2321	1275	728
珠江三角洲	1344	2289	1294	493
环渤海地区	1727	3292	1410	479
全国平均	998	1615	923	444

资料来源：http://www.landvalue.com.cn/Web_Public/State_LandPrice_Average.aspx。

附录3 城市化部分

附表3-1 1949~2017年中国历年人口统计数(年底数)

年份	年末总人口（万人）	城镇人口（万人）	城镇人口比重（%）	乡村人口（万人）	乡村人口比重（%）
1949	54167	5765	10.64	48402	89.36
1950	55196	6169	11.18	49027	88.82
1951	56300	6632	11.78	49668	88.22
1952	57482	7163	12.46	50319	87.54
1953	58796	7826	13.31	50970	86.69
1954	60266	8249	13.69	52017	86.31
1955	61465	8285	13.48	53180	86.52
1956	62828	9185	14.62	53643	85.38
1957	64653	9949	15.39	54704	84.61
1958	65994	10721	16.25	55273	83.75
1959	67207	12371	18.41	54836	81.59
1960	66207	13073	19.75	53134	80.25
1961	65859	12707	19.29	53152	80.71
1962	67296	11659	17.32	55636	82.67
1963	69172	11646	16.84	57526	83.16
1964	70499	12950	18.37	57549	81.63
1965	72538	13045	17.98	59493	82.02
1966	74542	13313	17.86	61229	82.14
1967	76368	13548	17.74	62820	82.26
1968	78534	13838	17.62	64696	82.38
1969	80671	14117	17.50	66554	82.50
1970	82992	14424	17.38	68568	82.62

续表

年份	年末总人口（万人）	城镇人口（万人）	城镇人口比重（%）	乡村人口（万人）	乡村人口比重（%）
1971	85229	14711	17.26	70518	82.74
1972	87177	14935	17.13	72242	82.87
1973	89211	15345	17.20	73866	82.80
1974	90859	15595	17.16	75264	82.84
1975	92420	16030	17.34	76390	82.66
1976	93717	16341	17.44	77376	82.56
1977	94974	16669	17.55	78305	82.45
1978	96259	17245	17.92	79014	82.08
1979	97542	18495	18.96	79047	81.04
1980	98705	19140	19.39	79565	80.61
1981	100072	20171	20.16	79901	79.84
1982	101654	21480	21.13	80174	78.87
1983	103008	22274	21.62	80734	78.38
1984	104357	24017	23.01	80340	76.99
1985	105851	25094	23.71	80757	76.29
1986	107507	26366	24.52	81141	75.48
1987	109300	27674	25.32	81626	74.68
1988	111026	28661	25.81	82365	74.19
1989	112704	29540	26.21	83164	73.79
1990	114333	30195	26.41	84138	73.59
1991	115823	31203	26.94	84620	73.06
1992	117171	32175	27.46	84996	72.54
1993	118517	33173	27.99	85344	72.01
1994	119850	34169	28.51	85681	71.49
1995	121121	35174	29.04	85947	70.96
1996	122389	37304	30.48	85085	69.52
1997	123626	39449	31.91	84177	68.09
1998	124761	41608	33.35	83153	66.65
1999	125786	43748	34.78	82038	65.22
2000	126743	45906	36.22	80837	63.78

续表

年份	年末总人口（万人）	城镇人口（万人）	城镇人口比重（％）	乡村人口（万人）	乡村人口比重（％）
2001	127627	48064	37.66	79563	62.34
2002	128453	50212	39.09	78241	60.91
2003	129227	52376	40.53	76851	59.47
2004	129988	54283	41.76	75705	58.24
2005	130756	56212	42.99	74544	57.01
2006	131448	58288	44.34	73160	55.66
2007	132129	60633	45.89	71496	54.11
2008	132802	62403	46.99	70399	53.01
2009	133450	64512	48.34	68938	51.66
2010	134091	66978	49.95	67113	50.05
2011	134735	69079	51.27	65656	48.73
2012	135404	71182	52.57	64222	47.43
2013	136072	73111	53.73	62961	46.27
2014	136782	74916	54.77	61866	45.23
2015	137462	77116	56.10	60346	43.90
2016	138271	79298	57.35	58973	42.65
2017	139008	81347	58.52	57661	41.48

资料来源：历年《中国统计年鉴》。

附表3-2 1978~2017年全国城市数量及人口、面积情况

面积计量单位：平方公里　人口计量单位：万人

年份	城市个数	地级	县级	县及其他个数	城区人口	城区面积	建成区面积	城市建设用地面积
1978	193	98	92	2153	7682.0	—	—	—
1979	216	104	109	2153	8451.0	—	—	—
1980	223	107	113	2151	8940.5	—	—	—
1981	226	110	113	2144	14400.5	206684.0	7438.0	6720.0
1982	245	109	133	2140	14281.6	335382.3	7862.1	7150.5
1983	281	137	141	2091	15940.5	366315.9	8156.3	7365.6
1984	300	148	149	2069	17969.1	480733.3	9249.0	8480.4
1985	324	162	159	2046	20893.4	458066.2	9386.2	8578.6

续表

年份	城市个数	地级	县级	县及其他个数	城区人口	城区面积	建成区面积	城市建设用地面积
1986	353	166	184	2017	22906.2	805834.0	10127.3	9201.6
1987	381	170	208	1986	25155.7	898208.0	10816.5	9787.9
1988	434	183	248	1936	29545.2	1052374.2	12094.6	10821.6
1989	450	185	262	1919	31205.4	1137643.5	12462.2	11170.7
1990	467	185	279	1903	32530.2	1165970.0	12855.7	11608.3
1991	479	187	289	1894	29589.3	980685.0	14011.1	12907.9
1992	517	191	323	1848	30748.2	969728.0	14958.7	13918.1
1993	570	196	371	1795	33780.9	1038910.0	16588.3	15429.8
1994	622	206	413	1735	35833.9	1104712.0	17939.5	20796.2
1995	640	210	427	1716	37789.9	1171698.0	19264.2	22064.0
1996	666	218	445	1696	36234.5	987077.9	20214.2	19001.6
1997	668	222	442	1693	36836.9	835771.8	20791.3	19504.6
1998	668	227	437	1689	37411.8	813585.7	21379.6	20507.6
1999	667	236	427	1682	37590.0	812817.6	21524.5	20877.0
2000	663	259	400	1674	38823.7	878015.0	22439.3	22113.7
2001	662	265	393	1660	35747.3	607644.3	24026.6	24192.7
2002	660	275	381	1649	35219.6	467369.3	25972.6	26832.6
2003	660	282	374	1642	33805.0	399173.2	28308.0	28971.9
2004	661	283	374	1636	34147.4	394672.5	30406.2	30781.3
2005	661	283	374	1636	35923.7	412819.1	32520.7	29636.8
2006	656	283	369	1635	33288.7	166533.5	33659.8	34166.7
2007	655	283	368	1635	33577.0	176065.5	35469.7	36351.7
2008	655	283	368	1635	33471.1	178110.3	36295.3	39140.5
2009	654	283	367	1636	34068.9	175463.6	38107.3	38726.9
2010	657	283	370	1633	35373.5	178691.7	40058.0	39758.4
2011	657	284	369	1627	35425.6	183618.0	43603.2	41805.3
2012	657	285	368	1624	36989.7	183039.4	45565.8	45750.7

续表

年份	城市个数	地级	县级	县及其他个数	城区人口	城区面积	建成区面积	城市建设用地面积
2013	658	286	368	1613	37697.1	183416.1	47855.3	47108.5
2014	653	288	361	1596	38576.5	184098.6	49772.6	49982.7
2015	656	291	361	1568	39437.8	191775.5	52102.3	51584.1
2016	657	293	360	1537	40299.2	198178.6	54331.5	52761.3
2017	661	294	363	1526	40975.7	198357.2	56225.4	55155.5

注：①2005年及以前年份"城区人口"为"城市人口"，"城区面积"为"城市面积"。②2005年、2009年、2011年城市建设用地面积不含上海市。

资料来源：《2017年中国城市建设统计年鉴》。

参考文献

[1] Robert H. Frank, Ben S. Bernanke. 宏观经济学原理（第2版）[M]. 北京：清华大学出版社，2004.

[2] Scott Rozelle, 黄季焜. 中国的农村经济与通向现代工业国之路[J]. 经济学季刊，2005，4（4）：1019-1042.

[3] 阿瑟·刘易斯. 经济增长理论[M]. 上海：上海三联书店，1990.

[4] 保罗·贝罗克. 城市与经济发展[M]. 南昌：江西人民出版社，1991.

[5] 毕宝德. 土地经济学[M]. 北京：中国人民大学出版社，1993.

[6] 毕秀水. 经济增长理论的自然资本观述要[J]. 长白学刊，2006（2）：55-57.

[7] 毕秀水. 经济增长理论生态要素的缺失及其重构[J]. 学习与探索，2004（6）：107-109.

[8] 毕秀水. 有效经济增长研究——资源与环境约束下的现代经济增长[M]. 北京：中国财政经济出版社，2005.

[9] 曹建海. 我国工业性土地利用与土地政策[J]. 中国发展观察，2006（5）：10-12.

[10] 陈波翀，郝寿义. 自然资源对中国城市化水平的影响研究[J]. 自然资源学报，2005，20（3）：394-399.

[11] 成德宁. 城市化与经济发展[M]. 北京：科学出版社，2004.

[12] 崔云. 中国经济增长中土地资源的"尾效"分析[J]. 经济理论与经济管理，2007（5）：32-37.

[13] 戴雄武. 我国农业生产水平与发达国家比较[J]. 经济理论与经济管理，1999（1）：65-68.

[14] 丁成日. 城市土地需求分析[J]. 国外城市规划，2005（4）：19-25.

[15] 杜尔阁. 关于财富的形成和分配的考察[M]. 北京：商务印书馆，1997.

［16］方齐云，王皓，李卫兵，等．增长经济学［M］．武汉：湖北人民出版社，2002．

［17］冯金华．敲开希望的大门——发展经济学［M］．北京：当代中国出版社，2002．

［18］冯俊新．中国城市化所处阶段分析——基于面板数据非线性模型的跨国比较分析［J］．清华大学学报（哲学社会科学版），2006，21（Z1）．

［19］干玲．土地调控背景下的工业用地出让价格——以江苏省为例［J］．中国土地，2006（10）：13－14．

［20］高佩义．中外城市化比较研究［M］．天津：南开大学出版社，2004．

［21］高强．日本美国城市化模式比较［J］．经济纵横，2002（3）：41－46．

［22］顾湘，王铁成，曲福田．工业行业土地集约利用与产业结构调整研究——以江苏省为例［J］．中国土地科学，2006，20（6）：3－8．

［23］管卫华，姚云霞，彭鑫，等．1978～2014年中国城市化与经济增长关系研究——基于省域面板数据［J］．地理科学，2016，36（6）：813－819．

［24］郭剑雄．超越土地的农业发展［J］．人文杂志，2004（4）：94－98．

［25］郭力群．土地经济浅析［J］．中国农业资源与区划，2005，26（3）：54－55．

［26］郭正林，周大鸣，王金洪．广东省万丰村的社会发展——中国乡村都市化的一个案例分析［J］．社会学研究，1996（4）：75－81．

［27］国家发展改革委国民经济综合司．中国经济发展面临的资源约束形势和风险分析［J］．中国经贸导刊，2004（21）：19－20．

［28］国家统计局国民经济综合统计司．新中国55年统计资料汇编［M］．北京：中国统计出版社，2005．

［29］孙文盛，地质出版社．国土资源国情国策国法普及读本［M］．北京：地质出版社，2001．

［30］国务院农村发展研究中心联络室，农业部农业机械化管理司．土地规模经营论［M］．北京：农业出版社，1990．

［31］韩启祥，天津市统计局．天津统计年鉴2017［M］．北京：中国统计出版社，2017．

［32］亨利·威廉·斯皮格尔．经济思想的成长（上）［M］．北京：中国社会科学出版社，1999．

［33］洪银兴．可持续发展经济学［M］．北京：商务印书馆，2000．

［34］胡初枝，黄贤金．农户土地经营规模对农业生产绩效的影响分析——基于江苏省铜山县的分析［J］．农业技术经济，2007（6）：81－84．

［35］黄季焜，马恒运．中国主要农产品生产成本与主要国际竞争者的比较［J］．中国农村经济，2000（5）：17-21．

［36］黄志宏．战后美国城市发展的新特点［J］．城市问题，2007（9）：79-84．

［37］计保平．中国经济的新约束因素［J］．新视野，2005（4）：28-29．

［38］贾绍凤，张军岩．日本城市化中的耕地变动与经验［J］．中国人口·资源与环境，2003，13（1）：31-34．

［39］贾生华，张宏斌．农业产业化的国际经验研究［M］．北京：中国农业出社，1999．

［40］建设部综合财务司．中国城市建设统计年报 2004［M］．北京：中国建筑工业出版社，2005．

［41］克拉克．财富的分配［M］．北京：商务印书馆，1959．

［42］魁奈．魁奈经济著作选集［M］．北京：商务印书馆，1997．

［43］李慧明．城市土地合理利用与可持续发展［J］．中国房地产，2001（8）：27-29．

［44］李嘉图．政治经济学及赋税原理［M］．北京：商务印书馆，1962．

［45］李金昌，程开明．中国城市化与经济增长的动态计量分析［J］．财经研究，2006（9）：19-30．

［46］李京文．中国经济增长的"瓶颈"［J］．中国软科学，1994（5）：27-29．

［47］李静，孟令杰．中国农业生产率的变动与分解分析：1978~2004 年——基于非参数的 HMB 生产率指数的实证研究［J］．数量经济技术经济研究，2006（5）：11-19．

［48］李培育．正确把握我国中长期经济增长的关键因素和政策要点［J］．管理世界，2000（1）：31-39．

［49］李涛．城市化进程中土地供给的价格机制探讨［J］．经济问题，2006（10）：32-33．

［50］李永乐，莫媛．试析城市化与耕地面积变化的关系［J］．安徽农业科学，2006，34（11）：2490-2492．

［51］李月兰，谭丽燕，章牧．影响广西城市土地需求形势因素分析［J］．广西师范学院学报（自然科学版），2006（6）：83-88．

［52］李周，蔡昉，金和辉，等．论我国农业由传统方式向现代方式的转化［J］．经济研究，1990（6）：39-50．

［53］联合国粮农组织数据库［DB/OL］．[2018-12-22]．http://www.

fao. org/faostat/en/#data.

［54］刘黎明. 土地资源学［M］. 北京：中国农业大学出版社，2002.

［55］刘立群. 适用土地资源短缺对我国工业化和城市化进程的制约［J］. 战略与管理，1997（6）：32－39.

［56］刘宁. 土地资源约束条件下的中国城市化［J］. 经济体制改革，2005（6）：94－97.

［57］刘启栋. 中国农业必须突破土地规模狭小的瓶颈［J］. 农村经济，2005（5）：30－32.

［58］刘书楷. 土地经济学原理［M］. 南京：江苏科技出版社，1988.

［59］卢锋. 经济学原理［M］. 北京：北京大学出版社，2002.

［60］卢新海. 城市化进程中的土地需求与供给［J］. 中国房地产，2004（1）：30－32.

［61］罗必良. 农地经营规模的效率决定［J］. 中国农村观察，2000（5）：18－25.

［62］罗伊·普罗期特曼，李平，蒂姆·汉斯达德. 中国农业的规模经营，政策适当吗？［J］. 中国农村观察，1996（6）：17－29.

［63］罗贞礼. 土地承载力研究的回顾与展望［J］. 国土资源导刊，2005（2）：25－27.

［64］马尔萨斯. 人口原理：附人口原理概观［M］. 北京：商务印书馆，1992.

［65］马克思，恩格斯. 马克思恩格斯全集（第23卷）［M］. 北京：人民出版社，1974.

［66］马克思，恩格斯. 马克思恩格斯全集（第25卷）［M］. 北京：人民出版社，1974.

［67］马克思，恩格斯. 马克思恩格斯选集（第1卷）［M］. 北京：人民出版社，1972.

［68］马克思. 资本论（第3卷）［M］. 北京：人民出版社，2004.

［69］马克思. 资本论（第1卷）［M］. 北京：人民出版社，2004.

［70］马歇尔. 经济学原理［M］. 北京：商务印书馆，1964.

［71］梅多斯等. 增长的极限［M］. 北京：商务印书馆，1984.

［72］潘建新，柳伟忠，上海市统计局. 上海统计年鉴2007［M］. 北京：中国统计出版社，2007.

［73］钱贵霞，李宁辉. 粮食生产经营规模与粮农收入的研究［J］. 农业经济问题，2006（6）：57－60.

[74] 钱贵霞,李宁辉. 粮食主产区农户最优生产经营规模分析 [J]. 统计研究,2004 (10): 39-43.

[75] 钱纳里,塞尔昆. 发展的型式 (1950~1970) [M]. 北京: 经济科学出版社,1988.

[76] 全国成本调查 [DB/OL]. [2018-06-30]. http://www.npcs.gov.cn/web/Column.asp? ColumnId=13.

[77] 任才方,国家统计局工业交通统计司. 中国工业经济统计年鉴 2003 [M]. 北京: 中国统计出版社,2003.

[78] 任治君. 中国农业规模经营的制约,[J]. 经济研究,1995 (6): 54-58.

[79] 萨缪尔森,诺德豪斯. 宏观经济学 [M]. 北京: 人民邮电出版社,2004.

[80] 萨伊. 政治经济学概论: 财富的生产、分配和消费 [M]. 北京: 商务印书馆,1963.

[81] 瑟尔瓦尔. 增长与发展 [M]. 北京: 中国人民大学出版社,1992.

[82] 瑟尔沃. 增长与发展 (第六版) [M]. 北京: 中国财政经济出版社,2001.

[83] 施梁. 由土地资源约束看未来我国城镇居民住房面积水平定位 [J]. 建筑学报,2002 (8): 4-5.

[84] 斯蒂格利茨. 经济学 [M]. 北京: 中国人民大学出版社,1997.

[85] 宋冬林,毕秀水. 新经济增长理论前提批判 [J]. 经济评论,2005 (2): 120-123.

[86] 速水佑次郎,弗农·拉坦. 农业发展的国际分析 [M]. 北京: 中国社会科学出版社,2000.

[87] 速水佑次郎,神门善久. 农业经济论·新版 [M]. 北京: 中国农业出版社,2003.

[88] 速水佑次郎. 发展经济学——从贫困到富裕 [M]. 北京: 社会科学文献出版社,2003.

[89] 孙敬水. 计量经济学教程 [M]. 北京: 清华大学出版社,2005.

[90] 万广华,程恩江. 规模经济、土地细碎化与我国的粮食生产 [J]. 中国农村观察,1996 (3): 31-36.

[91] 汪小平. 中国农业劳动生产率增长的特点与路径分析 [J]. 数量经济技术经济研究,2007 (4): 14-25.

[92] 王德钧,许强. 工业用地招拍挂当前出现的新问题及对策 [J]. 资源与人居环境,2007 (12): 48-50.

[93] 王慧颖,刘书琪. 土地报酬变动的规律性与农业土地的利用[J]. 农场经济管理,1997(2):39-40.

[94] 王建. 未来十年中国经济发展的制约因素[J]. 中外企业家,2004(8):25-27.

[95] 王世元,中国国土资源年鉴编辑部. 中国国土资源年鉴(2004-2006)[M]. 北京:中国国土资源年鉴编辑部,2004-2006.

[96] 王旭,吴殿廷,叶大年. 江浙地区与韩国城市化水平对比分析[J]. 世界地理研究,2004(1):50-58.

[97] 王亚军. 论农业在国民经济中的地位与作用[J]. 经济工作导刊,2001(11/21):34-35.

[98] 威廉·配第. 政治算术[M]. 北京:商务印书馆,1978.

[99] 翁克瑞,严奉宪. 土地资源禀赋与我国农产品比较优势[J]. 农村经济,2004(6):11-13.

[100] 西奥多·W. 舒尔茨. 对人进行投资——人口质量经济学[M]. 北京:首都经济贸易大学出版社,2002.

[101] 西奥多·W. 舒尔茨. 报酬递增的源泉[M]. 北京:北京大学出版社,2001.

[102] 西奥多·W. 舒尔茨. 经济增长与农业[M]. 北京:北京经济学院出版社,1991.

[103] 夏永祥. 农业效率与土地经营规模[J]. 农业经济问题,2002(7):43-47.

[104] 谢识予. 斯密经济增长思想的理论内涵及现实意义[J]. 复旦学报(社会科学版),2005(3):162-168.

[105] 谢书玲,王铮,薛俊波. 中国经济发展中水土资源的"增长尾效"分析[J]. 管理世界,2005(7):22-25.

[106] 薛俊波,王铮,朱建武,等. 中国经济增长的"尾效"分析[J]. 财经研究,2004(9):5-14.

[107] 亚当·斯密. 国民财富的性质与原因的研究(下册)[M]. 北京:商务印书馆,2003.

[108] 野口悠纪雄. 土地经济学[M]. 北京:商务印书馆,1997.

[109] 叶杰耀,赵红. 工业用地实行招拍挂出现的问题及对策[J]. 浙江国土资源,2006(9):38-40.

[110] 伊利,莫尔豪斯. 土地经济学原理[M]. 北京:商务印书馆,1982.

[111] 于秀琴,北京市统计局,国家统计局北京调查总队. 北京统计年鉴

2006［Z］．北京：中国统计出版社，2006．

［112］约瑟夫·熊彼特．经济分析史（第一卷）［M］．北京：商务印书馆，1996．

［113］张凤和．城市土地需求的四大决定因素［J］．2003（4）：26－28．

［114］张宏霖．中国城市化与经济发展［M］．陈南军，陈爱民，中国城市化：实证分析．厦门：厦门大学出版社，2003．

［115］张木生．我国城市化与土地的矛盾及对策［J］．南方国土资源，2005（10）：26－28．

［116］张启静，余文学．论耕地保护与城市化对土地的需求［J］．安徽农学通报，2006，12（13）：35－36．

［117］张晓峒．计量经济学软件Eviews使用指南［M］．天津：南开大学出版社，2003．

［118］张跃庆，张树德．城市土地经济学［M］．北京：经济日报出版社，1995．

［119］浙苏沪中小企业发展优势分析比较［EB/OL］．［2007－08－12］．http：//www.zjsme.gov.cn/newzjsme/list3.asp？id＝8156．

［120］中国地价信息服务平台［EB/OL］．［2019－02－25］．http：//www.landvalue.com.cn/Lvmonitor/Index.

［121］中国现代化战略研究课题组．中国现代化报告2006——社会现代化研究［M］．北京：北京大学出版社，2006．

［122］中华人民共和国农业部．2017中国农业发展报告［M］．北京：中国农业出版社，2017．

［123］中华人民共和国国家统计局．中国统计年鉴（1982－2018）［Z］．北京：中国统计出版社，1982~2018．

［124］仲小敏．世纪之交中国城市化道路问题的讨论［J］．科学·经济·社会，2000（1）：38－42．

［125］周必健．积极应对工业用地招拍挂出让新政［J］．浙江经济，2007（8）：20－21．

［126］周诚．土地经济学原理［M］．北京：商务印书馆，2003．

［127］周大鸣，郭正林．论中国乡村都市化［J］．社会科学战线，1996（5）：100－108．

［128］周大鸣．现代都市人类学［M］．广州：中山大学出版社，1997．

［129］周一星．城市化水平与国民生产总值关系的规律性探讨［J］．人口与经济，1982（1）：28－33．

[130] 2017中国生态环境状况公报 [EB/OL]. [2018-06-13]. http://www.mee.gov.cn/hjzl/zghjzkgb/lnzghjzkgb/201805/P020180531534645032372.pdf.

[131] 2017中国土地矿产海洋资源统计公报 [EB/OL]. [2018-05-21]. http://gi.mlr.gov.cn/201805/t20180518_1776792.html.

[132] 2017Agricultural Statistics Annua [DB/OL]. [2019-02-12]. https://www.nass.usda.gov/Publications/Ag_Statistics/index.php.

[133] A. Chayanov. The Theory of Peasant Economy [M]. Homewood IL: Richard Irwin, 1966.

[134] Agricultural Productivity in the U. S. [DB/OL]. [2019-02-12] https://www.ers.usda.gov/data-products/agricultural-productivity-in-the-us/.

[135] Alston J. Science Under Scarcity: Principles and Practice of Agricultural Research Evaluation and Priority Setting [M]. London: CABI Publishing, 1998.

[136] Amartya K. Sen. An Aspect of Indian Agriculture [J]. The Economic Weekly, 1962 (2).

[137] Amartya K. Sen. Size of Holdings and Productivity [J]. The Economic Weekly, 1964 (2).

[138] Amartya K. Sen. Peasants and Dualism With or Without Surplus Labor [J]. The Journal of Political Economy, 1966, 74 (5): 425-450.

[139] Amartya K. Sen. Employment, Technology and Development [M]. London: Oxford University Press, 1975.

[140] Andrew Dorward. Farm Size and Productivity in Malawian Smallholder Agriculture [J]. The Journal of Development Studies, 1999, 35 (5): 141-161.

[141] Anil B. Deolalikar. The Inverse Relationship between Productivity and Farm Size: A Test Using Regional Data from India [J]. American Journal of Agricultural Economics, 1981, 63 (3): 275-279.

[142] Auerbach Alan J., Kotlikoff Laurence J. Macroeconomics an Integrated Approach, Second Edition [M]. Cambridge, Mass: The MIT Press, 1998.

[143] Barnuni R., Squire L. Technical and Relative Economic Efficiency [J]. Oxford Economic Papers, 1978 (30): 181-198.

[144] Berry, R., Cline, W. Agrarian Structure and Production in Developing Countries [M]. Baltimore: Johns Hopkins University Press, 1979.

[145] Bharadwakj. Production Conditions in Indian Agricultzire: A Study Based on the Farm Management Suroeys [M]. Cambridge: Cambridge University Press, 1974.

[146] Bradley R. Schiller. The Macro Economy Today Fifth Edition [M]. New York: McGraw – Hill, 1991.

[147] Commodity Costs and Returns: U. S. and Regional Cost and Return Data [DB/OL]. [2019 – 3 – 1] https://www.ers.usda.gov/data – products/commodity – costs – and – returns/.

[148] Cornia G. A. Farm Size, Land Yields and the Agricultural Production Function: An Analysis for Fifteen Devloping Countries [J]. World Development, 1985, 13 (4): 513 – 534.

[149] De Brauw Alan, et al. The Evolution of China's Rural labor markets during the reforms [J]. Journal of Comparative Economics, 2002, 30 (2): 329 – 353.

[150] Donald A. Nichols. Land and Economic Growth [J]. The American Economic Review, 1970, 60 (3): 332 – 340.

[151] Ghose A. K. Farm Size and Land Productivity in Indian Agriculture – A Reappraisal [J]. Journal of Development Studies, 1979, 16 (10): 27 – 49.

[152] Griffin K. The Political Economy of Agrarian Change: An Essay on the Green Revolution [M]. Cambridge, Mass.: Harvard University Press, 1974.

[153] Grilliches Z. An exploration of the economics of technological change [J]. Econometrica, 1957 (25): 329 – 353.

[154] Henderson J V. The effects of urban concentration on economic growth [R]. NBER Working Paper, 2000, No. 7503.

[155] Historical Statistics of Japan: Chapter 2 Population and Households [DB/OL]. [2019 – 2 – 12] http://www.stat.go.jp/english/data/chouki/02.html.

[156] J. L. Buck. Land Utilization in China [M]. Nanking: Nanking University Press, 1937.

[157] Japan Statistical Yearbook 2019 [DB/OL]. [2019 – 2 – 12]. http://www.stat.go.jp/english/data/nenkan/68nenkan/index.html.

[158] Johnson D. G., Richard T. Ely lecture: Agriculture and the Wealth of Nations [J]. American Economic Review, 1997 (97): 1 – 11.

[159] Jorgenson D. W., Gollop F. M. Productivity Growth in U. S. Agriculture: A Postwar Perspective [J]. American Journal of Agricultural Economics, 1992, 74 (3): 745 – 750.

[160] Kimberly Ann Langedyk. Farm size and productivity: An empirical analysis of the farm size – productivity relationship in Ecuador [D]. UMI Microform 3009927.

[161] Lin J. Y. Rural Reforms and Agricultural Growth in China [J]. American Economic Review, 1992 (82): 34 – 51.

[162] M. A. Taslim. Supervision Problems and the Size – Productivity Relation In Bangladesh Agriculture [Z]. Oxford Bulletin of Economics and Statistics, 1989 (51): 55 – 71.

[163] Masao Kikuchi, Yujiro Hayami. Agricultural Growth against a Land Resource Constraint: A Comparative History of Japan, Taiwan, Korea, and the Philippines [J]. The Journal of Economics History, 1978, 38 (4): 839 – 864.

[164] Michael R. Carter. Identification of the Inverse Relationship between Farm Size and Productivity: An Empirical Analysis of Peasant Agricultural Production [J]. Oxford Economic Papers, New Series, 1984, 36 (1): 131 – 145.

[165] Nordhaus W. D., Stavins R. N., Weitzman M. L. Lethal Model 2: The Limits to Growth Revisited [Z]. Brookings Papers on Economic Activity, 1992 (2): 1 – 59.

[166] Peikang Chang (张培刚). Agriculture and Industrialization [M]. Hong Kong: Arcadia Press, 2002.

[167] Peter H. Lindert. Land Scarcity and American Growth [J]. The Journal of Economic History, 1974, 34 (4): 851 – 884.

[168] Pranab K. Bardhan. Size, Productivity and Returns to Scale: An Analysis of Farm Level Data from Indian Agriculture [J]. The Journal of Political Economy, 1973, 81 (6): 1370 – 1386.

[169] Production Cost of Agricultural Products [DB/OL]. [2019 – 03 – 01]. http://www.maff.go.jp/e/data/stat/91th/index.html#6.

[170] R. Mahesh Farm Size – Productivity Relationship: Some Evidence from Keralakied [D]. Working Paper, 2000: 1 – 23.

[171] R. F. Harrod. Towards a Dynamic Economics [M]. London: Macmillan and Co., 1948.

[172] Rajan K. Sampath. Farm Size and Land Use Intensity in Indian Agriculture [J]. Oxford Economic Papers, New Series, 1992, 44 (3): 494 – 501.

[173] R L Moomaw and A M Shatter. Urbanization and Economic Development: A Bias Toward Large Cities [J]. Journal of Urban Economics, 1996: 4 (1): 13 – 37.

[174] Raleigh Barlowe, Natural Resources and Economic Growth [J]. Journal of Farm Economics, Vol. 42, No. 5, Proceedings of the Annual Meeting of the American Farm Economics Association (Dec., 1960), 1503 – 1504.

[175] Romer David. Advanced Macroeconomics second edition [M]. Boston: McGraw – Hill Company, 2001.

[176] Rosegrant M. W., Evenson R. E. Agricultural Productivity and Sources of Growth in South Asia [J]. American Journal of Agricultural Economics, 1992 (56): 757 – 761.

[177] Shi Zhengfu. Determinants and Effects of Farm Size: Preliminary Analysis of the 800 – Household Data, Outline for Discussion [A]. University of Wisconsin's Land Tenure Center Paper, LTC Paper, 1995: 151, 191 – 194.

[178] Surjit S. Bhalla, Prannoy Roy. Misspecification in Farm Productivity Analysis: The Role of Land Quality [J]. Oxford Economic Papers, New Series, 1988, 40 (1): 55 – 73.

[179] The 92ed Statistical Yearbook of Minstry of Agriculture, Forestry And Fisheries [DB/OL]. [2019 – 02 – 12]. http://www.maff.go.jp/e/data/stat/92nd/index.html.

[180] Theodore W. Schultz. The Economic Organization of Agriculture [M]. New York: McGraw – Hill, 1953.

[181] Thomas Masterson. Productivity, Technical Efficiency, and Farm Size in Paraguayan Agriculture [Z]. The Levy Economics Institute Working Paper No. 490., 2007: 1 – 37.

[182] U. S. Department of Commerce. 1990 Census of Population and Housing Washing DC [Z]. 1990: 593 – 600, 655.

[183] U. S. Department of Commerce. Demograpgic Trends in the 20 th Centuary. Census 2000 Special Reports [Z]. 2002: 33 – 34.

[184] Wen G. J. Total Factor Productivity Change in China's Farming Sector: 1952 ~ 1989 [J]. Economic Development and Cultural Change, 1993 (42): 1 – 41.

[185] World Bank. Ecuador Poverty Report [Z]. Washington, DC: World Bank, 1996.

[186] Yujiro Hayami V. W. Ruttan. Factor Prices and Technical Change in Agricultural Development: The United States and Japan, 1880 – 1960 [J]. The Journal of Political Economy, 1970, 78 (5): 1115 – 1141.

后　记

　　研究土地资源对经济增长的约束问题，最初是我在求学期间我的导师白暴力教授给出的选题，而自己对这一问题也有兴趣，因此就这样开始做了下来。时光荏苒，转眼已经过去了十余年，白老师的谆谆教导"研究问题要从现实出发"，言犹在耳，受益终身。

　　本书在此前研究的基础上，结合当前发展的现状，做了大量修改，删除并增加了部分内容，全面更新了数据，并更新了部分文献。书中更新的数据涉及多个国家和多个领域，搜寻原始数据、整理数据、计算数据等花费了大量时间。尽管对书稿做了不少修改，但由于笔者水平有限，书中难免存在不足之处，恳请读者不吝赐教。

　　本书从选题到写作再到付梓出版，得到了很多人的支持和帮助。非常感谢有关专家学者给予的指导、支持和帮助，尤其感谢我的导师白暴力教授；非常感谢诸多同学、朋友、同门和同事给予的鼓励、支持和帮助；非常感谢中国社会科学院的出版资助；非常感谢经济管理出版社对本书出版所做出的工作。本书汲取并引用了国内外许多专家学者的研究成果，在此，对这些专家学者一并表示感谢。

　　在本书即将出版之际，我还要感谢我的父母和亲人，感谢他们的理解、支持和信任；还要特别感谢我的先生，感谢他在我患病期间对我的不离不弃、鼓励和支持。

崔云
2019 年于北京